JN087169

割増賃金

の基本と実務

石嵜信憲〔編著〕 横山直樹〔著〕

佐々木晴彦・豊岡啓人〔著〕

中央経済社

はしがき

本書の第１版は，平成28年９月の大手広告代理店の過労自殺の問題に代表される過労自殺問題を受け，長時間労働が耳目を集める中，その当時，長時間労働等を誘発する１つの装置として問題視されていた固定残業代制について，当職の所属する事務所の勉強会の成果を中心に当職らのその当時の見解等を解説していました。

第１版を出版してから約３年が経過し，その間，平成29年２月28日の国際自動車事件最高裁判決を契機に固定残業代に関する流れが大幅に変わったことから，この問題について再度検討をする必要があると考え，国際自動車事件以降の裁判例の分析及びこれに対する実務対応について所内での議論を重ね，第２版の出版に至りました。

また，第２版では第１版以降の民法改正（消滅時効，遅延利息），労基法改正（割増率，消滅時効，付加金の除斥期間）等の割増賃金の実務に必要な重要な法改正が行われたことから，この点についても解説をしています。

さらに，第１版は，割増賃金に関する重要論点を中心に記載していましたが，第２版では変形労働時間制，フレックスタイム制，裁量労働制についても解説し，本書で割増賃金の全体が理解できるようにしています。

本書の執筆にあたっては，当職の考え方を中心に，横山直樹弁護士に原稿をまとめていただきました。また，第８章の６は佐々木晴彦弁護士，第９章は豊岡啓人弁護士が担当し，そして，山崎佑輔弁護士，河合美佐弁護士及び市川一樹弁護士が校正を行って仕上げました。

尽力いただいた所員には，この場を借りて感謝申し上げます。

2020年10月

弁護士　**石嵜　信憲**

目次

第2章　労働時間か否か（労働基準法32条）

第３章　労働時間の把握に関する諸問題

第4章 割増賃金の計算

第6章 歩合給と割増賃金

第7章 事業場外労働みなし制の近時の諸問題（労働基準法38条の2）

第8章　労働時間等に関する適用除外（労働基準法41条2号・3号）

第9章　変形労働時間制・フレックス・裁量労働制と割増賃金

第10章　付加金（労働基準法114条）

第11章　遅延損害金

凡　例

〔法令〕

労基法…………………………労働基準法

労基則…………………………労働基準法施行規則

労契法…………………………労働契約法

労安衛法………………………労働安全衛生法

労働時間等設定改善法……労働時間等の設定の改善に関する特別措置法

労働時間等設定改善法
施行規則………………………労働時間等の設定の改善に関する特別措置法施行規則

賃確法…………………………賃金の支払の確保等に関する法律

働き方改革関連法…………働き方改革を推進するための関係法律の整備に関する法律

最賃法…………………………最低賃金法

厚労告…………………………厚生労働省告示

〔判例集〕

労判……………………………労働判例（産労総合研究所）

労経速…………………………労働経済判例速報（経団連事業サービス）

労刑……………………………労働関係刑事事件判決集（最高裁判所事務局）

判タ……………………………判例タイムズ（判例タイムズ社）

労協……………………………日本労働協会雑誌（(旧）日本労働協会）

〔その他〕

労基署…………………………労働基準監督署

厚労省…………………………厚生労働省

序　章

1　現代社会と割増賃金規制の機能

大手広告代理店に入社して1年目の女性新卒従業員の過労自殺が平成28年9月に労災認定される等，近時の過労死等（過労死，過労自殺，脳・心臓疾患，精神障害）の多くが社会問題化し，また，平成29年1月の安倍政権による「働き方改革実現会議」では長時間労働の是正が審議され，これを基に上限規制を中心に労基法が改正される等，今日，長時間労働の抑制ひいては過労死等の防止が大きな社会的テーマの1つになっています。

本書で扱う労基法37条（割増賃金）はこの過労死等の原因の1つである「長時間労働」について「防御策」としての機能を担っています。すなわち，使用者が，長時間労働の原因となる時間外労働を労働者に課した場合には，労基法37条が通常の賃金額より高額な割増賃金の支払を使用者に義務付けることにより，使用者に人件費の高額化を抑えるべく労働時間を一定の時間にとどめることのインセンティブを与えるという意味で，長時間労働から従業員の健康を守るための機能を担っています。

平成19年以降，とりわけIT企業を中心に「若者の使い捨て」と評価されてもやむを得ない労務管理の方法の1つとして，いわゆる「固定残業代制」が用いられてきました。これは，固定残業代制を採用しながら，（差額の精算の前提となる）労働時間の管理をしないことによって，その結果，何時間働いても使用者が支給する賃金額が同じであることになり，①残業代の不払にとどまらず，②長時間労働を助長してきたというものです。そして，平成23年以降東京地裁を中心に固定残業代制を無効とする判決が続いていたのもこのような固定残業代制の用いられてきた「社会的背景」が根底にあったものと思われます。

もっとも，平成29年には，労基法37条が同条に従った額以上の割増賃金の支払を義務付ける条項に過ぎないことを示した最高裁判決が出され，この最高裁判決以降，上記のように無効を繰り返してきた下級審の流れが変わります。これは，有効性を否定した場合に会社が想定外かつあまりに大きな不利益を被ることから，安易に有効性を否定することは当事者の公平を欠くと考えていた裁判官が，上記の最高裁判決に背中を押された形になったものではないかとも思います。

本書では労基法37条（割増賃金）が上記のような長時間労働，ひいては過労死等の防御策になっていることを念頭に，割増賃金に関する諸問題，とりわけ割増賃金を支払ったことにする固定残業代制度等を中心に解説していきます。

2　本書の構成

まず，第1章では近時の労基法改正によって改正がされた消滅時効の制度について解説します。

第2章では，割増賃金の支払対象となる「労働時間」（労基法32条）の意義について確認します。

第3章では，労働時間（労基法32条）の「管理方法」について，タイムカードや残業承認制度等に関する近時の裁判例を踏まえて解説します。

第4章では，割増賃金の基本的な計算方法について，具体的な事例を通して解説します。

第5章では，最高裁判例及び近時の裁判例をもとに固定残業代制の有効要件等について解説します。

第6章では，いわゆる「歩合給」の制度を用いることで割増賃金の支給額を抑える仕組みについての最高裁判決を踏まえ，歩合給について解説します。

第7章では，事業場外労働みなし制（労基法38条の2）について，適用要件の1つである「労働時間を算定し難いとき」に関する近時の最高裁判例を踏まえて解説します。

第８章では，上記で述べた割増賃金（ただし深夜割増賃金を除く）の支給対象外となる監督若しくは管理の地位にある者（労基法41条２号）及び監視又は断続的労働に従事する者（同条３号）について，いかなる者がこれに該当するかについて解説します。

第９章では，割増賃金の計算が特殊な類型である変形労働時間制，フレックスタイム制，裁量労働制について解説します。

第10章では，割増賃金の未払の際に実際上問題になる付加金（労基法114条）について解説します。

第11章では，退職者からの賃金請求の場合に実際上問題になる遅延損害金（賃確法６条）について解説します。

第 1 章
割増賃金と消滅時効（労働基準法115条）

第1節　消滅時効の意味

割増賃金債権は，権利を行使することが可能な期間から一定期間（消滅時効期間）を経過することで，使用者がこの期間の経過を主張（援用）することで消滅します。

この割増賃金を含む賃金債権の**消滅時効期間は**，従来は２年でしたが，民法改正を踏まえた労基法の改正によって当面の間３年間となりました(改正労基法115条及び同法143条３項，改正労基法附則２条２項)。

消滅時効の**起算点**については，権利行使が可能な日である支払日から進行するとされており，この点は労基法改正によっても変更はありません[1]。

また，消滅時効の対象となる**債権の単位**は，賃金の締め日ごとになります。

そのため，例えば，毎月20日締め末日払いの場合には，毎月21日から翌月20日までの労働した分が消滅時効の対象となる１つの債権の単位になります。

仮に36カ月分請求した場合には，この債権ごとに消滅時効の起算点が異なることから，それぞれの債権が１カ月ごとに消滅時効にかかっていくイメージになります。

1　改正労基法115条，令和２年４月１日厚生労働省労働基準局『改正労働基準法等に関するＱ＆Ａ』１－１）。

第２節　労基法改正とその影響

1　改正内容

(1)　賃金請求権の消滅時効期間の延長等

ア　時効期間の延長

割増賃金請求権の消滅時効は，従来は２年でしたが，平成29年民法（債権法）改正（令和２年４月１日施行）により民法の消滅時効の規定が整理[2]されたことに伴い，当該規定の特例であった労基法115条の消滅時効のあり方について検討がされてきました。

このような中，改正労基法の施行によって**令和２年４月１日以降に支払期日[3]が到来する**残業代を含む賃金請求権の消滅時効期間を賃金支払期日から５年に延長しつつ，**当分の間はその期間は３年**となりました（改正労基法115条，同法143条３項及び改正労基法附則２条２項）。

なお，**中小企業等に対する特則等はありません。**

2　職業別の短期消滅時効が廃止され，一般債権については債権者が権利行使をできることを知ったときから５年，権利行使が可能となったときから10年となりました（改正民法166条１項）。

3　改正民法における経過措置は，当事者は時効の対象である債権の発生原因である契約時点における法律が適用されると予測し，期待するのが通常であるとの考えに基づき，施行期日前に締結された契約に基づく債権は改正前の法律が適用されるとされています。

【イメージ図】

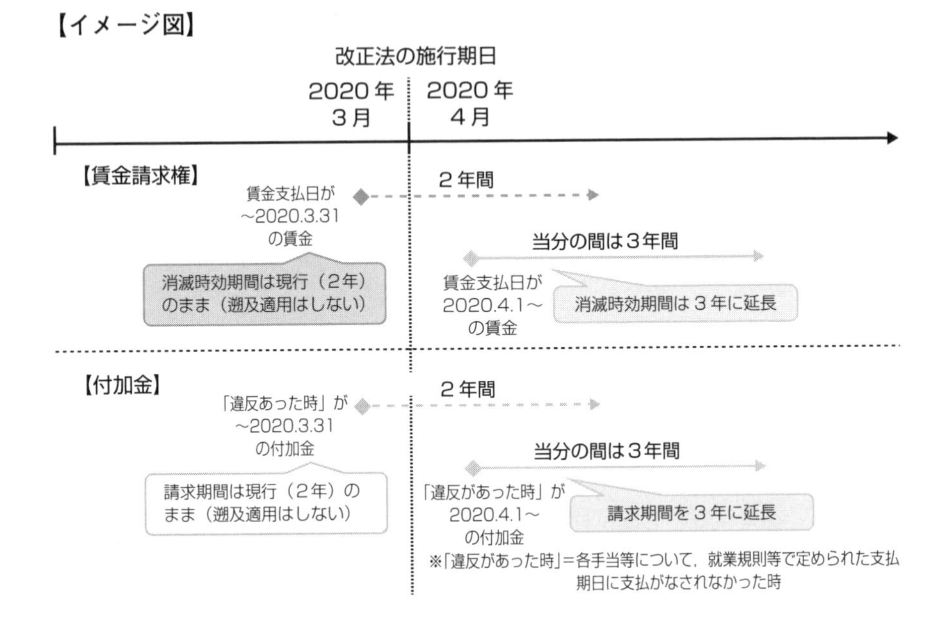

イ　延長の対象となる債権

消滅時効期間の延長の対象となるものは以下の債権です。

注意すべきなのは，改正労基法115条の適用対象のうち，**延長されるのは賃金に関する請求権だけであり**，災害補償の請求権及びその他の請求権（２年），退職手当の請求権（５年）は消滅時効期間に変更がないことです。

・金品の返還（労基法23条，賃金の請求に限る）
・賃金の支払（労基法24条）
・非常時払（労基法25条）
・休業手当（労基法26条）
・出来高払制の給与保障給（労基法27条）
・時間外・休日労働等に対する割増賃金（労基法37条）
・年次有給休暇中の賃金（労基法39条９項）
・未成年者の賃金（労基法59条）

⑵　賃金台帳などの記録の保存期間の延長等

ア　保存期間の延長

労働者名簿や賃金台帳等の記録については，保存期間が**5年に延長され，当面の間はその期間は3年となりました**（改正労基法109条，同法附則143条1項）。

ただし，改正前も保存期間は3年でしたので，この点は現時点では影響はありません。

イ　保存期間の起算日の明確化

また，下記の②⑥⑦⑧の記録に関する賃金の支払期日が，記録の完結の日などより遅い場合には，**当該支払期日が記録の保存期間の起算日となること**が明確化されました（労基則56条2項，同3項）。

例えば，賃金の締め日が末日翌月15日払いの場合には，4月分のタイムカードの記録の完結の日は4月30日となりますが，賃金の支払期日である5月15日の方が遅いので，5月15日が3年間の保存期間の起算点となります。

①　労働者名簿

②　賃金台帳

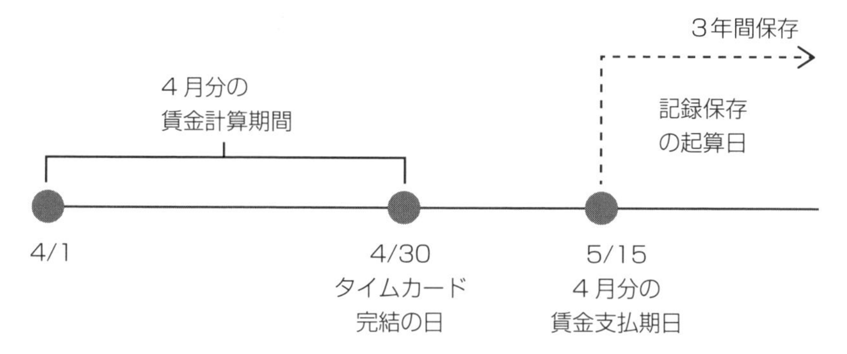

③　雇入れに関する書類

例，雇入決定書関係書類，契約書，労働条件通知書，履歴書，身元

引受書等

④　解雇に関する書類

例，解雇決定関係書類，解雇予告除外認定関係書類，予告手当又は退職手当の領収書等

⑤　災害補償に関する書類

例，診断書，補償の支払，領収関係書類等

⑥　賃金に関する書類

例，賃金決定関係書類，昇給・減給関係書類等

⑦　その他の労働関係に関する重要な書類

例，出勤簿，**タイムカード等の記録**，労使協定の協定書，各種許認可書，始業・終業時刻など労働時間の記録に関する書類（使用者自ら始業・終業時間を記録したもの，残業命令書及びその報告書並びに労働者が自ら労働時間を記録した報告書），退職関係書類，休職・出向関係書類，事業内貯蓄金関係書類等

⑧　労働基準法施行規則・労働時間等設定改善法施行規則で保存期間が定められている記録

ア　専門業務型裁量労働制に係る労働時間の状況等に関する記録（労基則24条の２の２第３項２号）

イ　企画業務型裁量労働制に係る労働時間の状況等に関する記録（労基則24条の２の３第３項２号）

ウ　企画業務型裁量労働制等に係る労使委員会の議事録（労基則24条２項）

エ　年次有給休暇管理簿（労基則24条の７）

オ　高度プロフェッショナル制度に係る同意等に関する記録（労基則34条の２第15項４号）

カ　高度プロフェッショナル制度に係る労使委員会の議事録（労基則34条の２の３）

キ　労働時間等設定改善委員会の議事録（労働時間等設定改善法施行

規則２条）

ク　労働時間等設定改善企業委員会の議事録（労働時間等設定改善法施行規則４条）

(3)　検討規定

上記のように当面の間は保存期間は３年とされていますが，政府は改正法の施行後５年を経過した場合において，その施行の状況を勘案しつつ検討を加え，必要があると認めるときは，その結果に基づき必要な措置を講ずる（改正労基法附則３条）としていますので，上記保存期間の５年への改正は早くても令和７年以降となります。

この点，中小企業への月60時間を超えた場合の割増率の施行が，「当分の間」猶予とされ，かつ３年後経過の見直しの規定がありながら，平成22年４月１日の施行から令和５年４月１日までかかった経緯に照らせば，保存期間が５年猶予後に変更される可能性も確実なものではないと見るべきです。

2　実務への影響

企業は，総額人件費の枠の中で労働者に賃金を支給しており，これまでは労働時間の把握や割増賃金の支払方法が多少ラフでも，その後の賞与等でこれを調整するという方法をとることもありました。

しかし，上記のような消滅時効期間及び付加金の除斥期間の延長により，割増賃金に関する紛争が生じた場合の企業の財務状況に与える影響の深刻さが大幅に変わってきました。現時点では３年ですが，今後５年になった場合にはその影響はより深刻になります。

仮に労基署などにこの３年分を遡及して払うことを命じられた場合には，企業の財務に与える影響があまりにも大きく，企業の存続に関わる問題に発展しかねません。

そのため，今後は，このリスクの発生を抑えるため，これまで以上に①労働時間の適正な把握，②同適正な把握に基づいて，割増賃金を確実に払い，未払をなくすことが重要になります。

そのうえで，今後は，上記のように割増賃金をより正確に払うことによって，総額人件費に占める割増賃金の額が一時的に増えることが見込まれるところ，企業としては賞与の額を調整すること，昇給の停止や法定外福利費の削減をすること等で総額人件費の枠の中で対応することが想定されます。

総額人件費論

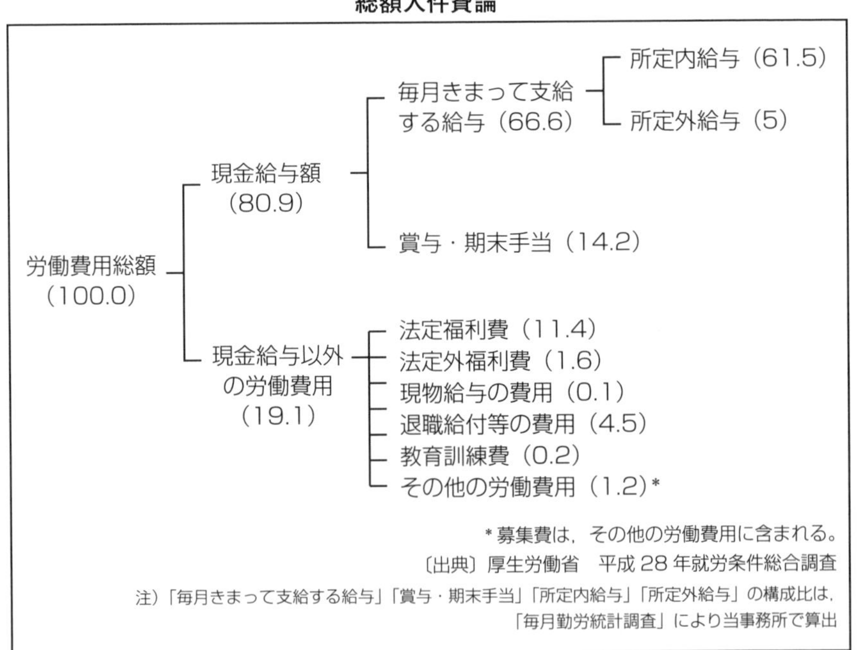

第2章 労働時間か否か（労働基準法32条）

本章では，割増賃金の支払の対象となるのは，どのような「時間」かについて，最高裁判例を踏まえて明らかにします。

換言すれば，会社がどのような指示等をして，それに対して労働者がどこで何をした場合に，会社が賃金を支払う必要があるのかについて，解説します。

第２節から第４節で，最高裁判例に依拠した場合の判断枠組みについて述べ，第５節ではこの判断枠組みをもとに具体的な事例で労働時間性を検討する際のポイントについて述べます。

第１節 労基法が規制する労働時間概念

労基法32条は，「使用者は，労働者に，休憩時間を除き１週間について40時間を超えて，労働させてはならない」，「使用者は，１週間の各日については，労働者に，休憩時間を除き１日について８時間を超えて，労働させてはならない」と規定し，法定労働時間について定めています。

ここで，「法定労働時間」とは，企業が就業規則等を通じて各労働日における労働を行うべき時間として定める契約上の「所定労働時間」（始業時刻から終業時刻までの時間から休憩時間を除いた時間）とは異なる概念です。本章は，契約の定めにより決定される「所定労働時間」ではなく，法律が規制する「法定労働時間」について述べるものです。

そして，労基法が定める労働時間規制の目的は，割増賃金の問題（法定時間外労働に対する労働者への補償［対価］）だけではなく，①労働者の肉体的及び精神的健康を維持し，②ライフとワークのバランスを適正に保つことでもあり，労働時間規制は，労働者にとって極めて重要な法規制です。

＊　電通事件（最判平12.3.24労判779号13頁）

同事件では，「労働基準法は，労働時間に関する規制を定め，労働安全衛生法65条の３は，作業の内容等を特に限定することなく，同法所定の事業主は労働者の健康に配慮して労働者の従事する作業を適切に管理するように努めるべき旨定めているが，それは右のような危険が発生するのを防止することをも目的とするものと解される」と明確に述べており，労働時間規制が割増賃金の問題だけではなく，上記で指摘のとおり労働者の健康維持をも目的とすることが明らかにされています。

しかるところ，労働時間の概念（意義）については，「労働させ」（労基法32条）という労基法の条文からは明らかではありません。そこで，本章では，最高裁判決をもとに，労基法が規制する「労働時間」の概念を明らかにしていきます。すなわち，どのような時間を，最高裁が賃金の支払の対象となる時間であると考えているのかについて，説明します。

第２節　３つの最高裁判決

労基法32条の「労働時間」概念については，以下の３つの最高裁判決があります。

① 三菱重工業長崎造船所〔一次訴訟・会社側上告〕事件（平12.3.9労判778号11頁）

② 大星ビル管理事件（平14.2.28労判822号５頁）

③ 大林ファシリティーズ〔オークビルサービス〕事件（平19.10.19労判946号31頁）

＊　**最高裁判決としての価値（影響力）**

上記の３判例，とりわけ三菱重工業長崎造船所事件は，労基法32条の労働時間概念に関する一般的な法理を示したものであり，労働時間性の論点において非常に影響力を有するものです。

他方で，例えば，小里機材事件（最判昭63.7.14労判523号６頁）では，実質的な判断は一審でなされており，最高裁はそれを追認しただけです。また，高知県観光事件（最判平6.6.13労判653号12頁）は，固定残業代の有効性に関する基準を示したものですが，当該事案は歩合給の事案であり，この点から判決が影響する範囲に関しては，一部議論があるところです。

以下では，労働時間性の判断方法のもととなった上記の３つの最高裁判例について，説明します。

1　三菱重工業長崎造船所〔一次訴訟・会社側上告〕事件

(1)　事案の概要

第一審の被告である会社（以下「Y」）は，昭和48年４月から完全週休２日制を実施するに際して，就業規則の一部を変更し，就業時間を７時間半から８時間とし，勤怠把握方法について，従来のタイムレコーダーを廃止し，自己申告と所属長の確認を基本とする勤怠自己申告制を実施することとしました。また，始終業の勤怠把握基準について，始終業の勤怠は，更衣をすませ始業時に体操をすべく所定の場所にいるか否か，終業時に作業場にいるかを基準として判断する旨の就業規則を定めました。

これに対して，少数労働組合に属する原告ら（以下「Xら」）は，就業規則上は労働時間に含まれないとされる始業時刻前及び終業時刻後の**作業服及び安全保護具の脱着，更衣室から準備体操場までの歩行，入浴等の行為に要する時間**が労基法の「労働時間」（昭和62年改正前のもの。１週間48時間，１日８時間が法定労働時間）に該当するなどとして，労働協約，賃金規則所定の割増賃金の支払を求めました。

(2) 最高裁の判旨

「労基法（昭和62年改正前のもの）32条の労働時間とは**労働者が使用者の指揮命令下に置かれている時間**をいい，右の時間に該当するか否かは，**労働者の行為が使用者の指揮命令下に置かれたものと評価することができるか**否かによって客観的に定まるものであって，労働契約，就業規則，労働協約等の定めのいかんにより決定されるべきものではないと解するのが相当である。そして，労働者が就業を命じられた業務の準備行為等を事業所内において行うことを使用者から義務付けられ，又はこれを余儀なくされたときは，当該行為を所定労働時間内外において行うものとされている場合であっても，当該行為は，特段の事情のない限り，使用者の指揮命令下に置かれたものと評価することができ，当該行為に要した時間は，それが社会通念上必要と認められるものである限り，労働基準法上の労働時間に該当すると解される。」

「そして，Ｘらは，Ｙから，実作業に当たり，作業服及び保護具等の装着を義務付けられ，また，**右装着を事業所内の所定の更衣所等において行うものとされていた**というのであるから，右装着及び更衣所等から準備体操場までの移動は，Ｙの指揮命令下に置かれたものと評価することができる。また，Ｘらの副資材等の受出し及び散水も同様である。さらに，Ｘらは，実作業の終了後も，更衣所等において作業服及び保護具等の脱離等を終えるまでは，いまだＹの指揮命令下に置かれているものと評価することができる。（略）各行為に要した時間が社会通念上必要と認められるとして労働基準法上の労働時間に該当するとした原審の判断は，正当として是認することができる。」

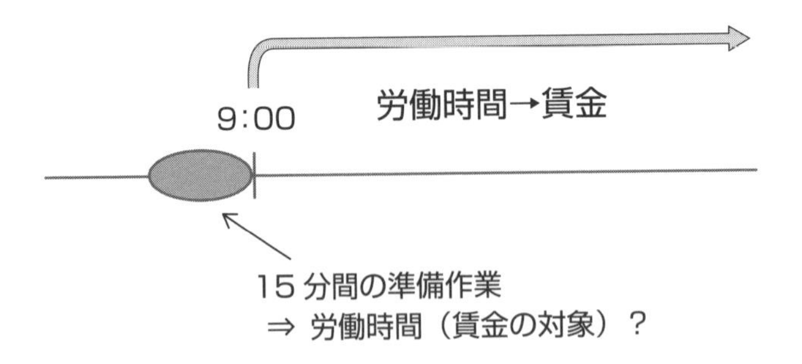

(3) 組合側上告事件における最高裁の判旨

なお，Ｘらが上告した三菱重工業長崎造船所事件〔一次訴訟・組合側上告〕（最判平12.3.9労判778号８頁）は，控訴審（福岡高判平7.4.20労判681号75頁）においてＸらが敗訴した**作業終了後の手洗い・洗面・入浴等**の労働時間性について，「実作業の終了後に事業所内の施設において洗身等を行うことを**義務付けられて**はおらず，**特に洗身等をしなければ通勤が著しく困難であるとまではいえなかった**というのであるから，上告人らの洗身等は，これに引き続いてされた通勤服の着用を含めて，被上告人の指揮命令下に置かれたものと評価することができず，各上告人が…洗身等に要した時間は，労働基準法上の労働時間に該当しない」と判断しています。

2　大星ビル管理事件

(1)　事案の概要

第一審原告ら（以下「Ｘら」）は，第一審被告の会社（以下「Ｙ」）の従業員として，Ｙが管理を受託したビルに配置され，ボイラー等の運転動作・整備，電気・空調設備等の点検・整備，ビル内巡回監視，ビルテナントの苦情処理等の業務に従事していました。Ｘらは，毎月数回，24時間連続勤務で，その間に休憩時間が合計２時間，仮眠時間が連続して８時間与えられていました。仮眠時間中は，ビルの管理室に待機し，警報が鳴る等した場合には直ちに所定の作業を行うこととされていましたが，そのような事態が生じないかぎり，睡眠をとってもよいこととなっていました。**仮眠時間中，実作業をした時間（残業申請を要する）を除き，賃金計算上，労働時間に含めておらず，24時間勤務に対しては泊り勤務手当(2300円）を支給するだけでした。**

これに対し，Ｘらは，**仮眠時間が実作業の有無にかかわらず**「労働時間」に含まれるとして，全時間につき時間外勤務手当（割増賃金）と深夜就業手当の支払を求めました。

(2)　最高裁の判旨

「労基法32条の労働時間（以下「労働法上の労働時間」という。）とは，労働者が使用者の指揮命令下に置かれている時間をいい，実作業に従事していない仮眠時間（以下「不活動仮眠時間」という。）が労基法上の労働時間に該当するか否かは，労働者が不活動仮眠時間において使用者の指揮命令下に置かれていたものと評価することができるか否かにより客観的に定まるというべきである。そして，不活動仮眠時間において，労働者が実作業に従事していないというだけでは，使用者の指揮命令下から離脱しているということはできず，**当該時間に労働者が労働から離れることを保障**されて初めて，労働者が使用者の指揮命令下に置かれていないものと評価することができる。したがって，不活動仮眠時間であっても，労働からの解放が保障されていない場合には労基法上の労働時間に当たるというべきである。そして，当該時間において**労働契約上の役務の提供が義務付けられていると評価される場合**には，労働からの解放が保障されているとはいえず，労働者は使用者の指揮命令下に置かれているというのが相当である。」

「前記事実関係によれば，Ｘらは，本件仮眠時間中，労働契約に基づく義務として，仮眠室における待機と警報や電話等に対して直ちに相当の対応をすることを義務付けられているのであり，実作業への従事がその必要が生じた場合に限られるとしても，**その必要が生じることが皆無に等しいなど**実質的に上記のような義務付けがされていないと認めることができるような事情も存しないから，本件仮眠時間は全体として労働からの解放が保障されているとはいえず，労働契約上の役務の提供が義務付けられていると評価することができる。

したがって，Ｘらは，本件仮眠時間中は不活動仮眠時間も含めてＹの指揮命令下に置かれているものであり，本件仮眠時間は労基法上の労働時間に当たるというべきである。」

3　大林ファシリティーズ〔オークビルサービス〕事件

(1)　事案の概要

第一審原告（以下「Ｘ」）とその亡き夫（以下合わせて「Ｘら」）は，マンションの総合管理等を業とする第一審被告会社（以下「Ｙ」）に雇用され，Ｙと管理委託契約を結んだマンションにおいて住み込みで勤務していました。

Ｙの就業規則には，所定労働時間は，１日８時間（**始業午前９時，終業午後６時，休憩正午から午後１時まで**），休日は１週間につき１日の法定休日（日曜日）と法定外休日（土曜日，祝日，夏期，年末年始等）とすること，休日勤務があった場合には，翌週の平日への休日振替を認めること等が定められていました。また，給与規則には，所定労働時間を超える労働と法定外休日の労働については，割増手当の定めがあり，Ｙは，毎月の賃金支払日に，この割増手当に充当する趣旨で特別手当を支払っていました。

Ｘらの平日の勤務は，所定労働時間内に，受付，建物内外の巡回，宅配物の受渡し等のほか，Ｙに管理業務の報告を行っていました。さらに，**所定労働時間外において，管理員室の照明の点灯（午前７時）と消灯（午後10時），ごみ置場の扉の開錠（午前７時）と施錠（午後９時）とテナントの冷暖房装置の運転開始（午前８時半）と運転停止（午後８時）等をＹの指示で行い**，また，**インターホン呼び出しに対応して郵便物等の保管や交付に応じ**ていました。土曜日については，**就業規則上**，休日とされていましたが，Ｙと管理組合との**管理委託契約上**は業務を行うことになっていたため，Ｙは，Ｘらのいずれか１人が業務を行い，業務を行った者については，翌週の平日のうち１日を振替休日とすることでＸらの承認を得ていました。そして，業務の性質や住民からの要望からＸらの勤務状況は平日とほとんど変わらないものでした。

日曜日及び祝日については，**管理委託契約上**も休日とされており，ＹはＸらに管理員室の照明の点消灯，ごみ置場の扉の開閉以外は指示しておらず，その他やむを得ずした仕事については振替休日をとるように指示していました。

これに対し，Ｘは，Ｘらの時間外労働及び休日労働につき，就業規則所定の割増手当の一部が特別手当として支払われていたにとどまるとして，割増手当の未払部分（亡き夫の部分は相続人として），付加金等の支払をＹに請求しました。

(2)　最高裁の判旨

（上記１・２の２つの判旨を引用したうえで）「Ｙは，Ｘらに対し，所定労働時間外においても，管理員室の照明の点消灯，ごみ置場の扉の開閉，テナント部分の冷暖房装置の運転の開始及び停止等の断続的な業務に従事すべき旨を指示し，Ｘらは，上記指示に従い，各指示業務に従事していたというのである。また，Ｙは，Ｘらに対し，午前７時から午後10時まで管理員室の照明を点灯しておくよう指示していたところ，**本件マニュアルには，**Ｘらは，所定労働時間外においても，住民や外来者から宅配物の受渡し等の要望が出される都度，これに随時対応すべき旨が記載されていたというのであるから，午前７時から午後10時までの時間は，住民等が管理員による対応を期待し，Ｘらとしても，住民等からの要望に随時対応できるようにするため，事実上待機せざるを得ない状態に置かれていたものというべきである。さらに，Ｙは，Ｘらから管理日報の提出を受けるなどして定期的に業務の報告を受け，適宜業務についての指示をしていたというのであるから，Ｘらが所定労働時間外においても住民等からの要望に対応していた事実を認識していたものといわざるを得ず，このことをも併せ考慮すると，住民等からの要望への対応についてＹによる黙示の指示があったものというべきである。そうすると，平日の午前７時から午後10時までの時間（正午から午後１時までの休憩時間を除く。）については，Ｘらは，管理員室の隣の居室における不活動時間を含めて，Ｙの指揮命令下に置かれていたものであり，上記時間は，労基法上の労働時間に当たるというべきである。」

「土曜日においても，平日と同様に，午前７時から午後10時までの時間（正午から午後１時までの休憩時間を除く。）は，管理員室の隣の居室における不活動時間も含めて，労基法上の労働時間に当たるものというべきである。」

「しかしながら，（略）Ｙは，Ｘらに対し，土曜日は１人体制で執務するよう明確に指示し，Ｘらもこれを承認していたというのであり，土曜日の業務量が１人では処理できないようなものであったともいえないのであるから，土曜日については（略），Ｘらのうち，１名のみが業務に従事していたものとして労働時間を算定するのが相当である。

日曜日及び祝日については，管理員室の照明の点消灯及びごみ置場の扉の開閉以外には労務の提供が義務付けられておらず，労働からの解放が保障されていたということができ，午前７時から午後10時までの時間につき，待機することが命ぜられた状態と同視することもできない。したがって，管理員室の照明の点消灯，ごみ置場の扉の開閉その他Ｙが明示又は黙示に指示したと認められる業務に現実に従事した時間に限り，休日労働又は時間外労働をしたものというべきである。」

「Ｘらが病院に通院したり，犬を運動させたりしたことがあったとすれば，それらの行為は，管理員の業務とは関係のない私的な行為であり，Ｘらの業務形態が住み込みによるものであったことを考慮しても，管理員の業務の遂行に当然に伴う行為であるということはできない。病院への通院や犬の運動に要した時間において，ＸらがＹの指揮命令下にあったということはできない。（略）通院及び犬の運動に要した時間を控除して時間外労働をした時間を算定する必要がある。」

第3節　最高裁判例の検討

1　「労働時間」概念とは

労基法32条の労働時間について，前記三菱重工業長崎造船所事件の最高裁判決は，「労働者が使用者の指揮命令下に置かれている時間」のことをいうとしています。

続けて同判決は，「右の労働時間に該当するか否かは，労働者の行為が使用者の指揮命令下に置かれていたものと評価することができるか否かにより客観的に定まるものであって，労働契約，就業規則，労働協約等の定めのいかんにより決定されるべきものではないと解するのが相当である」と判示し，最高裁判所として「労働時間」とは何かを初めて示しました。

つまり，企業が，就業規則等を通して定める所定労働時間とは異なり，労基法が規制する「労働時間」とは，**労働契約，就業規則等の定めにより形式的に決まるものではない**ことを明らかにし，「使用者の指揮命令下に置かれている時間」（実労働時間）に該当するかどうかをそれぞれの事案に応じて個別的・具体的に検討を必要とするものであることを明らかにしたのです。

要は，労働者と使用者との契約（就業規則・雇用契約・労働協約等）で，「この時間は労働時間に当たらない」等と規定しても，実態からして当該時間が先に述べた最高裁判決の要件を満たすのであれば，労働者としては労基法（13条・24条・37条）に基づいて，賃金の支払を請求することが可能であるということです。例えば，就業規則等で着替えの時間は労働時間とはしないと明記していても，訴訟になった場合には，実態から指揮監督下にあったと評価されれば労働時間に該当するということです。

そして，この考え方は，その後の判例においても踏襲されており（前記大星ビル管理事件及び大林ファシリティーズ事件判決でも引用されています)，現在においても確立した労働時間の定義となっていると評価できます。

2　労働時間か否かの判断基準

(1)　労働日の拘束時間「外」の判断基準

三菱重工業長崎造船所事件は，所定労働時間**外**の準備行為等の労働時間性が問題になった事案であるところ，同事件において最高裁は，「労働者が就業を命じられた業務の準備行為等を**事業所内において行うこと**を使用者から**義務付け**られ，又はこれを余儀なくされたときは，当該行為を所定労働時間外において行うものとされている場合であっても，当該行為は特段の事情のない限り，使用者の指揮命令下に置かれたものと評価することができ，当該行為に要した時間は，それが社会通念上必要と認められるものである限り，労働基準法上の労働時間に該当すると解される」と判断し，所定労働時間「外」の行為に要した時間が労働時間と評価できるかどうかについて，①「使用者から義務付けられ，又はこれを余儀なくされた」という使用者からの積極的な業務遂行の義務付けの有無及び②「事業所内」という場所的拘束性の有無の２点を判断基準としています。

したがって，最高裁は，拘束時間外の行為が労基法32条の「労働時間」と評価されるには，①「業務遂行に関する義務付け」，そして②「場所的拘束性」が重要となると考えているといえます。

なお，下記(3)で説明する拘束時間「内」の判断基準と原則・例外が逆なのは，始業・終業時刻「外」であるため，労働契約上，労務提供が本来的には予定されていないためです。

ア　「業務遂行に関する義務付け」

上記で述べた「使用者から義務付けられ，またはこれを余儀なくされたとき」には，次の３つのパターンが想定されます。

ⅰ　使用者から明示的な命令がある場合 ⅱ　黙示的な命令がある場合 ⅲ　余儀なくされた場合

使用者からの個別的な指示や命令，就業規則やその他の規定等により，一定の業務が明示的に義務付けられている場合は，業務遂行の義務付けがあることが明白であるため，特段問題とはなりません。

他方，明示的な命令がない場合には，ⅱ黙示的な命令があるかどうか，ⅲ余儀なくされたかどうかが問題となります。

黙示的な命令があったかどうかの判断においては，①労働者が行った行為の内容及び②時間帯が，労働者の本来の業務とどの程度関連性を有するか等を判断することになり，本来の業務と全く関連性を有しないという場合には，黙示の命令があったとはいえません。

次に，余儀なくされた場合とは，使用者による明示又は黙示の命令があったと評価することは困難であるものの，その行為を行わないことによる不利益や業務上の不都合等の諸般の状況からして，労働者が当該行為等を行わざるを得なくされているような場合を指すと考えられています（三菱重工業長崎造船所事件の最高裁調査官解説206頁）。

この点，同事案で第一審原告らが敗訴部分について上告した事件（三菱重工業長崎造船所〔一次訴訟・組合側上告〕事件＝最判平12.3.9労判778号８頁）は，作業終了後の洗身入浴・手洗・洗面については，「実作業の終了後に事業所内の施設において洗身等を行うことを義務付けられてはおらず，特に洗身等をしなければ通勤が著しく困難であるとまではいえな」いとして，労基法上の労働時間に該当しないと判断しています。

これはつまり，洗身等は本来の作業を遂行するうえで密接不可分な行為とはいえないため，黙示の義務付けがあるとは認められないとして労働時間性を否定する一方，通勤が著しく困難といった特段の不都合がある場合は，労働時間に当たりうることを示唆したものといえます。このような不都合がある場合には，ⅲ余儀なくされた場合に該当すると評価される可能性があります。

イ 「場所的拘束性」

労働者は，使用者から指示を受け，ある一定の場所において業務に従事するものであり，「使用者の指揮命令下に置かれている時間」か否かの判断には，「場所的拘束性」の要素も検討しなければなりません。

三菱重工業長崎造船所事件の第一審判決（長崎地判平元.2.10労判534号10頁）においても，作業服への更衣・安全衛生保護具等の装着に関し，「被告会社で指定された場所に整理して保管することが義務付けられていると認められるから，場所的拘束性がないとはいえない」として，明確に場所的拘束性を労働時間性の判断要素の１つにしています。

ウ 「特段の事情」

三菱重工業長崎造船所事件判決は，①業務遂行に関する義務付けや，②場所的拘束性の要件が認められれば，「特段の事情」のない限り，使用者の指揮命令下に置かれたものと評価することができるとしており，「特段の事情」という一定の留保をつけています。

この「特段の事情」とは，労働時間と評価しうる行為中に，労働者自らの意思で使用者の指揮命令下を離脱したと社会通念上見られる場合などがこれに当たり，具体的には，作業服等を着たままスポーツをするなど純粋に私的な行為を行うような場合がこれに当たります。

この行為の後に事業所内の所定の更衣室等で作業服から通勤服に着替えたとしても，その場合には，使用者の指揮命令下を離脱した後の私的行為の延長と捉えられ，当該更衣時間は労基法上の労働時間には該当しない余地があります（同調査官解説207頁）。

なお，このような場合には，当該私的な時間の「長さ」も，労働時間性についての１つの要素となり，私的行為が短時間の場合には，その後の更衣時間は労働の延長として労働時間と評価される余地があります。

＊　**具体例**

例えば，午後５時に終業の会社で，作業服から着替えず，そのまま工場付近でサッカーを１時間行い，午後６時から午後６時５分の間に，工場内の更衣室で作業服から着替えた場合には，この５分間は労働時間ではないと考えることが可能と思われます。

反対に，当初から10分で終える予定でサッカーをはじめ予定どおり10分で終わった場合には，その後の着替え時間はなお労働時間の延長と評価される可能性があります。

他方，１時間サッカーをやる予定だったが，雨等で10分で終わって着替えたような場合には，時間は短いですが，労働者に一定のまとまった時間，労働から離脱する意思が明白であった以上，労働から離脱したと評価され，その後の更衣時間は労働時間ではないと評価される可能性があるものと思われます。

エ　「業務性」

さらに，労働時間に当たるかの判断においては，問題となっている行為の「業務性」も考慮要素になります。三菱重工業長崎造船所事件判決でも，「就業を命じられた業務の準備行為等」と判示され，準備行為という業務性の高い行為であることが考慮されているように読めます。

例えば，従業員が終業時刻後も引き続き自主的に業務を行っていたという場合，使用者がそのように指示・命令していなくても，自主的残業の実態を知りながら放置していただけで労働時間と認められる可能性が高いと考えられます。これは，行為の内容が本来業務そのものであり，業務性が極めて高いためといえます。

これに対し，暑気払いや忘年会など，会社主催の飲み会に参加した時間については，行為の内容にほとんど業務性がないため，上司から「今度の飲み会ぜひ出なよ」などと言われて参加したとしても，労働時間とはなりません。

このように，業務性が高ければ，黙認・許容の程度でも労働時間と認められる可能性もありますし，他方で業務性が低ければ，よほど強制力のある命令がなければ労働時間とは認められません。業務性の高低によって，求められる使用者の関与度合いが異なってくるのです。

＊ 病院への通院，犬の散歩に要した時間

大林ファシリティーズ事件最高裁判決では，マンションの管理人について，病院への通院や犬の運動は，管理人としての職務とは関係のない私的な行為であるのであり，原告らの業務形態が住み込みによるものであることを考慮しても，指揮命令下にあったとはいえないとし労働時間ではないと判断しました。

なお，同事件の調査官解説694頁では，行為の性質のほか，１時間以上外出するものであったことから，勤務時間中に短時間の用便や喫煙のために席を外す行為とは全く性質を異にすると指摘しており，この指摘からは，このような私的な行為の長さも労働時間性を否定する事情として考えているように読めます。ただし，「短時間の用便」や「喫煙のために席を外す」時間は，勤務時間中であっても当然に労働時間ではないので，この調査官解説は，この時間が労働時間（労基法32条）であることを前提に論を進めている点で不正確です。このような時間は，労働時間には該当しないものの，事実上賃金控除をしていない時間に過ぎません。

＊＊ 国・中央労基署長〔通勤災害〕事件（東京高判平20.6.25労判964号16頁）

毎月開催される会議終了後の任意参加による飲酒を伴う会合に午後５時から午後10時15分まで出席した後，帰り道で地下鉄の階段から転落し（同日午後10時27分頃），死亡した事件で，この事故が通勤災害に該当するかが争点になり，上記の会合への参加の業務性の評価が問題になりました。

高裁は，死亡した従業員の会合への参加は「業務」と認めたものの，①同人が会合に参加しても従来は午後７時頃には退社していること，②会合がアルコールを伴うもので終了もアルコールがなくなる午後８時～８時30分頃であったこと，③開始時間からの時間の経過からすれば，業務性のある参加は午後７時前後までと判示しました。そのうえで，当該会合への参加が業務性を失ったことを１つの理由として，通勤災害該当性を否定しました。

オ 「社会通念上必要とされる時間」

三菱重工業長崎造船所事件判決は，「当該行為に要した時間は，それが社会通念上必要と認められるものである限り，労働基準法上の労働時間に該当する」と判示し，当該行為に要した時間がそのまま（全て）労働時間となるわけではなく，社会通念上必要とされる時間のみが労働時間となることを表明しているものと考えられます。

例えば，職場施設内での制服への着替えが義務付けられている場合で，長くても通常10分以内で着替えが可能であるのに，ゆっくり30分かけて着替えても，30分全てが労働時間になるのではなく，あくまでも10分のみが労働時間となります。

＊　２つの問題

ある時間が，労働時間か（問題１）と，労働時間であるとして何時間が労働時間としてカウントされるか（問題２）は，別の問題と考えるのがよいといえます。例えば，始業時刻が午前９時で，午前９時前に執務室の清掃をせよとの業務命令があった場合で，掃除自体は５分程度で終わる事例を想定します。

まず，この場合には，ⅰ義務付け，ⅱ執務室での作業という場所的拘束もあるので，清掃時間自体は，基本的には労働時間と評価されます（問題１）。

次に，清掃が５分で終わるのにもかかわらず，10分かけていたような場合には，「社会通念上必要とされる時間」は５分ですので，原則として，５分のみが労働時間になるとして処理されます（問題２）。

もっとも，このような「社会通念上必要とされる時間」の意味を考えるうえでは，使用者による**当該行為をする「時間の指定」の有無**をも考慮する必要があります。例えば，上記の事例で，会社が午前８時50分から清掃を開始するよう指示した場合（かつ午前８時55分から午前９時までは何も命じていない），午前８時55分から午前９時までの５分間は労働時間に当たるかが問題になります。このような場合には，同指示によって午前８時50分以降は「**拘束下**」にあった（下記でいう「内」に入った）と評価される可能性が高いので，午前８時55分から午前９時までの５分間も，特段の事情のない限り労働時間と評価される可能性が高いと思われます。

＊＊　東京急行電鉄事件（東京地判平14.2.28労判824号５頁）

同事件では，駅務員が行う点呼及び出勤後の勤務場所への移動時間について，上記三菱重工業長崎造船所事件判決を引用し，両時間について「社会通念上必要」と認められるものに限り労働時間であるとしました。

そして，点呼の内容及び手順から点呼に要する時間は，出勤点呼が30秒ないし１分，退社点呼が20秒であると評価しました。また，出勤して最初の勤務場所と点呼が行われる場所との距離を認定し，出勤点呼後勤務場所への移動時間が数秒ないし30秒程度であると評価しました。

⑵ 休日の労働は拘束時間の「外」の基準を用いる

休日は，本来は，**労働を義務付けられていない時間**であるため，休日の行為が労働時間と評価できるかどうかは，基本的に，労働日の拘束時間「外」と同様，①業務遂行に関する義務付け，②場所的拘束性の要件で判断することになります。

ア 大林ファシリティーズ事件における土曜日

この点，前記第２節・３の判決は，土曜日（就業規則，管理委託契約及び会社の指示からは，マンションの管理人２人のうち，１人については，休日と判断される）の被上告人らの「勤務状況は，平日とほとんど変わらないものであった」としながら，「本件会社は，被上告人らに対し，土曜日は１人体制で執務するよう明確に指示し，被上告人らもこれを承認していたというのであり，土曜日の業務量が１人では処理できないようなものであったともいえないのであるから，土曜日については，上記の指示内容，業務実態，業務量等の事情を勘案して，被上告人のうち１名のみが業務に従事したものとして労働時間を算定するのが相当である」等と業務の義務付けの有無・内容を検討していることから明らかなように，「外」の問題であることを前提に，管理人２名のうち１名については，業務遂行に関する**使用者の義務付け**がないことを根拠に，休日とされていた土曜日の行為についての労働時間性を否定しました。

イ 大林ファシリティーズ事件における日曜日・祝日

また，就業規則，管理委託契約において，管理人２人とも休日とされていた日曜日及び祝日の行為について，「日曜日及び祝日については，管理員室の照明の点消灯及びごみ置場の扉の開閉以外には労務の提供が義務付けられておらず，労働からの解放が保障されていたということができ，午前７時から午後10時までの時間につき，待機することを命ぜられた状態と同視することもできない。したがって，上記時間のすべてが労基法上の労働時間に当たるということはできず，被上告人らは，日曜日及び祝日については，管理員室の照明の点消灯，ごみ置場の扉の開閉その他本件会社が明示又は黙示に指示したと認められる業務に現実的に従事した時間に限り，休日労働又は時間外労働をしたものというべきである」等と業務の義務付けを問題としていることから「外」の問題と評価し，そのうえで，同様に業務遂行に関する**使用者の義務付け**がないことを根拠に，現実に従事した部分を除き，労働時間性を否定しています。

ウ　休日と労働日の違い

なお，休日の行為が労働時間と評価されるためには，労働日の拘束時間外に比べて，強度な①業務遂行の義務付けや，②場所的拘束性が要求されると考えます。

なぜならば，労働日の拘束時間外の行為は，拘束時間との時間的密着性や業務的密着性がある場合が多いため，労働の連続性（業務遂行の義務付け）が認められやすいのに対し，休日は，そのような拘束時間との密着性が希薄であるためです。

⑶　拘束時間「内」の場合の判断基準

労働日の「拘束時間」は，労働者が業務に従事するために使用者から拘束されている時間であると考えれば，この拘束時間から休憩時間をひいた時間は，基本的に労働時間に該当するといえます。これは，拘束時間内については，労働契約上，労務提供が義務付けられているからです。しかし，休憩時間と同様に労働からの解放が保障されていれば，労働時間とはいえません。

ア　大星ビル管理事件における不活動時間

この点，あらかじめ定められた拘束時間の中の仮眠時間が問題となった第２節・２の大星ビル管理事件最高裁判決は，「実作業に従事していない仮眠時間（以下「不活動仮眠時間」という。）が労基法上の労働時間に該当するか否かは，労働者が不活動仮眠時間において使用者の指揮命令下に置かれていたものと評価できるか否かにより客観的に定まるというべきである。そして，不活動仮眠時間において，労働者が実作業に従事していないというだけでは，使用者の指揮命令下から離脱しているということはできず，当該時間に労働者が労働から離れることを保障されて初めて，労働者が使用者の指揮命令下に置かれていないものと評価することができる。したがって，不活動仮眠時間であっても，**労働からの解放が保障**されていない場合には労基法上の労働時間に当たるというべきである」と判断し，拘束時間中は原則として労働時間であることを前提に，労働からの解放がなされていたか否かという視点から判断を下しています。

これはすなわち，**この仮眠時間を，拘束時間「内」（原則として労働時間に該当する）と同レベルで考えた**ということです。

イ　「労働からの解放の保障」について

そして，労働からの解放が保障されているかの判断にあたっては，「実作業への従事がその必要が生じた場合に限られるとしても，その必要が生じることが皆無に等しいなど**実質的に上記のような義務付けがされていないと認めることができるような事情**も存しないから，本件仮眠時間は全体として労働からの解放が保障されているとはいえず，労働契約上の役務の提供が義務付けられていると評価することができる」とし，労働からの解放があったか否かの観点から，①業務遂行に関する義務付けの有無を判断要素としています。

ここでの業務遂行に関する義務付けの有無は，以下のように２段階で考えます。

ⅰ　労働契約上役務提供が**形式的**に義務付けられているか。

ⅱ　**実質的**に役務提供が義務付けられていないと認められる例外的な事情があるか。

＊　**大星ビル管理事件最高裁調査官解説251頁**

調査官解説でも，「労働契約上**形式的**に役務提供が義務付けられているとしても，**実質的に**役務提供が義務付けられているといえないときにはなお使用者の指揮命令下にあるとは評価できない場合があり得ることを前提としているというべきである」と述べられており，上記のように２段階で検討することを前提にしています。

なお，大星ビル管理事件は，「配属先のビルからの外出を原則として禁止され，仮眠室における在室…が義務付けられ」と，②**場所的拘束性**についても判断要素として考慮しているものと考えられます。

＊　仮眠室の状況

「場所的拘束」の意味・強さを考えるうえでは，単純に「仮眠室」ととらえるのではなく，具体的な状況の検討をする必要があります。この事件では，すぐに連絡がいき，連絡があった場合には緊急の対応が義務付けられていた仮眠室であったということが重要です。

これに対して，仮眠室内にブザーや子機等の連絡手段がない場合は，連絡が来ることが稀なことを前提にしていますので義務付けの程度は弱いと見るべきです。また，仮眠室内に子機等があっても同仮眠室からの外出が事実上許されていた（外出しても注意指導や懲戒の対象にしていない等）場合にも場所的拘束の程度は弱いと見るべきです。

つまり，労働契約等によって定められた時間については，拘束されている以上，原則として労働時間に当たり，①業務遂行に関する義務付けや，②場所的拘束性の判断要素を考慮した結果，例外として，休憩時間のように労働からの解放が保障された場合に労働時間に該当しないということになります。

ウ　対応の頻度が皆無と評価できる場合

一方で，大星ビル管理事件と同様に仮眠時間であっても，仮眠時間は，本来は寝ている時間であり活動性はないのですから，緊急時の作業が頻繁に起こるわけではなく，１年に１回程度しか起きないようなことであれば，

実質的にみて義務付けがあったとはいえません（上記イ・ⅱ）。

そのため，上記の①業務遂行に関する義務付けの有無を見るためには，問題となる期間においてどの程度実際に対応したかということが重要な要素になります。

＊ **ビル代行事件（東京高判平17.7.20労判899号13頁）**

ビル管理人の不活動仮眠時間の労働時間性が争点になった事案ですが，㋐仮眠時間がとられていた午後10時以降の業務量は少なく，一定の限られた業務しか発生しない状況にあったこと，㋑仮眠者が実作業への従事の必要性があって出動したことがあったと認めるに足る証拠がないことから，「本件の仮眠時間については，実作業への従事の必要が皆無に等しいなど実質的に警備員として相当の対応をすべき義務付けがされていないと認めることができるような事情があるというべきである。したがって，本件仮眠時間について労働基準法32条の労働時間とは認めることはできない」と判断し，上記の実作業を行うことが皆無であることを理由の１つに労働時間性を否定しています。

(4) 拘束時間か否かは指示やマニュアル等も勘案して決める

ここで重要なのは，労働日のあらかじめ定められた拘束時間か否か（内か外か）については，労働契約や就業規則の定め（始業・終業時刻等）だけをもって決めるものではなく，**①使用者の労働者に対する業務指示や業務マニュアル，②使用者と顧客との契約内容等**も勘案する必要があるということです。

例えば，雇用契約書において，所定労働時間「外」の対応について記載がなかった場合でも，業務指示，業務マニュアルや使用者と顧客との契約内容に所定労働時間「外」の対応義務が規定されていた場合には，所定労働時間「外」でも，拘束時間帯の「内」と評価される可能性があるということです。

この点，第２節・３の大林ファシリティーズ事件は，就業規則上は所定労働時間外となる午前７時から午前９時までの間と，午後６時から午後10時までの間についても，㋐使用者から一定の業務を行うことや管理員室の照明を点灯しておくように明確に**指示**されていたこと，また，㋑**業務マニュアル**に，所定労働時間外においても，住民や外来者から宅配物の受渡し等の要望が出される都度，これに随時対応すべき旨が記載されていたこと，㋒使用者もその事実を**認識**していたものと評価できること等から，労働日の拘束時間「内」であるとしたうえ，拘束時間中の労働からの解放の保障という点で労働時間性を判断していると考えられます。

第４節　労働時間性の判断方法のまとめ

第２節及び第３節で詳述した労働時間性に関する３判例から導き出される**労働時間性の判断方法**をまとめると，以下のようになります。

1　各最高裁判例の関係

まず，三菱重工業長崎造船所事件が，３判例に**共通する**労働時間性の以下の判断基準（考え方）を示しました。

- 労基法32条の労働時間とは労働者が使用者の指揮命令下に置かれている時間のことをいう。
- 労働時間に該当するか否かは，労働者の行為が使用者の指揮命令下に置かれていたものと評価することができるか否かにより客観的に定まるものであって，労働契約，就業規則，労働協約等の定めのいかんにより決定されるべきものではない。

上記の考え方は，３つの判例で共通するものであり，大星ビル管理事件及び大林ファシリティーズ事件の判決文では，上記の判断基準を引用しています。

３つの判例は，以下のように，上記の基準を，それぞれ，①拘束時間

「外」，②拘束時間「内」，③内・外のハイブリッドの類型について，**あてはめたもの**と評価できます。

(1)　三菱重工長崎造船所事件・・・拘束時間「外」

(2)　大星ビル管理事件・・・拘束時間「内」

(3)　大林ファシリティーズ事件・・・内と外のハイブリッド

ここで，拘束時間「内」かは，主として**労働契約上就労義務があるか**で決まります。ただし，上記(3)の大林ファシリティーズ事件において，所定労働時間前後を含む平日午前７時～午後10時の時間帯（**労働契約上**は一部が拘束時間の「外」で，一部が「内」の時間）について，**実態**から**全体を拘束時間の「内」とした**ように，雇用契約書や就業規則だけではなく，会社の業務マニュアルや会社と顧客との契約等をも考慮して決定されることに留意が必要です。

2　拘束時間「外」について

第３節・**2**・(1)で述べたように，労働日の拘束時間「外」は，原則として労働時間には当たらず，①業務遂行に関する義務付け，②場所的拘束性，③業務性，④特段の事情を検討し，使用者の指揮命令下に置かれていると評価される場合には，例外的に労働時間に当たると判断されます。

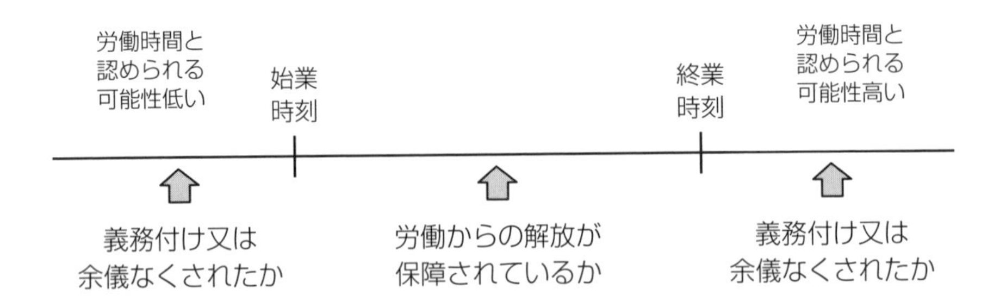

3　拘束時間「内」について

第３節・**2**・(3)で述べたように，労働日の拘束時間「内」は，**業務の義務付けがなされた労働時間であることが大原則**であり，例外的に**休憩と同程度に労働からの解放が保障**されている場合に，労働時間に当たらないと判断されます。

「休憩と同程度に労働からの解放が保障」されているかについては，具体的には，①労働契約上役務提供が**形式的に**義務付けられているかをまず判断し，そのうえで，②**実質的に**役務提供が義務付けられていないと評価できる例外的な事情があるかを，ⅰ業務遂行に関する義務付け，ⅱ場所的拘束性，ⅲ対応の頻度等で検討します。

ここで，上記**2**の拘束時間「外」の基準と，拘束時間「内」の基準とを比較すると，「内」の場合の方が基準として労働時間となりやすいといえます。換言すれば，具体的な事情の下で，拘束時間の「内」と評価された場合には，原則として労働時間に当たると評価されやすいということです。

4　結　論

第２節からこれまで述べてきた労働時間性の判断要素をまとめると以下のようになります。

基準１　「拘束時間」か否か
・労働日（就労義務の存在する日であるか否か）
・時間的拘束性（就労義務の存在する時間帯か否か）
＊雇用契約書や就業規則だけではなく，会社の業務マニュアル等をも考慮して労働契約上就労義務があるかを検討。
↓

基準２－１（拘束時間「外」）
原則：労働時間に当たらない
例外：①業務遂行に関する義務付け
②場所的拘束性
③業務性
④その他の事情
OR
基準２－２（拘束時間「内」）
原則：労働時間に当たる
例外：休憩と同程度に労働からの解放が保障されている場合
＊具体的には，①労働契約上役務提供が**形式的に**義務付けられているかをまず判断し，そのうえで，②**実質的に**役務提供が義務付けられていないと評価できる例外的な事情があるかを，ⅰ業務遂行に関する義務付け，ⅱ場所的拘束性，ⅲ対応の頻度等で検討。

第５節　各　論

本節では，労働時間性が実務上問題になりうる12の事例を通じて，実際にどのような時間が労働時間に当たり，あるいは当たらないかを考えていきます。

すでに述べたとおり労働時間概念は柔軟なもので，一義的に結論を導き出せるとは限りませんが，以下では，最高裁判例の考え方に沿いながら考え方のポイントを示します。

1　自宅持ち帰り残業

【事例２－１】

Ａ社のある事業所では，午後10時には警備システムの関係上，従業員らはその時間には退社せざるを得なかった。

しかし，業務量が非常に多く，午後の10時になっても翌日までにやるべき業務が終わらないことから，管理職からの明示の指示はなかったものの，多くの従業員は，自宅に資料を持ち帰って自宅で業務を行っており，管理職もそのような実態を知りながら黙認していた。なお，もし翌日までの業務が終わらなければ，人事考課上，低い評価になる可能性もあった。

ある日，従業員甲は，午後10時に退社し，午後11時から翌日の午前１時までの２時間，自宅で業務を行った。この２時間は労働時間（労基法32条）に当たるか。

(1)　自宅の評価

問題となる上記の時間は拘束時間の「外」であるところ，業務を行う場所が「自宅」であることをどう評価するかが問題になります。

１つの考え方としては，①自宅であれば，「社内の所定の席で勤務せよ」という**場所的な拘束**はありませんし，②テレビを見ることや，音楽を聴きながら仕事をすることも自由ですから，**規律的な拘束**も受けることはありません。このように，社内で残って業務を行う「居残り残業」と比較すると，自宅で仕事を行う場合は，拘束の度合いが格段に低くなります。

さらに，③いったん自宅に帰ることで，使用者の指揮命令下での勤務の「延長」にある活動とはいえなくなります。

このような理由からすれば，自宅に持ち帰って仕事をした場合は，場所的な拘束性が弱いことを主要な理由に，**原則として**，使用者の指揮命令下で行われた活動とはいえず，労働時間（労基法32条）には当たらないと考えます。

⑵　労働時間と評価される可能性がある

しかしながら，上記のように拘束時間の外の場合には，義務付け，場所的拘束，特段の事情を考慮要素とする総合的な判断であるところ，以下の①から③の事情を総合考慮して一定の場合には，場所的拘束性は弱いものの，**業務遂行に関する義務付けの程度が強度**であることを理由に，**例外的に**労働時間に該当する可能性があると考えます。

【考慮要素】

①　担当業務を一定の期限までに処理しなければ，使用者から**不利益**に取り扱われること

②　自宅に持ち帰って仕事をしなければ，一定の期限に担当業務を**処理できない**こと

③　従業員が自宅に持ち帰って仕事をしていることを，使用者（上司を含む）が**認識**していること

本事例では，ⅰ翌日までの業務を処理しないと人事考課上，不利益等を課される可能性もあったこと（前記①），ⅱ午後10時には警備システムの関係上，午後10時以降に事業所で業務を行えず，業務を行う場合には自宅等に持ち帰らざるを得ないこと（前記②），ⅲ多くの従業員が自宅に持ち帰っていたこと（前記②），ⅳ管理職が自宅に持ち帰って業務を行っていることを黙認していたこと（前記③）等を考慮すると，場所的拘束性はないものの，義務付けの程度が高いことから，自宅に持ち帰って仕事をした時間も労働時間に当たる可能性が十分あると考えます。

＊　**医療法人社団明芳会〔Ｒ病院〕事件（東京地判平26.3.26労判1095号５頁）**

急性心不全で死亡した新人理学療法士の遺族が，相続した割増賃金請求権を請求した事案において，裁判所は，学術大会の準備としての資料の作成のために自

宅で作業したと主張する時間（少なくとも4時間と原告らは主張）について，理学療法士が**自宅において連日にわたり学術大会の準備に相当程度の時間を費やしていたことを認定しつつも，**ⅰ自宅で学術大会の準備を行うことを明示的に指示していないこと，ⅱ準備は院内のパソコンを使用することを指示していたこと，**ⅲ作成を指示した作業の量及び所定労働時間内での作業を許容していたことから自宅に持ち帰らなければ処理できないと見るのは困難**であること等を考慮して，当該作業の業務性を認定しつつも，黙示の業務命令はないとして，上記時間の労働時間性を否定しました。

上記で述べた考慮要素①から③との関係でいえば，主として前記考慮要素②の点（業務の量）を重視し，業務量から自宅に持ち帰る必要性がないことから自宅での作業について原則どおり労働時間性を否定した事例と評価できます。

＊＊　白石哲編著『労働関係訴訟の実務（第2版）』67頁

自宅持ち帰り残業については，かつて労働部にいた裁判官である藤井聖悟裁判官においても，「使用者から持ち帰り残業の業務命令があっても労働者はこれに応ずる義務はないから，持ち帰り残業が労働時間と認められるのは，使用者から業務の遂行を指示されてこれを承諾し，私生活上の行為と峻別して労務を提供して当該業務を処理したような例外的な場合に限られる」と，場所的拘束性を重視し，原則として労働時間性を否定し，極めて限定的な場合にしか労働時間性を認めない立場に立っています。

2　手待時間

【事例2－2】

始業時刻午前11時，終業時刻午後8時（休憩時間1時間）の美容院Bに勤務する美容師乙は，利用客がいない間は控室で雑誌を読む等していたが，利用客が割り当てられた場合には，いつでもフロアに出て対応するよう求められていた。

ある日，乙は3名の利用客を割り当てられ，対応に約3時間要した。

当該3時間以外の利用客がいない間に控室で待機している時間は労働時間（労基法32条）に当たるか。

(1) 手待時間とは

休憩時間と労働時間との境界がよく問題になる事例として，「手待時間」が挙げられます。「手待時間」とは，作業と作業の間の時間で，必要が生じれば直ちに労務を提供する義務を負う時間のことをいいます。

事例の控室で待機している時間は始業・終業時刻の**「内」の時間**であるため，当該時間について「労働からの解放が保障されていたか」が問題になります。

このような時間は，使用者の指示があったり，（利用者が来た際等に）対応の必要が生じたときには，直ちに作業に就かなければならない状態に置かれているので，労働からの解放が保障されているとは評価できません。

このため，実作業に従事していた時間（事例でいえば利用客に対応している３時間）だけではなく，待機していた時間（約５時間）も含めて８時間「全体」が労働時間となります。

実際に従事していた「点」のみが労働時間になるのではなく，実際に従事していた時間と手待時間が全体として，労働時間になるというイメージです。

手待時間の典型例としては，事例のような美容師の勤務形態が挙げられますが，休憩時間中の電話当番・来客当番等も，この類型に入ります。

＊ すし処「杉」事件（大阪地判昭56.3.24労経速1091号３頁）

所定労働時間が午後３時から翌日の午前２時までの寿司店において，板前見習，裏方として勤務していた労働者について「午後10時頃から午後12時頃までの間に客がいないときなどを見計らって適宜休憩してもよい」という取決めがあった事案につき，現に客が来店したときは即時その業務に従事しなければならなかったことを理由に，午後３時から翌日の午前２時までの全体が労働時間であると評価されました。

＊＊ 中央タクシー〔未払賃金〕事件（大分地判平23.11.30労判1043号54頁）

タクシー会社が乗務員に対し指定場所以外での客待ち待機はしないように指示し，運転日報及びタコグラフから待機場所と待機時間を推測して，指定場所以外での30分を超える客待ち待機があると推測したときは同時間を労働時間からカットしていた事案において，裁判所は，指定場所以外での客待ち待機時間も含めて，労基法上の労働時間に当たると判断しました。

判決では，指定場所以外で30分を超える客待ちをしてはならないと命令し，その命令に従わないことを理由として懲戒処分を受けることがあっても，命令に従わないことから直ちに労働時間ではないとはいえないと判示しています。そして，その理由としては，原告らが指示に反して30分を超える客待ちをしていても，労務提供可能な状況には変わりはなく，指揮命令下にあったといえるからとしています。

この事件は，拘束時間の「内」の問題であるところ，「30分を超える指定場所以外での客待ち」を禁じつつも，（同じ場所で30分客待ちをした後の）**就労自体を明確に禁止していない**（指定場所以外で待っていて客が来たら乗せることまでは禁じていない）ことが，労働時間性を肯定した根拠の１つだと考えられます。

しかしながら，第３節で述べたとおり「労働時間」（労基法32条）とは「労働者が使用者の指揮命令下に置かれている時間」を指すところ，当該「指揮命令下に置かれている時間」とは，あくまでも使用者の指示に従って労務提供することが前提の時間と理解できます。また，そもそも，賃金の対価である「労務提供」は，使用者の指示に従った形での労務提供です。

そのため，この裁判例のように明らかに業務命令に反する状態を労務提供と評価し，労働時間と評価するのは，労基法32条の解釈として相当ではないと思われます。

⑵　運送業の手待時間

運送業は，荷先ないし配送先に入れる台数の制限や配送時間の関係等で，現場付近において待機することがあること等から，この種の「拘束時間」が，労働時間（労基法32条）と休憩時間（労基法34条）のいずれに当たるかが争点になりやすい業態の１つです。

＊　**大虎運輸事件（大阪地判平18.6.15労判924号72頁）**

トラックの運転手について，配送先での荷卸し作業後，次の指示を待つまでの時間は，手待時間には該当しないとしました。

もっとも，この事案では，配送先で会社から突然指示がきてもこの**指示に応じるか**は，運転手が決めることができたと評価されている特殊事情がありました。

加えて，この事案では，配送先での荷卸し作業後は次の仕事の指示があるまで自由に過ごすことができ，次の仕事に入るまでの間，**食事の際には飲酒することもできるし，**パチンコをすることもあったとされており，この点も労働時間性の判断に影響を与えたと評価できます（判決文上は明らかではありませんが，飲酒をすることが可能であったのは，配送先で突然指示があっても，この指示に応じるか否かを運転手が決めることができたためだと考えられます）。

通常のトラック運転手は企業と雇用契約を締結している以上，配送指示に従うことが当然であって，上記のような裁量はありません。上記のような特殊な事情のない限りは，労働時間性を肯定される可能性が高いものと思われます。

3　仮眠時間

【事例２－３】

Ｃ社はビルの管理会社であるところ，Ｃ社に勤める従業員丙は，Ｃ社が管理を受託したビルに配属され，ビルの管理業務に従事していた。

１カ月に数回ある泊まり勤務は，１人で午前９時から翌日の午前９時までの24時間連続勤務であり，その間休憩が合計２時間，仮眠時間が８時間与えられ，仮眠時間中は外出が禁止で仮眠室にいることを指示されていた。

丙は，ビルの仮眠室で仮眠中も，警報・電話・呼び鈴が鳴ったときは，必要な対応を行うことを指示されていた。

なお，実際にも，丙は少なくとも１勤務に必ず１回は対応作業に従事し，多いときには１勤務で３回程度のときもあった。

Ｃ社は，仮眠時間中のこれらの対応作業を行った時間は労働時間として扱っていたが，それ以外の仮眠時間は労働時間として扱わず，賃金を支払っていなかった。

仮眠時間のうち，実際に対応をしていない時間は労働時間（労基法32条）に当たるか。

(1)　「労働からの解放の保障」の判断基準

ア　２段階で検討すること

第２節・２の大星ビル管理事件（最判平14.2.28労判822号５頁）をベースにした事例です。

問題となる仮眠時間は，24時間勤務の一部を構成するため，拘束時間の**「内」の問題**と考えられ，そのため，「労働からの解放が保障されているか」という基準によって判断します。そして，「労働からの解放の保障」の有無は，第３節・２・(3)で説明したとおり，次の２段階で考えます。

①　労働契約上役務提供が**形式的**に義務付けられているか。

②　**実質的**に役務提供が義務付けられていないと認められる例外的な事情があるか。

この①は労働契約締結時を基準にどのような義務が課されていたかを検討し，②は契約の展開に応じて実質的にどのような義務があったかを検討するものです。

ただし，後述の裁判例を見る限り，各事実を①，②のいずれとして評価しているか明確ではない事案も存在します。

そして，上述①及び②については，大星ビル管理事件（平成14年）以降の下級審裁判例を見る限り，以下のような事情を勘案しています。

項目 【】内は上記①・②の一応の分類	①・②の考慮要素	裁判例
会社と第三者（警備対象であるテナント等）との契約内容 【①】	・第三者との契約上，仮眠時間中も緊急対応を含む警備等をする時間になっているか（仮眠時間であることが第三者との契約に反映されているか）	A，B
会社と従業員との指示内容 【①】	・会社の指示，研修，通知等 ・作業マニュアル（仮眠時間中の緊急対応を義務付ける内容になっているか）	B，H

仮眠時間中の待機場所 【①】	・仮眠室の有無（警備室内での仮眠か，マンションの住み込み管理人のような事案か） ・仮眠室に警報器があるか ・ベッドの有無（ないと否定要素と評価（ソファーのみなど））	A，C，D，G，I
仮眠時間中の行動の制約 【①】	・制服着用が義務付けられているか ・食事・入浴が許可されていたか	A，C，E，G
場所的拘束の程度 【①】	外出が許容されていたか（許容されている場合は，他の従業員に告げたり，携帯電話の携帯を義務付けられていたか）	A，C，E，G
仮眠時間中に常に連絡が取れるようになっているか 【①】	無線機・携帯を常時保持させているか（保持しないことや，電源をオフにすることが許容されていたか）	E，G
仮眠時間中の対応の頻度 【②】	・回数 ・当該事業所で平均何回か ※本人，事業所ベースのいずれでも計算をする。	A，C，G，H
仮眠時間中の対応が，即応性があるか 【①】	・即応が契約上明示されているか ・即応しない場合に，注意・指導の対象になるか	A，C，D，F，G

A　互光建物管理事件（大阪地判平17.3.11労判898号77頁）（マンション住み込み管理人・所定労働時間外の時間の労働時間性を否定）

B　新日本管財事件（東京地判平18.2.3労判916号64頁）（マンション住み込み管理人・所定労働時間外の時間の労働時間性を否定）

C　大道工業事件（東京地判平20.3.27労判964号25頁）（都市ガス漏出が起こった際の修理業務に従事していた従業員・被告事業所内に設置されていた寮に寄宿して24時間シフトを含む勤務スケジュールの下で就労していた場合における不活動時間の労働時間性を否定）

D　ビル代行〔宿直勤務〕事件（東京地判平17.2.25労判893号113頁）（警備員の４時間の仮眠時間の労働時間性を肯定）

E　関西警備保障事件（大阪地判平16.3.31労経速1883号３頁）（拘束時間15時間のうちの休憩の時間５時間について労働時間性を肯定）

F　日本郵便逓送大阪支店ほか事件（大阪地判平16.4.28労経速1876号17頁）（期間臨時社員の2暦日にわたる泊まり勤務の間に設定されている4～6時間の仮眠時間について，労働時間性を肯定）
G　日本ビル・メンテナンス〔仮眠時間等〕事件（東京地判平18.8.7労判926号53頁）（宿直を含む24時間勤務体制下でのビル警備業務の防災センター内での仮眠時間について労働時間性を肯定，他方仮眠室での仮眠は否定）
H　ビル代行〔ビル管理人・不活動時間〕事件（名古屋地判平19.9.12労判957号52頁）（住み込みの形のビル管理人の不活動時間のうち，一部について労働時間性を肯定）
I　新生ビルテクノ事件（大阪地判平20.9.17労判976号60頁）（ビルの管理業務に従事する従業員の不活動仮眠時間の労働時間性を否定）

イ　実質的な義務付けの有無は総合的判断であること

このうち，「実質的な義務付けがない」（上記②）と評価されるかは，基本的には仮眠時間中の対応の**頻度が最も重要な考慮要素**ですが，他の義務付けの程度（上記①）等との総合的な判断になると思われます。

換言すれば，指示や規定からの**義務付けや場所的拘束が強い事案の場合には，頻度が少なくても労働時間性が肯定される可能性が十分ある**ということです。

【実質的に役務提供が義務付けられていないと認められる例外的な事情があると評価された裁判例】

裁判例	頻　　度
大道工業事件（東京地判平20.3.27労判964号25頁）	実際の出動回数は平均して1日に1回以下であり，深夜・早朝の時間帯は少ない
日本ビル・メンテナンス〔仮眠時間等〕事件（東京地判平18.8.7労判926号53頁）	原告らの勤務が月に12回程度であるとすると，数カ月に1回の割合である
新生ビルテクノ事件（大阪地判平20.9.17労判976号60頁）	平成17年10月以降宿直勤務に従事していた従業員が仮眠時間中に業務に従事したことは極めて稀（回数の具体的な認定はしていない）

ウ　事例の回答

従業員丙は，仮眠時間中，仮眠室にいること（場所的拘束），警報・電話・呼び鈴が鳴ったら相当の対応をすることを指示され，当該対応を労働契約上義務付けられています（基準①）。

加えて，実際にも毎回対応しており，実質的に上記の義務付けがなされていないと認められるような事情も存在しません（基準②）。

そのため，「労働からの解放が保障された状態」とはいえず，現実に対応作業を行った時間（点）のみならず，仮眠時間８時間の全体（線）が実労働時間として評価されます。

＊　Ｋ社事件・東京高判平30.8.29労経速2380号３頁

夜行バスの交代運転手（実際に運転する運転手とともにバスに同乗している）のバス内での仮眠時間の労働時間性が争点になったところ，拘束時間の「内」の問題とし，①交代運転手の休憩する場所がバス車内に限られていた，②仮眠の際も制服の着用を指示されていたことを認定しました。

他方で，③国土交通省自動車局の「貸切バス・交代運転手の配置基準」によって運転手が１名では運行距離等に上限があるため会社は交代運転手を同乗させているのであって，不活動仮眠時間において業務を行わせるために同乗させているものではないこと，④リクライニングシートで仮眠できる状態であり，飲食も可能であったこと，⑤上着を脱ぐことも許容される等の配慮がされていたこと，⑥仮眠している時間に，乗客から話しかけられたり，道案内をしていた等の労務提供していた等の事情がないことを根拠に仮眠時間の労働時間性を否定しました。上記の整理に従えば，③でそもそも形式的な義務付けもなかったと見ることもできますし，⑥で特段の事情を肯定した事案とも評価できます。

(2)　交代で仮眠をとる場合の仮眠時間

例えば，２人でビルの警備をする場合等に，交代で１人ずつ仮眠をとる場合の仮眠時間の労働時間性も，前記基準①・②で「労働からの解放が保障されているか」を判断します。

この点，②の点に関しては，(ア)一方が仮眠時間中に何らかの対応が必要になるとしても，発生する**業務量や性質**から起きている労働者（仮眠時間ではない労働者）のみで対応できるものか，必ず2人で対応する必要があるものか，(イ)実際に起きて対応をしたか等がメルクマールになります。

【図：交代制夜勤の場合の考え方】

〈交代制仮眠〉

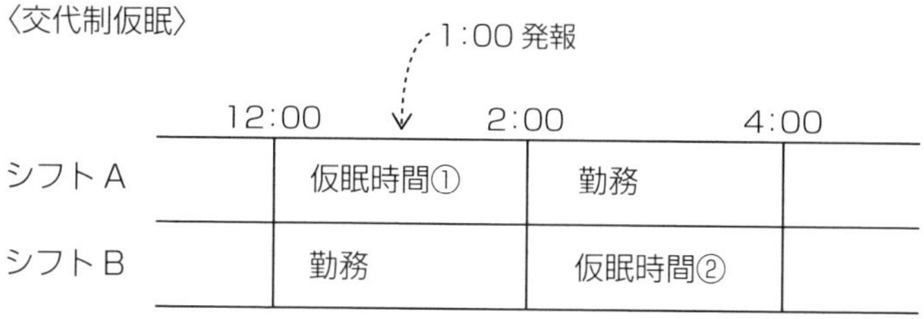

1:00 発報

	12:00	2:00	4:00
シフトA	仮眠時間①	勤務	
シフトB	勤務	仮眠時間②	

〈例〉
午前1:00に発報があった場合に
① シフトBのみで対応可能か（業務の量，質の点から）
② 仮眠時間中であるシフトAが起きて対応したことはないか

このような場合の仮眠時間の労働時間性が問題となった事案として，次の3つの裁判例があります。各裁判例の結論は次の表のとおりです。

	就労形態	仮眠時間の労働時間性
ビル代行事件	4人で勤務し，2人交代で仮眠	×
ジェイアール総研事件	2人で勤務し，1人ずつ交代で休憩・仮眠	○
ビソー工業事件	4人で勤務し，2人交代で仮眠	×

＊　**ビル代行〔宿直勤務〕事件（東京高判平17.7.20労判899号13頁）**

ビル管理会社に勤務して4名で24時間連続の警備業務に従事する警備員の仮眠時間（24時間中4時間）の労働時間性が問題となりました。勤務表上，深夜時間帯（午後10時以降）には，4名の警備員のうち概ね2名が仮眠するとされていました。

裁判所は，㋐仮眠時間がとられていた午後10時以降の業務量は少なく，一定の限られた業務しか発生しない状況にあったこと，㋑実際にも，仮眠者を起こして業務に対応したことはなく，仮眠者が実作業への従事の必要性があって出勤したことがあると認めるに足りる証拠がないこと，㋒仮眠室に滞在することとされていたが，仮眠室等では制服を脱いでパジャマに着替えて仮眠していたこと等から，「実作業への従事の必要が生じることが皆無に等しいなど実質的に警備員として相当の対応をすべき義務付けがされていないと認めることができるような事情があるというべきである」として，本件の仮眠時間について労基法32条の労働時間に当たらないと判示しました。

本事案は，４人中２名が起き２名が仮眠するという勤務体制であったところ，一審原告は午後10時以降の業務として，ⅰ不審者の対応，ⅱ救急車への対応，ⅲ施錠依頼，ⅳ警報の発動などがあり，起きている２名だけでは対応できず，寝ている２名も起こして対応する必要があったと主張しましたが，裁判所は証拠から前記㋑のように**実際に対応したことはない**ことを重視して，**起きている者だけで対応できたと評価**して結論を導いたと評価できます。

＊＊　ジェイアール総研サービス事件（東京高判平23.8.2労判1034号５頁）

ビルの管理会社で守衛業務にあたっていた従業員が，勤務時間16時間，休憩時間合計４時間，仮眠時間４時間とする一昼夜交代勤務であり，**その間，守衛２名が交互に休憩・仮眠をとっていたケース**で，上記勤務時間中，休憩・仮眠時間も労働時間に該当するとして割増賃金を請求しました。

裁判所は，㋐仮眠時間中に帰宅したりすることが許されていたものではなく，原告は，用務があったとき直ちに対応しうるようにトレーナー等を着用して仮眠していたのであり，仮眠時間中の守衛は，警報に対応すること等の緊急の事態に応じた臨機の対応をすることが義務付けられていたこと，㋑**現実に実作業に従事する必要が生じることがあり，その必要性が皆無に等しいものとして実質的に上記のような義務付けがされていないと認めることができるような事情もないことから，**労働時間性を肯定しました。

この事案は，仮眠時間中に対応する業務の量，対応する頻度（起きている者だけでは対応できない場合の発生）を重視し上記ビル代行事件のように，複数名で交互に休憩・仮眠時間を過ごしていたにもかかわらず，労働からの解放が保障されているとは認めなかったと理解できます。

ただし，この判決は帰宅が許可されていないことを１つの根拠に仮眠者の対応義務を肯定していますが，拘束時間内である以上，帰宅の許可はおよそ想定しえない以上，その点はやや判断基準としての相当性を欠くものと思われます。

仮眠時間中の場所的拘束性を検討するのであれば，仮眠室のほかどこまで出ることが可能であったかをみるべきであり，警備対象の施設から出ることが可能であったか，喫煙室に行くことが可能であったか等を検討すべきと思われます。

＊＊＊　ビソー工業事件（仙台高判平25.2.13労判1113号57頁）

概ね4名で病院の警備業務を担当していた労働者の仮眠時間・休憩時間の労働時間性が争点になりました。休憩時間は，昼と夜の時間帯に各1時間，仮眠時間は4時間であり，休憩や仮眠の時間帯においても，4名中2名は業務に従事することとされていました。

裁判所は，㋐仮眠・休憩時間中に実作業に従事した事例は極めてわずかであったこと（2年8カ月半で，仮眠時間中の実作業に従事したのは1人1年に1件程度），㋑最低4名以上の警備員が配置され，仮眠・休憩時間帯においても，そのうち1名が守衛室で監視警備等業務に当たり，1名が巡回警備業務に当たる傍ら又は守衛室に待機して，突発的な業務が生じた場合にこれに対応する態勢がとられていたこと，㋒4名以上の警備員が常時業務に従事することまでが要求されていたわけではないことを理由に，「実質的にXらに対し仮眠・休憩時間中の役務提供の義務付けがされていない」として，労働時間性を否定しました。

なお，この事案では，警備対象である病院と警備会社との「仕様書」では，常時4人以上が実作業に対応できる態勢をとるように定められていましたが，裁判所は㋐から㋒のように述べ，実態から義務付けがないとしました。一定の義務付けを肯定しつつ，それを覆す程度の解放があった事案と見るべきです。

(3)　仮眠時間の労働時間性が肯定された場合の対応

一定の時間について労働時間性を検討した後の基本的な実務対応は以下になります。

【労働時間性が否定される場合】

- 現状維持。
- 手当等を支給している場合には，労働時間ではないことを前提とする慰労の趣旨等の手当等で対応。

【労働時間性が肯定される場合】

- 過去分（2又は3年分）を支給するか検討。
  なお，この場合に下記の将来の対応の兼ね合いで，支払う場合に「賃金」として支給するか，賃金ではない「解決金」として支給するかは検討を要する。この金員の性質によって源泉徴収の問題も生じる。
・今後については，①労働時間として扱い，賃金を支給，又は②実態を適正化（１人仮眠の廃止，複数名体制にして起きているメンバーのみで対応できる体制の構築，機械警備の導入等で仮眠時間中の対応義務の解消）し，労働時間としない，という２つの対応が考えられる。

4 移動時間（営業）

【事例２－４】
D社の神奈川営業所に勤務する営業職の丁は，神奈川県内のエリアを営業範囲として担当していた。
ある日，丁は，午前７時に自宅を出て鎌倉市所在の営業先に直行し，午前９時に営業先に到着した。その後，丁は，横浜市所在の営業先に移動するため，午後１時に鎌倉市を出発して，午後３時に横浜市所在の営業先に到着し，午後６時に業務を終了した。
なお，D社の始業・終業時刻は，午前９時～午後６時であり，正午から午後１時までは休憩時間とされていた。
鎌倉市から，横浜市所在の営業先までの２時間の移動時間は，労働時間（労基法32条）に当たるか。

(1) 移動時間の労働時間性の考え方

事例２－４から２－８までは移動時間の労働時間性を検討しますが，原則的な考え方は以下のとおりです。

１ 拘束時間の「外」の事案か，「内」の事案か
２ 移動時間の「実態」

２は，「移動時間」にも種々の態様があり，それによって**拘束の度合い**

等が異なるため，当該移動時間の実態も労働時間性の判断の際に考慮するということです。

例えば，①トラックの運転手がトラックごとフェリーで移動をする場合などは，運転手はフェリーのどこにいてもよく，飲酒以外は自由な場合が多く，拘束が弱いといえます。

②電車等での移動時間中は，寝る，書籍や雑誌を読む，スマートフォンを操作する，食事をするなど自由度が高く，一般的には拘束度が相当程度弱いと考えられます。

これに対し，③自分が運転する車での移動時間は，ラジオや音楽を聴くことはできますが，書籍や雑誌を読むことはできないこと等から，①及び②と比較すれば拘束度が一定程度強いといえます。

＊　行政解釈

トラックの運転手がトラックごとフェリーに乗船している時間の拘束度が低いことについては，行政解釈でも明らかにされています（昭55.1.26基発21号，ただしすでに廃止）。同通達では「フェリー乗船時間は，使用者の一定の指揮命令を受けて乗物を利用する出張のような性格を有するものであるが，その間，具体的な労働提供（運転業務）が行われないものであるから，**その乗船期間中の賃金，手当等についてはその性格を踏まえ，労使間で決定されるべきものである**」と記載されています（東京大学労働法研究会『注釈労働時間法』131頁参照）。

⑵　事例の移動時間について

事例において，自宅から鎌倉市所在の営業先までの移動時間（午前７時～午前９時）は，拘束時間の「外」の問題であり，かつ業務に関する義務付けなども特に存在しないので，労働時間には該当しません。同様に，横浜市所在の営業先から自宅までの移動時間も，労働時間に該当しません。

なお，労働時間性判断との関係では神奈川県内のエリア全体が営業職である丁の本来の就労場所であると捉えられ，上記の時間帯は通勤時間と同じであるという点から，通勤時間は**労務提供の前提行為**であり労働時間ではないため，この点から労働時間に該当しないとの説明も可能です。

＊ **通勤時間は労働時間ではない**

労働者である債権者が使用者に対して労務を提供する債務は，持参債務（民法484条１項）であるので，通勤は持参するための準備行為であり，業務性を欠き，かつ一般的に通勤時には拘束がないことから，労働時間性は否定されます。

これに対し，鎌倉市の営業先から横浜市の営業先までの移動時間（午後１時～午後３時）は，始業・終業時刻の間の時間であるため，**拘束時間の「内」の問題**になります。

そして，営業先から営業先への移動時間中，労働者はまっすぐに次の営業先に移動することが労働契約上求められていますので，「労働からの解放が保障」されていませんから，事例の移動時間は労働時間に当たります。

5 移動時間（出張１）

【事例２－５】

Ｆ社の東京本社に勤務する従業員戊は，平日の午前９時に大阪支社に到着して会議に出席するように出張を命じられた。そこで，戊は，会議の当日の午前５時に自宅を出発し，新幹線等を使って，午前９時に大阪支社に到着した。この４時間の移動時間は労働時間（労基法32条）に当たるか。

会議が月曜日であり，上記の移動が日曜日（休日）に行われた場合はどうか。

なお，Ｆ社の始業・終業時刻は，午前９時～午後６時であり，正午から午後１時までは休憩時間とされていた。

(1) 事例前段（移動が労働日に行われた場合）

第４節で示した最高裁の考え方に即していえば，事例の出張の際の移動時間は拘束時間の外側の問題であるところ，移動中の時間をどう過ごすかは労働者の自由であり，使用者による業務の義務付け又はそれを余儀なくされる状態は存在しないことが通常ですので，この点から労働時間には当たりません。

加えて，通勤時間が労働時間に当たらないことは事例2－4でも述べましたが，本件の出張の際の移動時間（午前5時～午前9時）も通勤時間と同様に考えられ，この点からも労働時間には当たりません。

なぜなら，出勤も出張もその日の**就労場所に赴くまでの時間**という点で共通しており（ただし，出勤は本来の就労場所への移動，出張はそれ以外の就労場所への移動という点で異なります），**労務を提供する以前の活動**だからです。

＊　**出張命令自体の有効性**

ただし，上記の事例では午前5時から午前9時までが移動時間であるところ，早朝という時間帯，かつ4時間という移動時間の長さから，出張命令自体の有効性が問題となり得ます。つまり，このような早朝かつ長時間の移動を伴う出張の業務上の必要性と，労働者の不利益の程度を比較考量して，出張命令が権利の濫用（労契法3条5項）になる可能性があるということです。

このような早朝かつ長時間の移動を伴う出張命令が，ⅰ緊急の場合や，月1回や年に数回程度の場合には，命令権の濫用と評価されず有効となると考えますが，他方で，ⅱ頻繁で常態化している場合には，命令権の濫用と評価される可能性があると考えます。なお，出張手当を支給していたとしても，**ⅱのような場合には，これのみをもって有効性が肯定されるものではありませんが，**ⅰの場合には有効性をより補強するものにはなると考えます。

⑵　事例後段（移動が休日に行われた場合）

事例後段の休日の移動時間は，**休日であるので拘束時間の「外」の問題**であり，かつ，前段同様に移動時間中に使用者による業務の義務付け又はそれを余儀なくされる状態は存在しないことが通常ですので，宝石を運ぶため常に監視業務を伴いながら移動しているような特別な場合を除いて，移動時間は，労働時間ではありません。

＊　**出張命令自体の有効性**

事例前段同様，休日の移動の場合も出張命令自体の有効性の問題が別途生じます。休日に出発するような出張命令も，月1回程度のものであれば，命令権の濫用（労契法３条５項）とはならず，有効と考えます。しかしながら，労働日の移動の場合に比して労働者に対する不利益の程度が高いことは事実ですから，休日出発の出張には出張手当の額をさらに増額することも必要ではないかと考えます。また，そうすることによって出張命令の有効性が担保されることになります。

ただし，海外出張の場合には，国内出張とは異なり移動に１日かかることもある以上，そのような場合には日当額の増額では足りず，出張命令の有効性の担保及び安全配慮義務の観点から代休を付与することも必要と考えます。

＊＊　行政解釈

通達においても，「出張中の休日はその日に旅行する等の場合であっても，**旅行中における物品の監視等別段の指示がある場合の外**は休日労働として取り扱わなくても差し支えない」（昭23.3.17基発461号）としており，休日における出張の中の移動時間が**原則として**労働時間には当たらないことを前提にしています。

＊＊＊　東葉産業事件（東京地判平元.11.20労判551号６頁）

日曜日（休日）に出張先の神津島から帰ってきたという事案において，当該出張先からの移動時間の労働時間性が問題になりました。

裁判所は，移動をした当日に労働をしたわけではなく，帰路についたにとどまることを根拠として休日労働には該当しないと判断しました。また，出張先からの移動時間が労働時間にならない根拠の１つとして，朝夕の通勤時間と同様のものであると評価し，休日であることを重視しない評価をしています。

＊＊＊＊　ロア・アドバタイジング事件（東京地判平24.7.27労判1059号26頁）

広告代理・制作の会社の従業員の出張の移動時間の労働時間該当性が問題になった事案で，納品物の運搬それ自体が出張の目的である場合や，ツアー参加者の引率業務のサポートという具体的業務の提供を行う場合に限って，移動時間も労働時間に該当すると上記の通達に従った判断をしました。

6　移動時間（出張２）

【事例２－６】

戊は，大阪での出張業務を終えた後，午後６時に大阪を出発して，午後10時にいったん東京本社に帰社した。戊は，自己の判断で，東京本社において午後10時から午後10時15分までの間メールのチェックを行ってから，帰宅した。

午後6時から午後10時までの移動時間及びメールをチェックした時間は，それぞれ労働時間（労基法32条）に当たるか。

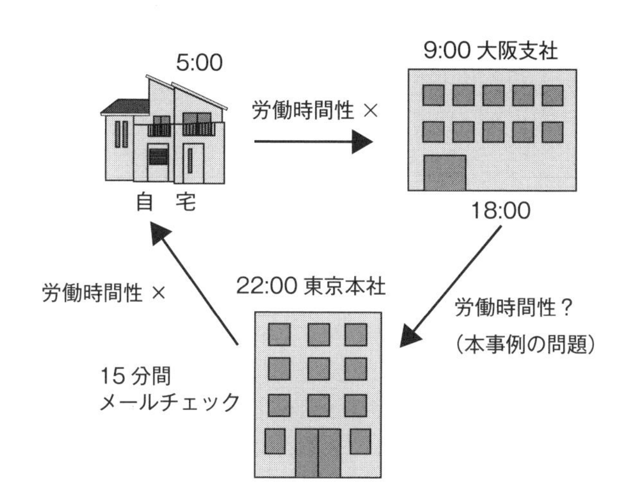

(1) メールチェックの時間

まず，東京本社に戻ってからのメールチェックを行った15分間に関しては，拘束時間の「外」の問題になるので，当該業務を行うことの義務付け等があった場合に限って労働時間になります。自己の判断のみで勝手にメールチェックを行った場合には，義務付けがない以上労働時間になりません。

(2) 移動時間

そのうえで，午後6時から午後10時までの出張移動時間が労働時間に当たるかが問題になります。

この点，同移動時間は，終業時刻「後」の問題であり，事例2－7で説明するような，拘束時間の起算点を動かす事情は特にありません（事例2

－７の解説(2)参照)。以上からすれば，本事例の出張移動時間は，**拘束時間の「外」の問題**となります。そして，戊が東京本社に戻ってきて仕事をしたのは，戊の自主的な判断であって，Ｆ社がそのような指示をしたわけではありません。

そのため，本事例の出張移動時間は「外」の問題であり，かつ移動時間中の業務の指示がない以上，労働時間には当たらないと考えられます。

7 移動時間（出張３）

【事例２－７】

戊は，大阪での出張業務を終えた後，午後６時に大阪を出発してそのまま東京の自宅に帰ろうと思ったが，Ｆ社から「午後10時からの東京本社での会議に至急出席してくれ」との連絡が入った。そこで，戊は，大阪から新幹線で，午後10時にいったん東京本社に帰社し，午後11時までの１時間会議に出席してから，自宅に帰った。

午後６時から午後10時までの移動時間は労働時間（労基法32条）に当たるか。

(1) 出張後に本社で会議がある場合

事例２－６との違いは，帰社後の業務が使用者の指示によるものかどうか，という点にあります。

まず，そもそも事例で問題になっている時間は終業時刻「後」の時間です。加えて，後記(2)のように，拘束時間を変更すべき事情もありません。以上から，事例の移動時間は拘束時間の「外」の問題になります。

そして，移動「後」には会議への出席との義務付けがあるものの，移動「中」の義務付けは特になく，当該移動時間の「実態」は，午後10時から会議があるので飲酒等はすることはできませんが，事例２－４の解説(1)で説明したように，新幹線での移動中は，寝ていても，弁当を食べていても問題のない時間です。以上からすれば，「外」かつ義務付けがない以上，労働時間には当たりません。

ただし，移動時間中に午後10時からの東京での会議のための資料の作成等の準備を行うことを指示され，又はそれを余儀なくされた場合には，その時間は義務付け等の要件を満たせば，その限度で労働時間になります。

なお，会議に出席している間の時間（午後10時から午後11時）についても，同様に拘束時間の「外」の基準で判断します。

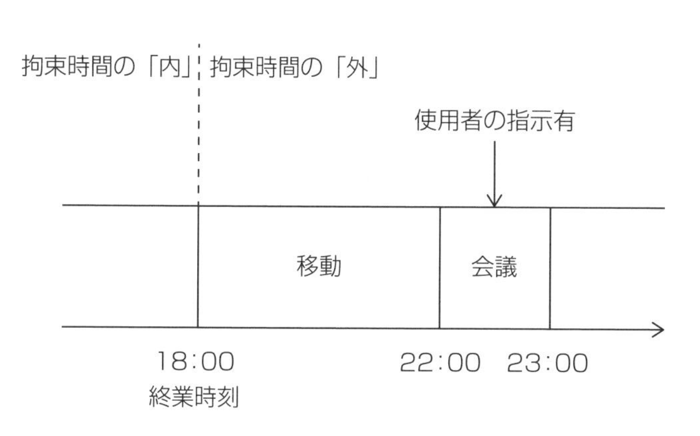

⑵　拘束時間の変更について

第２節・３で説明した大林ファシリティーズ事件のように，午後10時からの会議への参加という業務の指示によって，拘束時間が午前９時から午後11時までとなり，移動時間（午後６時～10時）も拘束時間の「内」となり，その結果，労働時間と評価されるとも考えられるところです。

しかしながら，大林ファシリティーズ事件では，会社の指示，業務マニュアル等によって，**恒常的に所定労働時間前後の業務が予定されていた**事案であるのに対して，本事例は，たまたま１回の業務指示の場合です。**当該１回の指示のみで**，移動時間を含めて午後11時までを拘束時間と評価するのは，解釈として妥当ではありません。

大林ファシリティーズ事件のように，所定労働時間前後の業務を義務付けるマニュアル等がなくても，大阪での会議に出席した場合は，**必ず**その日中に夜東京に戻って会議をするような**指示**を受けていた場合には，同会議に参加するまでの移動時間が拘束時間の「内」と評価されるかが問題になります。

しかし，大林ファシリティーズ事件のようなマンションの管理業務ではマニュアルに沿って業務を行うことが労働契約の内容になっており，**１日に行う業務内容，順序等が決まっており**業務の遂行方法等の裁量がほぼないのに対して，上記のような就労形態の場合には業務遂行の方法に一定の裁量があること等から，**業務の性質上**，このような指示があったとしても大林ファシリティーズ事件とは事案を異にし，拘束時間の「内」となることはないものと思われます。

換言すれば，マニュアル等も拘束時間か否かで検討はしますが，マニュアル等で拘束時間の変更を受けるのは，大林ファシリティーズ事件の事案のような労働契約の内容及び実態がある場合に限られるともいうことができます。

8　移動時間（会社事務所等に立ち寄り，現場に行く場合）

【事例２－８】

所定労働時間が午前８時から午後５時（休憩１時間）のＧ建設会社において，自宅から建設現場に赴く途中，午前８時前に会社事務所等に立ち寄ってから，現場に赴く場合には，事務所から現場までの移動時間は労働時間（労基法32条）に当たるか。

なお，事務所から現場までの移動時間は車で30分とする。

(1)　前提（会社事務所に立ち寄らない場合）

まず，前提として会社に立ち寄らない場合には，自宅から現場までの移動時間が労働時間と評価されることはありません。これはそもそも就労場所，すなわち労務提供をすべき場所が現場であるので，通勤時間に過ぎないからです。

⑵　会社事務所への立寄りが任意の場合

労働契約上，始業時刻の午前８時の時点で労働者がいなければならない場所が「現場」である場合には，事務所から現場への移動時間の30分は，原則として，拘束時間の「外」の問題（通勤の問題）になります。したがって，会社事務所への立寄りが労働者の任意である場合は，事例の移動時間は労働時間には当たりません。

なお，ⅰ事務所に寄った際に実際に作業を行った時間の労働時間性と，ⅱ移動時間（事務所から現場まで）の労働時間性は別問題ですので，留意してください。

＊　**阿由葉工務店事件（東京地判平14.11.15労判836号148頁）**

労働者らが，勤務場所である工事現場に出勤する際に会社事務所に立ち寄り，その後車両で工事現場に移動していた事案について，「この車両による移動は，会社が命じたものではなく，車両運転手，集合時刻等も移動者の間で任意に定めていたものと認められる」こと等から，「会社事務所と工事現場との往復は，通勤としての性質を多分に有するものであり，これに要した時間は，労働時間，すなわち，労働者が使用者の指揮命令下に置かれている時間に当たらないというべきである」としています。上記の事案は，午前８時から午後６時まで現場で就労するとなっていた事案であり，**事務所への立寄りが任意**であったと評価した点がポイントです。

⑶　会社事務所立寄りの指示がある場合

これに対し，ⅰ事務所への立寄りの**指示**があった場合，又はⅱ事務所への立寄りを**余儀なくされた**場合であって，立寄りが恒常的に行われていた場合には，午前８時より前の事務所に着いた時点で拘束時間になり，それ以降の事務所から現場への移動時間も拘束時間の「内」であり，かつ事務所から現場への移動の義務付けがあるとして，労働時間となる可能性があります（第２節・**3**の大林ファシリティーズ事件参照）。

ただし，事例２－７でも説明したとおり，始業時刻「前」から拘束時間と評価されるのは，一定の労働契約内容であり，かつ，一定の指示等に基づいて**恒常的に**行われていた場合です。何らかの事情で１回きりの場合には，拘束時間の「外」の基準で判断し，事務所到着以後の時間が全て拘束時間となるわけではありません。

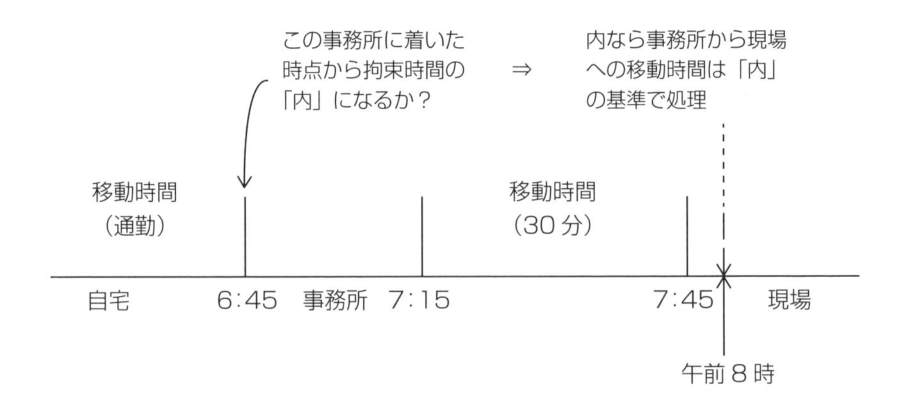

＊＊　総設事件（東京地判平20.2.22労判966号51頁）

労働契約上の始業時刻は午前８時であったところ，原告らは午前８時は現場での作業開始時刻であり，実際は午前６時30分頃に会社から徒歩５分ほどの駐車場兼資材置場に来て資材等を車に積んだ後，午前６時50分に事務所に集合して，打合せが終わった後，車で現場に向かっていたのであり，実際の始業時刻は午前６時50分であると主張しました。

判決は，原告らは午前６時50分に事務所に来て，親方と会社代表者とで当日入る現場や番割り等の打合せが行われる間，事務所隣の倉庫から資材を車両に積み込んだり，入る現場や作業につき親方の指示を待つ状態にあったこと，当日どこの現場に入るかは当日決まり，原則として現場への直行はしていないことなどから，少なくとも午前６時50分以降は使用者の作業上の指揮命令下にあるか，使用者の明示又は黙示の指示によりその業務に従事しているとして，午前６時50分以降の時間は，事務所から現場までの移動時間を含めて労働時間であるとしました。

この事案は，午前８時の始業時刻前ですが，上記のような事情から午前６時50

分の時点で，使用者の拘束下にあったと評価した点がポイントです。

＊＊＊　事務所に寄る場合に移動時間が相当程度伸びる場合

家と現場は近いが，事務所と家が遠い場合等，事務所に寄ると事務所から現場までの移動時間が相当程度伸びる場合には，拘束時間か否かの判断ではなく，事務所に寄るという業務指示の有効性の問題になると考えます。

例えば，家から現場までは40分であるにもかかわらず，家から事務所に１時間かかり，事務所から現場までが１時間のような場合（合計２時間）には，そもそもこのような命令自体が無効になる余地があると考えます。

実務上，移動時間が相当程度伸びる際には，業務命令で行う場合には権利濫用と評価される可能性があることから，命令ではなく，本人の「同意」を取得のうえで行う場合があります。

この場合には，①命令自体の有効性と，②移動時間の処理の問題があります。①を同意で処理し，②についてはあくまでも移動時間が拘束時間の「外」であることを維持し，通勤時間と同様に考え，同**時間を労基法上の労働時間とは扱わないものの**，一定の金銭を支払うこと等が検討に値します。

9　教育・研修

【事例２－９】

東南アジア圏での資源開発に力を入れているＨ商社では，主として入社３年目の従業員を対象として，英語以外に担当する地域の言語を習得することで現地の企業とのコミュニケーションを円滑にすることを目的とする研修を受けることが可能な制度を導入していた。研修の内容は，ベトナム語，インドネシア語，タイ語の３種のうちからの１つの選択制であった。

研修を受けることの明示の命令等はなく，研修を受けなくても懲戒処分等はなかったが，研修を受けない場合には査定の上でマイナスの評価がされ，当該マイナス評価は，賞与や昇進に連動していた。

なお，同研修は，午後６時の終業時刻後の午後６時～午後８時に，会社の施設内で行われていた。

この研修時間は労働時間（労基法32条）に当たるか。

⑴ 教育・研修を受ける時間

拘束時間の「外」の時間帯の教育や研修の時間については，**自由参加が保障されている（義務付けがない）限り**，労働時間には当たりません。

他方で，以下のⅰからⅲ等を考慮して，一定の場合には労働時間と評価される余地があります。

ⅰ 不参加の場合に**不利益**を受ける場合

ⅱ 教育・研修と**業務との関連が密接**である場合

ⅲ 実施の場所・時間帯

本事例の研修は，明示の命令等による義務付けはありませんが，ⅰ参加しないことで，査定でマイナス評価を受け，賞与・昇進等に不利な影響が生じること，ⅱH商社の業務（東南アジア圏での資源開発）と研修内容（担当地域の言語の習得）が密接に関連していること，さらには，ⅲ研修の実施場所が会社施設内で，かつ終業時刻直後から開始されるため，受講せず帰宅することは事実上困難であると考えられることからすれば，労働時間であると評価される余地があります。

＊ 行政解釈

行政通達でも，「労働者が使用者の実施する教育に参加することについて，就業規則上の制裁等の不利益取扱による出席の強制がなく自由参加のものであれば，時間外労働にはならない」とされています（昭26.1.20基収2875号，昭63.3.14基発150号・婦発47号）。

⑵ WEB学習の時間

事例のような集団で行う教育・研修ではなく，WEB学習のような1人でも受講可能な教育・研修の場合には，①行う時間の指定，②自宅で行うことが可能か等も判断要素になります。

受講しない場合には一定の不利益を受け，かつ業務と密接に関連する内容の学習であっても，自宅で行うことが可能な場合には，**場所的な拘束がありません。その結果，事業所内のような規律を受けることはなく，自宅で音楽を聴いたりしながら受講することが可能である以上，**原則として労働時間ではないと解すべきです。

＊＊　NTT西日本ほか〔全社員販売等〕事件（大阪地判平22.4.23労判1009号31頁）

事業所内で会社のパソコンを使ってEラーニングに要した時間について，①教材の内容が会社の業務と密接に関連し，原告に知識習得の必要性があったことがうかがわれること，②上司がWEB学習によるスキルアップをチャレンジシート（評価に向けての参考ツール）で明確に求めていたこと，③WEB学習の状況は社内のシステムで把握されていたこと等から，業務上の指示があったとして，同時間を労働時間と認めました。

この判決も，自由参加であったかという点を，担当業務との関連性と，上司の指示があったことを根拠に労働時間性を判断した裁判例と位置付けることが可能です。

＊＊＊　NTT西日本ほか〔全社員販売等〕事件（大阪高判平22.11.19判例集未掲載）

上記の地裁判決が労働時間であると判断したWEB学習に従事した時間について，以下のように判示し，労働時間性を否定しました。上記指摘の場所的な拘束や指示の程度等ではなく，**実施していたWEB学習のそもそもの性質である**①WEB学習それ自体は本来の就労ではないこと，②WEB学習の量をもって評価しているものではない等を重視したものと評価できます。

もっとも，①**同WEB学習は事業場内で行われていること，②業務に関連する内容であり，実施が指示され，かつ，WEB学習の状況が社内システムでは把握**されていたことに照らせば，義務付け，場所的拘束，業務性がいずれもあったと評価し得，労働時間とみる余地も十分にあった事案であったとも思えます。

「**WEB学習は，パソコンを操作してその作業をすること自体が，控訴人が利潤を得るための業務ではなく**，むしろ，控訴人が，各従業員個人個人のスキルアップのための材料や機会を提供し，各従業員がその自主的な意思によって作業をすることによってスキルアップを図るものといえる。そのため，単にアクセスする回数を増やしたり時間をかけることに意味があるのではなく，学習効果を上げることに意味があるのであるから，その成果を測るためには，技能試験等を行うしかないが，控訴人において，そのような試験が行われているわけでもない。使用者からしても，各従業員が意欲をもって，仕事に取り組み，仕事に必要な知識を身につけてくれることは重要であるから，WEB学習を奨励し，目標とすることを求めるものの，その効果は各人の能力や意欲によって左右されるものであるから，**WEB学習の量のみを捉えて，従業員の評価をすることに意味はないのであって**，WEB学習の推奨は，まさに従業員各人に対し自己研鑽するた（め）のツールを提供して推奨しているにすぎず，これを業務の指示とみることもできないというべきである。

したがって，WEB 学習の上記のような性質，内容によれば，これに従事した時間を，労務の提供とみることはできないというべきであり，これを業務の一環として実施するよう業務上の指示がなされていたとも評価できないことから，被控訴人がWEB 学習に従事した時間があったとしても，それを控訴人の指揮命令下においてなされた労働時間と認めることができない。」

⑶ 入社後の研修に基づく課題

研修自体は，本来の業務ではなく，学習の要素が強い以上，所定労働時間外に研修に基づく課題に取り組んでも原則としては労働時間には該当しません。

しかし，①一定の施設内で集団生活をさせ（場所的拘束），②翌日までのレポートを連日課す，課題を期限までにできない場合には一定の不利益がある等の事情（義務付け）がある場合には例外的に労働時間と評価される可能性があります。

⑷ 小集会の労働時間性

小集会も，教育や研修と同様に考えることができますが，他方で業務との関連性が低いことから基本的には参加の任意性が判断の主要な要素になります。

例えば，八尾自動車興産事件（大阪地判昭58.2.14労判405号64頁）は，「趣味の会」（土曜日の時間外に１～２時間程度行われていた教養活動の会）への参加時間について，ⅰ参加が自由であること，ⅱ現に欠席者がいたこと，ⅲ出欠をとっていなかったこと，ⅳ欠席をしたことを理由に不利益を科せられることもなかったこと等を理由として，労働時間性を否定しています。

他方，類設計室事件（大阪地判平22.10.29労判1021号21頁）では，勉強会の労働時間性が争点になったところ，参加しなくても何らかのペナルティを課せられるものではなかったと認定しつつも，①使用者によってあらかじめ参加者，日時及び場所が決められていたこと，②勉強会に参加した後にその内容に沿った「投稿」（感想文のようなもの）を起案して掲示板へ投稿するよう求められていたこと，③勉強会に遅刻・欠席すれば上長から指導を受けていたこと等から，**会社の関与の程度を評価し**自主的なサークル活動とは評価せず，労働時間に該当するとしました。

10　携帯電話の応答

【事例２－10】
大手商社であるＩ社では，海外の取引先の対応を担当する従業員につき，時差の関係で，当番制で会社の携帯電話を持たせ，帰宅後も常時携帯電話のスイッチを入れておいて取引先から連絡があった場合に応答するよう義務付けている。
①電話で応答した時間，②スイッチを入れている時間は，労働時間（労基法32条）に当たるか。

まず，①については，帰宅後に実際に電話がかかってきて対応した時間は，使用者の命令によって業務に従事していますから，労働時間に該当します。

問題は，電話対応に従事した時間（点）のみならず，②の携帯電話のスイッチを入れていた時間全体（線）が労働時間になるかです。

担当従業員は，当番の日でも，所定の場所にいることを義務付けられるわけではなく，「場所的拘束」はありません。さらに，実際に電話対応をする時間以外は，テレビを見ることや，子供とディズニーランドに行くことさえできるのですから，「業務性」もありません。したがって，実際に電話に応答した時間を除いては，原則として労働時間には当たらないといえます。

なお，事例２－11で述べる「呼出待機」と比較すると，呼出待機の場合は呼び出されたらすぐに労務提供場所に向かえるように一定の範囲内で待機する必要があるのに対して，携帯電話の応答の場合にはそのような場所的な制約がない点が区別のポイントになります。

＊　実務対応

上記のように実際に電話対応をした時間以外は，原則として労働時間には該当しませんが，スイッチが入っている時間に従業員に一定の心理的負荷があることは明らかですので，健康障害の発生の予防のためスイッチオンを命じる「頻度」には留意すべきです。

この点，このようなスイッチオンを命じられている時間は，実態として**宿直勤務に準ずる**と考えることもできます。宿直は週１回，日直は月１回を限度とすることを示した通達（昭22.9.13発基17号，昭63.3.14基発150号，平11.3.31基発168号）が存在しますが，同通達は，現在の週休２日制を意識せず，昭和の週休１日制の時代の通達をそのまま継承したものであり，この点から，スイッチオンの頻度を決めるうえで参考にはなりません。したがって，現在のスイッチオン命令の頻度は，時間外は週１回，休日は月２回を限度と考えればよいと考えます。

なお，同通達は，宿直ないし日直が**労働時間であることを前提に**，通常賃金の３分の１の支給を求めていますが，携帯電話のスイッチを入れている時間はそもそも労働時間ではないので，最低賃金の３分の１程度の支給でも問題ないと考えます。

11　呼出待機（オンコール）

【事例２－11】

私立病院のＪでは，各医師に月２回程度，当直（夜間，休日等）を命じていた。病院内に当直室等はあったが，この場合の当直は，緊急の場合に医師の携帯電話に連絡するもので，当直時間中の医師の滞在場所について特に病院は指示しておらず，実際に各医師は，自宅に帰り，寝たり，食事をしたり，入浴したり，子供と遊んだり，ゲームをするなどして自由に過ごしていた。

Ｊ病院では，この当直について，携帯電話に連絡し，実際に病院に来て診察を行った時間については，労働時間として扱っていたものの，他の時間については労働時間とは扱っていなかった。

(1)　呼出待機とは

「呼出待機」（オンコール）とは，一般に「使用者からの呼出しに応じる必要はあるが，**滞在場所は労働者が自ら選択できるもの**」をいいます。例えば，急患等の対応のために勤務医がその所在を明らかにすることを義務付けられ，自宅等自らが選択した滞在場所で自由に過ごしている場合等です（東京大学労働法研究会『注釈労働時間法』125頁）。

このような場合の待機時間は，拘束時間の「内」ではあるものの，場所的拘束を伴わない等，業務に従事していない時間の「態様」（過ごし方）が，前記大星ビル管理事件や大林ファシリティーズ事件等の不活動時間とは異なることから，上記２事件の最高裁判例が示した不活動時間の労働時間性に関する射程が及ぶかがそもそも問題になります。

現在のところ，このような呼出待機の労働時間該当性について判断基準を示した最高裁判例は存在しません。すなわち，呼出待機について，どのように労働時間性を判断するか，換言すれば，大星ビル管理事件と同様に「労働からの解放」との基準で判断をしていいのかについて，最高裁の立場は明らかではありません。

そこで，以下では，この問題について，上記２事件の調査官解説及び類似の裁判例から，どのように考えるべきかについてのポイントを述べます。

なお，すでに述べた仮眠時間及び携帯電話のスイッチオン時間と，呼出待機との関係をまとめると以下のとおりです。

	緊急時の対応	待機場所	労務提供義務の履行の場所	判断基準
仮眠時間 （事例２－３）	あり	会社施設内	会社施設	「労働からの解放が保障」されていたか →「内」の問題
呼出待機 （事例２－11）	あり	自由（ただし一定の範囲内）	会社施設	本節参照
携帯電話 （事例２－10）	あり	自由	自由	原則として労働時間性否定 →「外」の問題

(2)　調査官解説の記載

管理人のビル内での泊まり勤務，マンションの住み込み管理員に関し，不活動時間の労働時間該当性を判断した最高裁判決（大星ビル管理事件，大林ファシリティーズ事件）の調査官解説において，呼出待機の労働時間該当性への言及が見られ，これらの記載からは，最高裁は，**一般論としては，**呼出待機に関しては労働時間性を否定する立場であることがうかがわれます。

- **大星ビル管理事件判決の調査官解説（竹田光広調査官）・256頁**
　「**滞在場所を自由に選択できる呼出待機の労働時間該当性に疑問が生ずるのは，**滞在場所を自由に選択できること自体にあるというよりは，滞在場所が自由であるということは，**呼出がされてから労務提供場所へ赴いて労務を提供するまでの時間的余裕があるため，**呼出がされるまでの時間を労務提供が義務付けられている時間と切り離して評価することができるという説明が可能であるように思われる。」

- **大林ファシリティーズ事件判決の調査官解説（鎌野真敬調査官）・693頁**
　「呼出待機とは，使用者からの呼出に応じる必要はあるが，滞在場所は労働者が自ら選択できるというものであり，呼出は不確実，不定期であり，呼び出されないという保障はないが，**このような呼出待機の呼び出されるまでの時間は，一般に労働時間ではないと解されている。**」

上記のように，両者とも，滞在場所を自由に選択できる呼出待機の場合には，一般的には労働時間に該当しないとの説明がなされています。

両判決の射程が呼出待機の事案に及ぶかについては，最高裁の判決文から一義的に明確ではないうえ，その射程を測るうえで重要な最高裁調査官解説に照らすと，むしろ消極的に解されます。

(3)　待機時間中の自由度に着目すべきであること

そもそも，呼出待機の事案において労働時間性の検討の対象になっているのは，自宅等での待機中の生活時間なのですから，待機中の生活がどうであったか，すなわち待機時間中の「自由度」が，呼出待機の労働時間性の重要かつ主要な判断要素ではないかと考えられます。

なお，労働時間該当性が問題となっているのは，あくまでも待機中の生活時間ですので，呼出時における労務提供の「回数」や「負担度」を考慮するとしても，それによって待機中の生活時間にいかなる影響を及ぼすか，という点からのみ考慮されるべきです。

このような解釈は，以下に挙げる文献にも見られます。

- **荒木尚志『労働時間の法的構造』278頁**

「判断の実質は，形式的な『労働解放の保障』にあるのではなく，『労働解放の保障』がないことにより，その時間も拘束されて自由に過ごせなかったということにあると思われる。そうであれば，『労働解放の保障』も拘束の程度を測る一ファクターというべきである。」

- **中山慈夫「労働判例研究第1056回」（ジュリスト1318号197頁）**

「呼出待機の類型であっても，実際の指示業務や住民対応などの頻度が著しく，居室での生活時間が断続的に細分化され私生活としての自由時間が実質上確保されていない特別の事情が認められる場合には，労務提供義務と切り離された時間と評価できないことはあり得よう。」

- **東京大学労働法研究会『注釈労働時間法』125頁**

「不活動時間の労働時間性を論ずる際にも，指揮命令下に置かれているか否かだけではなく，その時間の拘束の態様を客観的に評価する必要がある。逆に，いかに労働解放を保障していても，その時間が僅か数分というような場合，その労働解放時間の短さゆえに労働時間性を肯定すべき場合がないとはいえない。」

(4)　関連する裁判例

次に，現在公刊されている呼出待機に関連する裁判例を概観します。

ア　裁判例

(ア)　大星ビル管理事件（東京地判平5.6.17労判629号10頁）

「いわゆる呼出待機の場合に待機中の時間が労働時間でないのは，待機中とはいえ呼び出されるまでの間，所在すべき場所の拘束が弱く，さらに呼び出し後具体的作業への着手までの時間的制約についても余裕があるため，時間の使い方が労働者の自由に委ねられていると評価できることを理由とするものにすぎず，本件仮眠時間のように，業務命令によって場所的拘束を受け，しかも警報が鳴り次第速やかに対応すること自体が中心的業務とされている場合とは性質が異なるものというべきである。」

(イ) 互光建物管理事件（大阪地判平17.3.11労判898号77頁）

マンションの住み込み管理員の所定労働時間外に管理員居室に駐在していた時間が問題となった事案。所定労働時間外に火災等の緊急事態が発生した場合は対応が義務付けられていました。

「通勤管理制において担当者が呼出待機の状態にある場合と本質的な差異はないというべきである。これらの点からすると，所定労働時間外に原告が管理員居室において過ごしていた不活動時間には，労働からの解放の保障があるといえ，これを被告の指揮監督下にある労働時間と認めることはできない。」

(ウ) 青梅市事件（東京高判平17.9.21判例集未掲載）

庁舎管理業務員が，退庁者確認，巡回，戸籍や埋葬許可関連届の受付，電話収受，防災諸警報や注意報の確認連絡を行うために庁舎に詰めている際の不活動仮眠時間が問題となった事案。宿日直室での場所的拘束を受け，対応が必要なときに実作業に従事する必要がありました。

「被告は，庁舎管理業務員の仮眠時間が自宅待機を命じられた医師や看護師が自宅にいる時間と同じであるとか，仮眠時間中に庁舎管理業務員が行う作業と宿直勤務を命じられていない防災担当職員が自己の判断で出勤し業務を行う場合と同じであると主張する。しかしながら，被告が掲げる具体例はいずれも，呼び出され，又は出勤して具体的業務に就くまで所在すべき場所の拘束が弱く，自由に時間を利用できるという点で庁舎管理業務員の仮眠時間と異なるから，これらと同様に取り扱うことはできない。」

(エ) 大道工業事件（東京地判平20.3.27労判964号25頁）

都市ガス漏出が起こった際の修理業務に従事していた従業員らが，事業所内の寮に寄宿していた時間の労働時間性が問題となった事案。従業員のほぼ全てが寮に住んでいました。

「確かに，シフト担当時間帯を通じて原告らに労務提供の可能性があり，また，事実上，その居住地を含めた滞在場所が制約されていたとみられることは前示のとおりである。しかしながら，前示のような，シフト担当日の不活動時間の長さ・継続性，本件不活動時間帯における従業員の活動・行動様式，加えて，原告ら従業員は『可能な限り』迅速に現場に赴いて，工事に着手することが義務づけられていたものの，これは，出動体制が整い次第，速やかに出動することを命じるにとどまるとみられることを勘案すると，本件不活動時間帯において，原告ら従業員が受ける場所的・時間的拘束の程度は，職務ないし業務の性質上，就業場所近くに居住しつつ，労務を提供すべき事態が発生した際にその旨の連絡に応じて労務提供を行い，それまでは居住地ほかで待機するという，いわゆる『呼出待機』の場合にみられるような抽象的な場所的・時間的拘束に類するものといえ，したがって，本件不活動時間を『手待時間』と同種のものと評することは困難というべきである。」

㈺　奈良県〔医師・割増賃金〕事件（大阪高判平22.11.16労判1026号144頁）

医師の宿日直勤務及び宅直勤務の労働時間性が問題となった事案。宅直勤務（自宅等での呼出待機に相当）は，そもそも使用者の業務命令によらないとして労働時間該当性を否定しました。

「本件で問題となっている宅直については，1審被告（△△病院長）が△△病院の産婦人科医ら（1審原告らを含む）に対し，明示又は黙示の業務命令に基づき宅直勤務を命じていたものとは認められないのであるから，1審原告らが宅直当番日に自宅や直ちに△△病院に駆けつけることが出来る場所等で待機していても，労働契約上の役務の提供が義務付けられていると評価することができない。」

イ　裁判例の評価

㈠の裁判例（大星ビル管理事件・第一審）は，傍論ですが，呼出待機が労働時間に該当しない理由を述べています。「時間の使い方が自由」という点で，上記⑶で述べた待機時間中の自由度を重視すべき考えと親和性がある裁判例といえます。

(イ)の裁判例（互光建物管理事件）は，マンションの**住み込み管理員**の所定労働時間外の管理員居室滞在時間が問題となったものですが，緊急事態の発生時に対応が義務付けられているというだけでは労働時間に該当しないとされました。マンションの住み込み管理員の居室滞在時間は，一般に呼出待機として想定されている場面ではなく，そのため，呼出待機の労働時間性を検討するうえで，直接の参考にはならない点に注意すべきです。

(ウ)の裁判例（青梅市事件）は，**庁舎で場所的に拘束されていたうえ**，必要があれば実作業に従事することを義務付けられていたという事案なので，大星ビル管理事件最高裁判決の判断基準から労働時間該当性が認められるのは当然であると思われます。また，この事案も，庁舎で場所的拘束を受けていた以上，呼出待機とは異なるものといえます。

(エ)の裁判例（大道工業事件）は，唯一，会社の指示による呼出待機に類する事案であるところ，出動の頻度は1日に1回程度とされており，呼出が発生する日のほうが常態であるが，**不活動時間の長さ・継続性，不活動時間帯における活動・行動様式**から労働時間該当性は否定されています。この点は，上記(3)で述べた見解と，不活動時間の自由度を中心に見ていくという点で，共通するものと考えます。

(オ)の裁判例（奈良県〔医師・割増賃金〕事件）の呼出待機に相当する宅直勤務については，そもそも病院の指示によらない**自主的なもの**という理由から労働時間該当性が否定されています。しかるところ，本節で検討の対象としている呼出待機は，使用者の指示により呼出待機に就く場合を想定していますので，この点の判断は参考にならないものと思われます。

(5)　まとめ

以上の最高裁調査官解説及び裁判例を見ると，呼出待機が労基法32条の労働時間に該当するかに関しては，呼出待機の場合には，一般に場所的拘束がないこと等から，原則としては，大星ビル管理事件及び大林ファシリティーズ事件の判決の射程外であると考え，待機時間中，どの程度自由かをベースに，労働時間性を判断すべきと思われます。

12 会 食

【事例2－12】
K商社では，担当者の変更があったことから，終業時刻である午後6時以降，2時間程度，事業所の付近で取引先と飲食をした。
費用はK商社持ちであった。また，会食での会話内容は，業務の話もあったが，スポーツや趣味の話もあった。
この会食の時間は労働時間に該当するか。

(1) 労働時間には該当しない

拘束時間「外」の問題であるところ，飲酒をしていることからして本来の労務提供とは業務性において顕著な差異がありますので，いかに会食の場において仕事の話をしても，労働時間には該当しません。

この点，仮に上司から同会食への参加の業務指示があっても，上記のように飲酒を伴うことからすれば労働時間には該当しないことに変わりはありません。なお，そもそもこのような飲酒を伴う会食への参加の業務指示自体の有効性も問題になります。

労基法上の労働時間に該当しないとしても会社が接待ないし参加の指示をする以上，契約上の報酬として一定の対価を支払うことは実務上考えるべきです。

また，その終了後の帰宅途中で事故にあって死亡ないし負傷した場合，労災保険法上の「通勤災害」には該当しないと考えられますが，会社は通勤災害に準じて一定の補償はすべきと考えます。

(2) 社内での飲み会

一般的には社内での飲み会は，**業務との関連性が低いため**，雰囲気で参加せざるを得なかった，上司から参加を指示された等に過ぎない場合には，労働時間には該当しません。

ただし，総務や人事部の従業員が，会食の会場を作り，その際に乾杯でビールを飲んだだけのようなケースでは，例外的に労働時間と評価される余地もあります。

なお，仮に参加の指示があったとしても，(1)同様そもそも同指示（命令）の有効性は議論のあるところです。

第3章 労働時間の把握に関する諸問題

本章では，第2章で述べた労働時間をどのように「把握」するかについて，近時のガイドライン，裁判例等をもとに説明します。

そのうえで，タイムカードと残業申請によって労働時間を把握する場合の留意点について説明をします。

第1節 労働時間の把握義務の概要

1 労働時間の把握義務

(1) 使用者には労働時間を把握する義務があること

労基法は，同法32条・36条・37条の規定により，使用者に，労働者に法定労働時間を超えて労働させる場合には，36協定を締結のうえ，割増賃金を支払うことを義務付けています。これらの義務を履行するには，使用者が労働時間を正確に把握していることが前提ですので，使用者には労働時間を把握する義務があると解釈されます。

＊ 京電工事件（仙台地判平21.4.23労判988号53頁）

「労働基準法は，賃金全額支払の原則（同法24条１項）をとり，しかも，時間外労働，深夜労働及び休日労働についての厳格な規制を行っていることに照らすと，使用者の側に，労働者の労働時間を管理する義務を課していると解することができる」と明確に述べています。

(2)　労働時間の把握の程度

労働時間把握の「程度」については，２種類あると考えます。

労基法32条・36条・37条によって求められる（割増）賃金に関係する労働時間把握義務に関しては，不払について刑事罰（労基法120条１号）が存在することから，１分単位で正確な労働時間の把握が求められると考えます。

他方，安全配慮義務（労契法５条）を履行する前提としての労働時間把握に関しては，上記の１分単位の割増賃金の算定に比して，緩やかな把握で足りると考えます。

2　労働時間把握の方法

割増賃金等の対象となる労働時間（労基法32条）をどのような方法で「把握」するかに関しては，法規制がありません。そのため，①現認，②タイムカード，③自己申告等のどのような方法で行うかは，各企業の就労の実態等を踏まえて使用者の意思決定に委ねられています。

この点については，国会における以下の質問主意書及び答弁書の内容も非常に参考になります。

第176回国会質問第103号

①平成22年10月29日提出「労働基準監督署の役割に関する質問主意書」

（質問４）「このように国が，国家公務員の勤務時間の把握につき，『職員の正確な勤務時間が把握できない』と認識しているタイムカードにつき，民間に対しては，その打刻時刻にもとづいて労働時間を算定すること，ならびに，これにより算出された労働時間から，賃金の支払いを強要することは，おかしいのではないか。この点につき，見解を明らかにされたい。」

②平成22年11月９日付答弁書（内閣衆質176第103号）

（４について）「労働基準監督署においては，御指摘のように**タイムカードの記録により算定された労働時間に基づく賃金の支払を強要しているわけではなく**，タイムカードの使用を含め，個々の事業場の実情に応じた適切な方法により確認された労働時間に基づき，賃金を支払うよう行政指導を行っているものである。」

第２節　労働時間の適正な把握のために使用者が講ずべき措置に関するガイドライン

1　労働時間の適正な把握のために使用者が講ずべき措置に関するガイドライン

厚生労働省の通達「労働時間の適正な把握のために使用者が講ずべき措置に関する基準」（平13.4.6基発339号，以下「46通達」）は，労働者の始業・終業時刻の確認方法として，現認による方法やタイムカードによる方法を原則とし，自己申告制を採用する場合には一定の措置を課すことで，適正な労働時間の把握を使用者に求めるものでした。

しかし，この46通達が出された後も，労働時間の把握に係る自己申告制の不適切な運用に伴い，労基法に違反する過重な長時間労働や割増賃金の未払の問題が生じていたため，厚生労働省は平成29年１月20日，「労働時間の適正な把握のために使用者が講ずべき措置に関するガイドライン」（以下「新ガイドライン」）を策定しました。

新ガイドラインのポイントは以下の３点です。

【新ガイドラインのポイント】

1　46通達と同様，自己申告制が例外であるとの立場を維持

2　自己申告制を採用する場合に使用者が講ずる措置について，①説明，②乖離の実態調査，③乖離が生じる原因をなくすことという46通達の基本的な枠組みを維持しつつも，46通達に比して講ずべき措置の内容を追

加及び詳細化
3　46通達にはなかった労働時間の意義及び具体例を記載

(1)　新ガイドラインの対象となる労働者

新ガイドラインの適用対象となる労働者の範囲は，46通達と同様，労基法41条で定める者やみなし労働時間制が適用される労働者（ただし，事業場外みなし（労基法38条の２）の場合はみなしが適用される時間のみ）以外の労働者に限定されています（新ガイドライン「２」）。

ただし，新ガイドラインは，いわば**賃金論**の点からの**「労働時間」**の把握義務を規定するものであるところ，これらが適用されない管理監督者等の労働者[4]についても，**健康問題**の点から「健康確保を図る必要があることから，使用者においては適正な労働時間管理を行う責務があること」と指摘されています（新ガイドライン「２」）。

(2)　自己申告制が例外として位置付けられていること

46通達によっても自己申告制が例外的な措置であることが指摘されていましたが，**新ガイドラインはこの立場を維持しつつ，自己申告制を採用する場合に講ずべき措置をより具体化しました。**

すなわち，使用者は46通達と**ほぼ**同様，原則として以下の方法により労働時間を把握する必要があると指摘されています（新ガイドライン「４」・(2)）。

4　なお，新ガイドライン策定後の平成30年６月29日の労安衛法改正によって，上記の新ガイドラインが適用されない上記の管理監督者等の労働者についても，健康問題の観点から，「労働時間の状況」の把握義務が課されています（労安衛法66条の８の３）。

	46通達	新ガイドライン
①	使用者が，自ら現認することにより確認し，記録すること。	使用者が，自ら現認することにより確認し，**適正に**記録すること。
②	タイムカード，ICカード等の客観的な記録を基礎として確認し，記録すること。	タイムカード，ICカード，**パソコンの使用時間の記録**等の客観的な記録を基礎として確認し，**適正に記録**すること

上記のように記録についての「適正」が求められ，かつパソコンの使用時間の記載が付加されたものの，実質的な変更はありません。

そして，上記①・②の「方法に**よることなく**，自己申告制によりこれを**行わざるを得ない**場合」には，使用者が労働者からの自己申告制によって労働日ごとの始業・終業時刻を確認し，これを記録することも可能と指摘されています。このような例外的な扱いという位置付けは，46通達と異なりません。

なお，この「方法による…得ない場合」とは，文言上，上記①②の方法では，**物理的に労働時間を**把握することが困難であるという意味ではなく，タイムカード等の導入が**コスト面などから困難であることを含む**と解されます[5]。これは，労安衛法では，労働時間の状況の把握をする手段として自己申告制を採用できる「やむを得ず客観的な方法により把握し難い」場合につき，「労働時間の状況を客観的に把握する手段がない場合があること」を挙げている（平30.12.28基発1228号第16号）一方，ガイドラインではそのような例示列挙がないという対比からも裏付けられます[6]。

5　この点について，令和２年５月８日に中央労働基準監督署に架電したところ，第６方面の主任のK氏から，「この点に関する内部的な規定や通達等はない。ただ，主任として受け取る各労働基準監督官から提出された資料等を見ていると，実際上の感覚としては，ご指摘のように企業の規模から推察される資力等を勘案し，タイムカードを導入することへのコストを勘案し，指導等を決めているとの感を有している」との回答を得ています。

6　労安衛法でも，コスト面で導入困難な場合が「やむを得ず客観的な方法により把握し難い」場合に含まれるとのことです。上記列挙をしておきながらコスト面の場合も含むとのことですから，まして列挙がされていないガイドラインではコスト面の場合も当然に含まれると考えられます。

この点，46通達及び新ガイドラインによって自己申告制は採れなくなったとの指摘がありますが，①46通達及び新ガイドラインは**法的な効力を有さず**，かつ②自己申告制を採用しても下記の措置を講ずれば足りること，③ガイドラインの「方法による…得ない場合」についての上記の解釈等に照らせば，このような指摘は相当ではありません。

実際，労基署から自己申告制を採用していること等を理由に，下記(3)のアからオの措置の実施状況等について指導書等が来ることがありますが，アからオの措置を適切に講じていれば，労基署との関係においては実務上何の問題もありません。

(3)　自己申告制の場合に講ずべき事項

46通達	新ガイドライン
ア　自己申告制を導入する前に，その対象となる労働者に対して，労働時間の実態を正しく記録し，適正に自己申告を行うことなどについて十分な**説明**を行うこと。	ア　自己申告制の対象となる労働者に対して，本ガイドラインを踏まえ，労働時間の実態を正しく記録し，適正に自己申告を行うことなどについて十分な説明を行うこと。 **イ　実際に労働時間を管理をする者に対して，自己申告制の適正な運用を含め，本ガイドラインに従い講ずべき措置について十分な説明を行うこと。**
イ　自己申告により把握した労働時間が実際の労働時間と合致しているか否かについて，必要に応じて**実態調査**を実施すること。	ウ　自己申告により把握した労働時間が実際の労働時間と合致しているか否かについて，必要に応じて実態調査を実施し，所要の労働時間の補正をすること。**特に入退場記録やパソコンの使用時間の記録など，事業場内にいた時間の分かるデータを有している場合に，労働者からの自己申告により把握した労働時間と当該データで分かった事業場内にいた時間との間に著しい乖離が生じているときには，実態調査を実施し，所要の労働時間の補正をすること。** **エ　自己申告した労働時間を超えて事業場内にいる時間について，その理由等**

	を労働者に報告させる場合には，当該報告が適正に行われているかについて確認すること。その際，休憩や自主的な研修，教育研修，学習等であるため労働時間ではないと報告されていても，実際には，使用者の指示により業務に従事しているなど使用者の指揮命令下に置かれていたと認められる時間については，労働時間として扱わなければならないこと。
ウ　労働者の労働時間の適正な申告を阻害する目的で時間外労働時間数の上限を設定するなどの措置を講じないこと。また，時間外労働時間の削減のための社内通達や時間外労働手当の定額払等労働時間に係る事業場の措置が，労働者の労働時間の適正な申告を阻害する要因となっていないかについて確認するとともに，当該要因となっている場合においては，改善のための措置を講ずること。	オ　自己申告制は，労働者による適正な申告を前提として成り立つものである。このため，使用者は，労働者が自己申告できる時間外労働時間数に上限を設け，上限を超える申告を認めない等，労働者による労働時間の適正な申告を阻害する措置を講じてはならないこと。また，時間外労働時間の削減のための社内通達や時間外労働手当の定額払等労働時間に係る事業場の措置が，労働者の労働時間の適正な申告を阻害する要因となっていないかについて確認するとともに，当該要因となっている場合においては，改善のための措置を講ずること。さらに，労働基準法の定める法定労働時間や時間外労働に関する労使協定（いわゆる36協定）により延長することができる時間数を遵守することは当然であるが，実際には延長することができる時間数を超えて労働しているにもかかわらず，記録上これを守っているようにすることが，実際に労働時間を管理する者や労働者等においても，慣習的に行われていないかについて確認すること。

ア　措置の具体化・追加

自己申告制を採る場合の措置として，説明，実態との乖離調査，乖離の原因の除去という基本的な枠組みは46通達と変わっていませんが，上記のように**46通達以上に自己申告制を採用する場合の措置が具体化・追加されています**（新ガイドライン「４」・(3))。

イ　自己申告を受ける者に対する説明の実施

イでは，労働時間を管理する従業員について説明をすることを求めています。これは自己申告の適正さを担保するためには，実際に労働時間を管理する者が新ガイドラインの内容を理解する必要があるためです。

説明すべき事項としては，自己申告を行う労働者に関して新ガイドラインで示されている労働時間の考え方や，自己申告制の適正な運用等です[7]。

この点については，下記のように労働時間の意義については新ガイドラインの記載自体は概ね正しいものの，労働時間の意義等については記載が抽象的です。実際に説明をする場合には，考え方を示すに留まらず，各企業の具体的な場面を具体例を挙げながら説明を行うことが実務上重要です。

ウ　事業所内にいた時間と自己申告された時間の乖離があった場合の対応

ウでは，入退場記録やパソコン等で**事業場内にいた時間**が把握できる場合，①事業場内にいた時間と，②自己申告された労働時間に「著しい」乖離があった場合には，実態調査をし，時間の補正を図ることを求めています。

この場合には，対象となる労働者にヒアリングを実施し，①１日の業務の流れや業務内容，指示の内容，事業所内で労働時間以外の活動（勉強，サークル活動等）を行うことの有無等を調査し，労働時間と評価しうる時間を把握します。そのうえで，②労働時間と評価される時間があったにもかかわらず，申告されていない場合には，その理由を質問し，単なる申告漏れや労働時間の理解の誤り等の場合には，時間を修正のうえ，労働者に

7　リーフレット『労働時間の適正な把握のために使用者が講ずべき措置に関するガイドライン』７頁。

対して注意喚起等を行います。

ウの「著しい」の意義については，明確な基準はありませんが当職としては１日で10分から15分程度だと労基署が気にするとの感を有しています[8]。

また，「ウ」はそもそも，パソコンなどによって「事業場内にいた時間が把握できる」ことを前提にしています。パソコンについては，それが直ちに事業所内にいた時間か問題になり，常時パソコン利用するような職場であれば事業所内にいた時間を示す可能性が高いですが，そうではない場合には当然ながらこれに該当しないと思われます。

エ　申告された活動の内容の精査

エでは，事業所内にいる理由として申告された理由が，休憩や自主的な研修などのように形式的には労働時間（労基法32条）には該当しない場合でも，実際には強制の度合いや指示の有無等の事実関係から労働時間と評価できる場合には，労働時間としてカウントすることを求めています。

内容自体は正しいのですが，第２章で指摘したように労働時間に該当するかは複雑な法的評価を含む場合があるので，現場レベルで判断せず，人事部等が検討することが望ましいと思われます。

オ　適正な自己申告を阻害する要因の除去

オでは，適正な自己申告を阻害する要因として固定残業代制が採用されていることが追加されています。これは固定残業代制を採用し，精算の実

8　この点について，令和２年５月８日に中央労働基準監督署に架電したところ，第６方面の主任のK氏から，「この点に関する内部的な規定や通達等はない。ただ，他の労働基準監督官から提出された資料等を見ていると，実際上の感覚としては，会社の規模や雇用形態も見るが，大体の感覚としては他の労働基準監督官も含めて，１日30分か１時間程度を目安にしていると思う。ここで，会社の規模というのは，社内に残って勉強をするか（大きな会社ならそういうこともあるだろう），雇用形態としてはパートの方が１時間も残ってダラダラ残業をすることは考え難いという意味である」との回答を得ています。

施のために，自己申告制を採用しながら，そもそも精算を実施する意思がない等の理由で，（適正に）労働時間の把握をしていない会社を念頭においていると思われます。

また，オでは36協定の遵守のために自己申告が適正になされない運用の有無の確認，解消が指摘されています。

(4)　労働時間として評価すべき時間

新ガイドラインでは，46通達にはなかった，①労働時間の定義，②労働時間に該当する例が３つ記載されています。

> **3　労働時間の考え方**
>
> 労働時間とは，使用者の指揮命令下に置かれている時間のことをいい，使用者の明示又は黙示の指示により労働者が業務に従事する時間は労働時間に当たる。そのため，次のアからウのような時間は，労働時間として扱わなければならないこと。
>
> ただし，これら以外の時間についても，使用者の指揮命令下に置かれていると評価される時間については労働時間として取り扱うこと。
>
> なお，労働時間に該当するか否かは，労働契約，就業規則，労働協約等の定めのいかんによらず，労働者の行為が使用者の指揮命令下に置かれたものと評価することができるか否かにより客観的に定めるものであること。また，客観的に見て使用者の指揮命令下に置かれていると評価されるかどうかは，労働者の行為が使用者から義務づけられ，又はこれを余儀なくされていた等の状況の有無等から，個別具体的に判断されるものであること
>
> ア　使用者の指示により，就業を命じられた業務に必要な準備行為（着用を義務づけられた所定の服装への着替え等）や業務終了後の業務に関連した後始末（清掃等）を**事業場内において**行った時間
>
> イ　使用者の指示があった場合には即時に業務に従事することを求められており，労働から離れることが保障されていない状態で待機等している時間（いわゆる「手待時間」）
>
> **ウ　参加することが業務上義務づけられている研修・教育訓練の受講や，使用者の指示により業務に必要な学習等を行なっていた時間**

上記のように労働時間に該当する具体例が記載されたことによって労働基準監督官から特に指摘される可能性が高まりましたので，割増賃金の不払を確認するうえでは，この３点については特に注意を要します。

アについては，義務付けのある準備行為が直ちに労働時間に該当すると指摘するものではなく，あくまでも「事業所内において」と場所的拘束がある場合に限定する趣旨であると記載されています。そのため，労働基準監督官が，準備行為の指示があることのみをもって労働時間であるとの指摘をした場合には，その準備行為について場所的拘束性が認められない場合にはこの点から反論をすることが重要です。

ウに関しては，第２章で指摘したように研修・教育訓練の実施については，義務付けのみならず，場所的拘束や，研修・救育と業務との関連性も労働時間性のメルクマールになるので基準として妥当ではありません。そのため，労働基準監督官が，研修・教育訓練等について指示だけで労働時間であることを指摘した場合には，第２章で指摘した三菱重工業長崎造船所事件に沿って場所的拘束も検討し，これらが認められない場合にはこの点から反論することが重要です。

2　新ガイドラインとタイムカードの関係

(1)　新ガイドライン上のタイムカードの位置付け

上記のように新ガイドライン上は，自己申告制の弊害が依然として存在する経緯から策定されたこと（新ガイドライン「１」）及び「自己申告制によりこれを行わざるを得ない場合」等の文言から，タイムカード等による労働時間把握方法を原則として位置付けていると評価できます（新ガイドライン「４」・(1)から(3)）。

しかし，(2)で指摘するようにタイムカードが実労働時間（労基法32条）を示すものではない以上，割増賃金の不払の防止の点等からは安易にこの新ガイドラインに従うことは妥当ではなく，あくまでも各企業ごとの実態に応じた労働時間の把握の方法をとることが適切です。

(2)　タイムカードの意味

まず重要なのは，タイムカードが割増賃金の支払対象である労働時間（労基法32条）を正確に示すものではないということです。

すなわち，労基法上の労働時間に該当するかは第２章で指摘した種々の判断要素で判断するところ，タイムカードは，あくまでも**打刻時点で当該労働者が会社施設内にいたこと**を示すものに過ぎず，就労したことや，義務付けの有無，場所的拘束の有無，業務性等を何ら明らかにするものではないということです。

この点，下記のように国会答弁でも，タイムカードが正確な労働時間数を示すものではないとしています。

> **平成16年３月２日付「国のタイムカード導入及び賃金不払い残業に関する質問に対する答弁書」（内閣衆質158第15号）**
> 「厚生労働省における職員の勤務時間管理については，国の機関として国家公務員法（昭和22年法律第120号），人事院規則等に基づき勤務時間報告書等を適切に管理することにより特段支障なく行っているところであり，また，**タイムカードのみでは職員の正確な勤務時間が把握できない**ことから，勤務時間管理の手法としてタイムカードの導入は必要ではないと考える。」

加えて，労働基準監督官も，始業・終業時刻を確認するように指導しながらも，「必ずしもタイムカード自体が勤務時間を正確に表わすものではないと思います」（経営法曹研究会報41号15頁，厚生労働省労働基準局監督課主任中央労働基準監察監督官発言）と述べ，タイムカード上の打刻時間と労働時間の不一致について言及しています。

(3)　タイムカードに関する誤った指導

この点，労働基準監督官が，46通達や新ガイドラインを根拠に，①労働時間を適正に把握するために，「始業・終業時刻」を把握する必要があるとし（新ガイドライン「４」・(1)），②その把握の方法として，あたかもタイムカードの導入が必要であるかのように指導を行うことがありますが，かかる指導は，以下の点で誤りです。

まず，①については，そもそも**労基法は同法32条・36条・37条で「労働時間」を規制しており，始業・終業時刻を規制しているものではありません。**さらに，労基法89条が，始業・終業「時刻」，休憩「時間」と規定していることからわかるように，労基法は「時刻」と「時間」を明確に峻別しています。

以上からすれば，新ガイドライン「４」・(1)は，何ら労基法に根拠を有するものではなく，始業・終業時刻を把握するようにとの労働基準監督官の指導には，法的根拠がないのです。

次に，②については，(ア)上記(2)で指摘したとおり，タイムカードは在社時間を示すものに過ぎず，実労働時間を示すものではなく，(イ)新ガイドラインは法的効力を有さず，かつ労基法などにおいてもタイムカードの導入を基礎付ける法的根拠はなく，さらに(ウ)上記指摘の「方法による…得ない場合」がタイムカード導入のコストなどを含めて判断するとの解釈からすれば新ガイドラインも自己申告制を否定するものではないので，これについても理由がないといえます。

第３節　タイムカードによる労働時間把握に関する裁判例

１　タイムカードに否定的な過去の裁判例（昭和～平成初期）

昭和の時代から概ね平成の初期までは，例えば以下のように，タイムカードによる正確な実労働時間把握に疑問を呈していると評価しうる裁判例が，存在しました。

① **三好屋商店事件（東京地判昭63.5.27労判519号59頁）**

会社を解雇された従業員が，在職期間中の時間外労働手当等の支払を求めた事案において，裁判所は「一般に使用者が従業員にタイム・カードを打刻させるのは出退勤をこれによって確認することにあると考えられるから，その打刻時間が所定の労働時間の始業もしくは終業時間よりも早かったり遅かったとしてもそれが直ちに管理者の指揮命令の下にあったと事実上の推定をすることはできない。そこで，タイム・カードによって時間外労働時間数を認定できるといえるためには，残業が継続的になされていたというだけでは足りず，**使用者がタイム・カードで従業員の労働時間を管理していた等の特別の事情の存することが必要である**と考えられる」と判示しています。

② **北洋電機事件（大阪地判平元.4.20労判539号44頁）**

従業員が，タイムカード記載の労働時間数を前提として時間外手当の支払を求めた事案において，裁判所は，「**一般に，**会社においては従業員の出社・退社時刻と就労開始・終了時刻は峻別され，タイムカードの記載は出社・退社時刻を明らかにするにすぎないため，会社はタイムカードを従業員の遅刻・欠勤等をチェックする趣旨で設置していると考えられる」とタイムカードの役割について言及したうえで，「**被告におけるタイムカードも**従業員の遅刻・欠勤を知る趣旨で設置されているものであり，従業員の労働時間を算定するために設置されたものではないと認められる。したがって，同カードに打刻・記載された時刻をもって直ちに原告らの就労の始期・終期と認めることはできない」と判示しています。

2 タイムカードによる労働時間認定に肯定的な近時の裁判例

しかるところ，昨今では，タイムカードに記載された時間が労働時間を示すものではないといえる具体的な事情（例えば，途中での外出，第三者による打刻，打刻後の就業の準備にかかる時間等）を，タイムカードに記載された時間が労働時間ではないと主張する側（多くは使用者側）が主張・立証する必要があるとする裁判例が大勢を占めているのが現状であり，タイムカードは労働時間を示すものとして高い推認力があるとされています。

しかし，タイムカードの記載をもとに労働時間を推定する裁判例についても，具体的な事案の特性に留意する必要があります。換言すれば，そのような裁判例も，タイムカードの存在（記載）のみから労働時間を推認したのではなく，他の事情，例えば，会社がタイムカードの時間をもとに給与を支給していたこと（裁判例①），タイムカードに承認印を押していたこと（裁判例③）等を評価して，**本件事案では，**タイムカードによって労働時間を認定することが適切と評価したに過ぎないということです。結局，具体的な事実関係から何が一番労働時間を示す証拠かを検討しています。

したがって，仮に裁判所や労働基準監督官が，何ら具体的な事実を指摘せず，タイムカードを導入している事実のみから，タイムカードで労働時間を認定しようとした場合には，それは誤りであると指摘するべきです。

① 日本コンベンションサービス〔割増賃金請求〕事件（大阪地判平8.12.25労判712号32頁）

労働時間の認定について裁判所は，具体的なタイムカードの運用状況から，タイムカードに記載されている時刻が「原告らの労働実態に合致し，何ら不自然なものではないことからすると，タイムカードに基づいて原告らの時間外労働時間を算定することができる」と認定し，これを前提として，「タイムカードが，原告らの労働実態に合致し，時間外労働時間を算定する基礎となる以上，タイムカードの記載と実際の労働時間とが異なることにつき特段の立証がない限り，タイムカードの記載に従って，原告らの労働時間を認定すべきである」と判示しています。

なお，この事案では，**従前からタイムカードを利用して従業員の労働時間を管理し，それをもとに労働時間を計算し給与を支払っていた**という事情があったことを見逃してはいけません。また，一般社員について定額の勤務手当が導入された後も，契約社員に対しては従前どおりタイムカードに基づく時間外手当の支給を行っていました。

② ジャパンネットワークサービス事件（東京地判平14.11.11労判843号27頁）

労働時間の認定につき，裁判所は，「原告は，本件労務供給契約締結後，まもなくタイムカードで出退社時刻を管理されるようになった」という事実から，「原告は勤務時間をタイムカードで管理されていたのであるから，原則としてタイムカード記載の時刻をもって勤務時間と認定するのが相当である」と判示しています。

しかしながら，先ほども触れたように，出退社時刻と労働時間は別であり，この裁判例はその点について十分検討していたか疑問です。この事件では，判決文を読む限り，労働時間管理の方法として「タイムカード」以外にはなかったようであり，この点が上記の判断に影響したとも評価できます。

また，この事件では原告は，自己が作成した手帳記載の時間を労働時間と認定するように主張しながらも，タイムカードで労働時間管理をされていたことを認めており，この点も上記の判断に影響したものと評価できます。

③　ボス事件（東京地判平21.10.21労判1000号65頁）

労働時間の認定について，裁判所は，「原告の労働時間については，原則として，タイムカード記載の時刻（手書き部分を含む）をもって始業時刻及び終業時刻を認定し，その間の就労を認定するのが相当」であると判示しています。

本件では，原告が原則として勤務の開始時及び終了時にタイムカードを打刻していた，タイムカードは全て会社本部に提出され点検を受けていたなどの事情があり，タイムカードによって労働時間を厳格に管理していたという事情がありました。

3　近時の裁判例

本節・2で述べたようなタイムカードによる労働時間の認定に肯定的な裁判例が現時点でも多数を占めていますが，近時の裁判例の中には，これとは異なる流れを示したものと評価できる以下のような裁判例も存在します。

残業申請及び承認制度は，労働者が時間外労働をした事実を申告する上記第２節で指摘した「自己申告制」の１つであるところ，以下の①から⑤の裁判例では，この残業申請（自己申告）と，タイムカード等の関係が問題になりました。

会社としては，いずれの事案も残業申請（自己申告）で労働時間を管理し，他方でタイムカード等も併用されていたところ，①から③については，**具体的な事実を認定し**，タイムカードではなく，残業申請（自己申告）で申請された時間が労働時間を示すと評価されました。

他方で，④及び⑤については，**具体的な事実を認定し**，残業申請（自己申告）で申請された時間が労働時間を示すものではないと評価されました。

第４節・**2**で指摘するように，残業申請（自己申告）と残業承認で労働時間を把握する場合には，裁判例①から⑤が指摘した具体的な事実を踏まえて，残業申請された時間が労働時間であることを示すように適正な運用をすることが重要です。

【（残業申請・承認された時間が労働時間であることを）肯定する事情】

・在社時間中に労働時間以外のことをすることを認めていたこと（裁判例①②）

・在社時間に時間外労働を行う必要性のある業務の存在，業務量（裁判例①・④）

・時間外労働を残業申請及び承認で行うことを就業規則に明示（裁判例②）

・残業申請書記載の業務内容を翌日に確認していたこと（裁判例②）

【否定する事情】

・申請のない時間外労働について使用者が認識していたこと（裁判例④）

・残業申請のルールが存在しても形骸化していたこと（裁判例⑤）

①　オリエンタルモーター〔割増賃金〕事件（東京高判平25.11.21労判1086号52頁）

平成22年４月１日に新卒入社し，翌年１月から出社せず，長期欠勤のまま，同年３月末日に退職した従業員が，会社に対して，未払残業代及び労基法114条の付加金の請求をした事案です。

同社では，時間外労働・休日労働を命じる場合，書面（指示書）を出すことになっており（高裁判決認定），請求期間中の１日以外本件ではこれが出ていませんでした（地裁判決認定）。また，ＩＣカードを施設管理のために用いており，そこに入退場時刻が記録されていました。

加えて，本件では，会社が従業員に対し，終業時刻後に会社の設備を使って資格取得のため勉強その他の自己啓発活動を行うことを認めていました。

このような事情のもと，東京高裁では，「被控訴人は，ＩＣカードの使用履歴によれば被控訴人が平成22年７月１日から10月31日まで連日残業をしていたことが認められると主張する。しかし，認定事実によれば，ＩＣカードは施設管理のためのものであり，**その履歴は会社構内における滞留時間を示すものに過ぎないから**，履歴上の滞留時間をもって直ちに被控訴人が時間外労働をしていたと認めることはできない」旨を述べ，ＩＣカードの使用履歴をして直ちに時間外労働を認定しない姿勢を見せました。そのうえで，下記のように，残業の必要性，残業の義務付けの有無，残業命令の有無を考慮して，原告が時間外労働を行っていたかを判断しました。そして，原告の主張する（残業指示書が出ていない時間の）時間外労働を認めませんでした。

「被控訴人は，残業の内容として日報を作成していた旨主張する。しかし，日報が実習の経過を示すものであって会社の業務に直接関係するものではないこと，提出期限も特になく，必ず当日中に提出しなければならないとの決まりもなかったこと（略）から（日報の作成）について残業が必要であったということもできない。被控訴人は日報を詳細に記載するよう義務付けられていた旨主張するが，そのような義務付けを認めるに足りる証拠はなく，（略）上記の主張は採用できない。そして，他に控訴人が被控訴人に対し日報作成のために残業を命じたことを裏付ける証拠はない。」

「被控訴人は，残業の内容として営業課における電話応対及びこれによる顧客とのやり取りをネッテルと呼ばれるコンピューターシステムに入力していた旨主張するが，ネッテルの入力は電話相談実習の一環としてお客様相談センターにおいて行われていたものであり，営業課においては行われていなかったというのであるから，そのために残業が必要であったと認めることはできない。被控訴人は，新人は率先して電話を取るように指導を受けていた旨主張するが，（略）電話応対のために残業をするよう命じたことを認めるべき証拠はない。また被控訴人は，時間外労働として翌日訪問する営業先の下調べ等をしていた旨主張するが（略），労務の提供を義務付けられていたと評価することはできない。」

②　ヒロセ電機〔残業代等請求〕事件（東京地判平25.5.22労判1095号63頁）

残業代の計算根拠が，職場への入退館記録表か，時間外勤務命令書のいずれによるべきかについて，後者によって労働時間管理をしていたと評価して，労働者の残業代請求を認めなかった事例です。

この事案では，㋐就業規則において時間外勤務は所属長からの命令書によって行われるものであることが明記されていたこと，㋑実際の運用として，毎日，時間外勤務命令書の「命令時間」欄の記載によって時間外勤務命令が出され，翌朝，従業員本人の申告内容を所属長が確認して時間外労働が把握されていたこと，㋒業務時間外の会社設備（居室，休憩室，パソコン等）利用が認められており，事業場にいたからといって必ずしも業務に従事しているわけではないこと等を根拠に，命令書による残業のみを認めました。

この判決では，時間外労働のシステムのみならず，実際にその運用が適正になされていたことも認定のうえ，時間外労働命令書で認定をしました。

③　スリー・エイト警備事件（大阪地判平24.1.27労判1050号92頁）

原告が，自己の労働時間を立証するために，原告自身のタイムカードの文書提出命令を申し立て，被告が破棄したと主張したところ，裁判所は破棄されたと認定し文書提出命令申立自体の理由はないと判示したうえで，「仮にタイムカードが残存していたとしても，**タイムカードは，あくまでも原告の出退勤時刻を示すものにすぎない**ところ，本件では，前記のとおり，原告は営業のために外出し，適宜休憩を取っていたこと，事務所に在社している時間のうち，実際に労務を提供した時間がどの程度であったのかが不明であることからすると，タイムカードの記載から直ちに原告の労働時間を認定することはできない」としています。

④　クロスインデックス事件（東京地判平30.3.28労経速2357号14頁）

同事件では，**労働者は毎日の出勤・退社時刻及び休憩時間等を管理表に記入し，会社代表者の承認**を得ることとされていたほか，午後７時以降の残業を行う場合には会社代表者に対して所定終業時刻である午後６時までに残業時間等を申告したうえで残業を行う旨を申請し，その承認を得る必要があるとされていました。

他方，原告である労働者については，**勤続年数が長いことから業務量が多く，同人が所定労働時間内にその業務を終了させることが困難な状況にあり，（承認のない）時間外労働が常態化**していました。

このような事実関係の下，裁判所は事前承認のない時間外労働についても，**黙示の指示に基づき**就労していたと評価し，労働時間性を肯定しました。また，被告代表者が①午後７時以降に原告が残っていることを見ていること，②午後７時以降に原告からメールを受信したこと，③申請書が出ていないことについて修正を求めた際に業務が多忙であると原告に言われたこと等から**申請のない残業につ**

いて認識があったことも上記時間が労働時間であることを補強するとしました。

⑤　**アールエフ事件（長野地判平24.12.21労判1071号26頁）**

就業規則に「就業時間以降の残業については，必ず事前に所属長に残業申請書を提出し，承認を得ること。承認を得ずに残業をした場合は認められない。」との規定がありました。

しかし，裁判所は三菱重工業最高裁判決を引用し，原告の業務がいずれも業務上の必要性があったことから，上記規定は意味を有さないと指摘し，使用者の事前承認のない時間外労働についても労働時間性を肯定しました。また，**補足的に規定に沿った事前申請の運用がなかったことも指摘し**，この点からも理由がないとしています。

規定のみで事前承認した時間以外を労働時間としないという運用は労務対応としては不十分であり，適切な運用が不可欠であることを示唆した事案であると評価できます。

第４節　裁判例等を踏まえた実務対応

1　タイムカード

第２節及び第３節で述べた裁判例の傾向をまとめると，次頁の図表のようになり，タイムカードが労働時間数を正確に把握するものではないことを前提にしても，使用者が労働時間の把握義務を負っていることから，**この義務を怠っている場合には，**左欄のようにタイムカードによって労働時間の「推認」が生じると考えられることになります。

他方，残業申請及び承認制を採用し，その運用が適正になされ，使用者が労働時間の**把握義務を履行していると評価できる場合には，**右欄のように当該残業申請及び承認で示された時間について，「推認」が生じると考えることになります。

割増賃金請求に関する裁判例の傾向（民事）

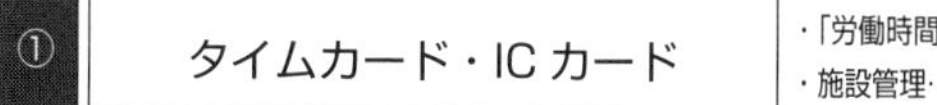

① タイムカード・IC カード
・「労働時間数」を正確に把握していない
・施設管理…入退場記録＝事業場内滞留

② **労基法32条，36条，37条…「使用者に労働時間数」の把握義務あり**

③ 使用者は把握した時間数を明らかにできるはず

④ ③しない or 把握していない（義務違反がある）

⑤ ④ならば①タイムカード・IC カードで推認するしかない（多くの企業は，①で労働時間管理を行っていると主張…⑤の根拠とされる）

⑥ この推認が誤っているなら，使用者は，具体的に主張して具体的な証拠により立証する必要あり（⑤－⑥の時間数で確認していく）

③′ 残業申請→承認（時間数）で運用＝（把握義務を履行している）

④′ 事前申請なし→できなかったやむを得ない事情
と
その労働を余儀なくされたこと
→事後申請…承認を得る

⑤′ ③′④′で労働時間数を推認

⑥′ 労働者…⑤′以外で労働した時間数と④′の事情を主張，立証する必要あり（オリエンタルモーター事件）

＊　反証の程度

タイムカードによる推認が働いた場合について，前掲の京電工事件（73頁）では，「**被告においてはその管理をタイムカードで行っていたのであるから，**そのタイムカードに打刻された時間の範囲内は，仕事に当てられたものと事実上推定されるというべきである」とし，原告がパソコンゲームに熱中したり，事務所を離れて仕事に就いていなかった時間があることを認定しつつも，このような就労していない時間の始期・終期及び日時が特定されていないことから，「仮に，その時間内でも仕事に就いていなかった時間が存在するというのであれば，被告において別途時間管理者を選任し，その者に時計を片手に各従業員の毎日の残業状況をチェックさせ，記録化する等しなければ，上記のタイムカードによる勤務時間の外形的事実を覆すことは困難というべきである」と述べ，タイムカードによって労働時間を認定しました。

一方で，上記のような仕事に就いていなかった時間が相当あることがうかがわれるから，付加金の対象となる割増賃金額すべてを付加金とすることは相当でないとして，付加金を５割としました。

しかし，判決のいうように，このようなゲームをしていた時間や，仕事を離れていた時間を正確に記録しない限りタイムカードによって認定するというのは，使用者側に非現実的で過大な負担を強いるもので相当ではないと思われます。把握義務との関係からいえば，使用者には，労働時間を把握する義務はありますが，労働時間ではない時間までも把握し記録する義務まではないはずです。

この事案については，実務の参考になるポイントがあります。この紛争が労働審判によって解決される場合は，このロス時間も参考に金額について調停・審判等がなされ，相当な解決が図られるということです。

また，原告（申立人）が在職者であれば職務専念義務違反として懲戒ないし人事考課によるマイナス査定の可能性を考えることになるといえます。

2 残業申請及び残業承認

実務として，施設管理や従業員の健康管理のために，タイムカード等を使用するのをやめることはなかなか難しいと思います。そのような状況において，今後，タイムカード等によって，在社時間を労働時間と推認（認定）され，実際に業務に従事していない時間（ないしは労働者が何をしているか把握できない時間）を労働時間と評価されないためには，第３節・3の裁判例のように，残業申請書・残業承認書を準備し，そのうえで，適切な運用を行うことが重要です。

なお，残業申請書と残業承認書で労働時間管理を行う「肝」は，上記のようなタイムカードで示される在社時間と実際に業務を行った時間の間のロスの時間（推認される可能性のある時間）を減らすことです。残業申請書の場合でも，このようなロス（記載された時間より早く終わった場合等）がないわけではありませんが，少なくともタイムカード等の場合と比較すれば，少ないとはいえると思います。

第３節・3の裁判例をもとに，残業申請書によって労働時間管理を行うには，主として以下の「運用」を遵守することが重要かと思われます。

① 労働時間管理は，残業申請書・残業承認書で行うことを，労働者に周知（就業規則，雇用契約書，定期的なメール，研修会の実施等）。

② 事前に申請できなかったが，実際にはやむを得ず労働をした場合には，（原則として）次営業日での事後申請を必ず認める。
③ 事前申請を得ずに時間外労働を行っている従業員がいた場合，申請しない理由を確認のうえ対応する。
ア 単に忘れているだけであれば，必ず申請をするよう指示を徹底する。
イ 業務量が多く全て申請すると36協定に違反する等の場合には，業務量の調整等。
ウ 上司が残業を認めないから申請せず残業をしている等の場合は，上司の指示の適切性を検証のうえ，上司の指示が適切であれば残業禁止命令等。
④ 残業承認の方法について，実際に現場で残業承認を行う管理者を研修（どの程度で残業申請を認めるかの基準の統一）。
⑤ タイムカードを使用する場合にはタイムカードの位置付け（健康管理目的，施設管理目的等）を明らかにして周知。

この場合に，タイムカード等も使用する場合の目的は，従業員の健康管理，施設管理や防犯等のためということになります。実際，とりわけ，研究所や工場等の施設においては，このようなシステム自体は防犯等の点から導入せざるを得ませんので，その場合には労働者（及び裁判官）にタイムカード等によって労働時間を管理していると誤解を与えないように目的を周知しておくべきです。

他方で，上記のような残業申請及び承認という労働時間管理方法は，承認権者の業務の増加等のマンパワーの点も意識する必要があります。

なお，現認で労働時間管理をすることも可能ですが，その場合には，人件費が膨大な額になることに留意が必要です。

そのため，業務時間終了後は，仕事がない従業員は速やかに退社させる等の労務管理を徹底し，在社時間と実労働時間との差をできるだけ減らすことを併せることによって，上記で述べたように不正確ではありますが，タイムカードで労働時間管理を行うことも，十分検討に値します。

第4章 割増賃金の計算

本章では，第５章以降の，割増賃金をめぐる近時の諸問題を検討する前提として，法定の時間外・休日・深夜労働に関する割増賃金の計算方法について，具体的事例に即して説明します。下記の事例において，Ｘの当該月の割増賃金額をどのように計算すべきかを見ていきます。

【事例４－１】

Ｙ社に勤務する営業社員Ｘのある月の給与明細には，以下の給与項目が記載されている。

・基本給　30万円

・営業手当　２万円

　全額を，時間外・休日・深夜勤務手当として支給（固定残業代）。

・家族手当　8000円

　その扶養家族の人数に応じた額を支給。

・住宅手当　１万円

　賃貸住宅，持ち家等の住宅形態に応じた額を支給。

・通勤手当　5000円

　実費を支給。

・インセンティブ　５万円

　直近３カ月の営業成績を評価して，３カ月ごとに支給。

Ｘは，その月，70時間の時間外労働（うち４時間目～９時間目の５時間分は，時間外労働かつ深夜労働）と10時間の休日労働を行った。Ｙ社のその年の所定労働日数は240日，１日の所定労働時間は８時間である。

なお，上記の営業手当は，いわゆる固定残業代であるところ，以下では当該営業手当が固定残業代として有効であることを前提とする。

＊固定残業代制の有効性については別途争点になりますので注意が必要です（第５章参照）。

第１節　割増賃金の基礎となる賃金（基礎賃金）

１　割増賃金の計算式

労基法37条１項に基づく割増賃金額の計算式は，わが国の正社員の多くに採用されている月給制の場合には，次のとおりになります（労基法37条１項・４項，労基則19条１項４号）。

（１カ月の基礎賃金÷１カ月の所定労働時間数）×時間外・休日・深夜労働の時間数×（各時間に応じた）割増率

上記の「割増率」は，対象となる労働が行われた時間に応じて以下のようになります。

[労働した時間帯等で区分した割増率]

区分	割増率
時間外労働（１日８時間以上又は週40時間以上） （労基法37条１項本文・２項，割増賃金率令，労基法37条４項）	0.25
時間外労働（１カ月60時間を超える部分） （労基法37条１項但書）	0.5
休日労働 （労基法37条１項本文・２項，割増賃金率令）	0.35
深夜労働（午後10時～午前５時の間の労働） （労基法37条４項）	0.25

中小企業は，令和５年３月31日までは１カ月60時間を超える法定時間外労働が発生した場合にはその部分の割増賃金率は25％ですが，令和５年４月１日以降は，50％以上になります（労基法37条１項但書，働き方改革関連法附則１条３号）。

2　労基法37条で支払義務のある割増賃金の額は100%部分を含むか（125%か25%か）

労基法37条は，「通常の労働時間又は労働日の賃金の計算額の２割５分以上５割以下の範囲内でそれぞれ政令で定める率で計算した割増賃金を支払わなければならない」と規定しています。

この点につき，同条で支払を強制される「割増賃金」とは，①「通常の労働時間…の賃金」の100％部分を含む125％を指すのか（125％説），それとも②割増部分の25％のみを指すのか（25％説）という問題があります。

行政通達は，「37条が割増賃金の支払いを定めているのは当然に通常の労働時間に対する賃金を支払うべきことを前提とするものである」として，125％説をとっています（昭23.3.17基発461号）。裁判例も，125％説をとっているものが存在します（藤香田事件＝広島高判昭25.9.8労刑55号636頁）。

しかしながら，労基法37条の文言は，「２割５分…の率で計算した割増賃金」としており100％部分の支払義務を定めていません。そのため，文言を素直に読めば，25％説が妥当と考えられます。学説では，25％説をとるものも有力です（東京大学労働法研究会『注釈労働時間法』491頁）。この考え方によれば，25％しか支払が要求されないことが明らかな出来高払制（労基則19条１項６号）等とも整合的に解釈することが可能です（詳しくは第６章参照）。以上の点からすれば，当職としては，25％説が妥当であると考えています。

25％説をとる場合には，100％部分の支払は，労働契約上の賃金支払の問題ですから，労基法上の割増賃金を定めた37条ではなく，24条（賃金支払原則）によって担保されることになります。この説によれば，通常賃金とともに割増賃金の支払を請求する場合には，労働契約に基づく賃金請求と労基法37条に基づく割増賃金請求が併合されているものと捉えることになります（山川隆一『労働紛争処理法』259頁参照）。

以下，本書では，特段の記載がない限り25％説を前提に説明をします。

なお，労基署からの是正勧告書には，割増賃金の不払に関して，労基法37条ばかりではなく，労基法24条もひくものもあり，労働基準監督官の中でも，上記の点に関して意識していると思われることがあります。

＊　青梅市〔庁舎管理業務員〕事件（東京地八王子支判平16.6.28労判879号50頁）

市の職員（地方公務員）として庁舎管理業務に従事していた原告が，勤務時間として扱われていなかった休憩時間と仮眠時間について，割増賃金の支払を求めた事案です。

判決は，上記の時間について，労働時間（労基法32条）であると認めたうえで，上記の時間に対しては条例で宿直手当が支給されていたことから，通常の賃金請求権は存在しないとしましたが，他方で，労基法所定の割増賃金の請求権は存在するとしました。そのうえで，「未払いの時間外割増賃金は，通常の賃金（１時間当たりの平均賃金）の25％に相当する部分に限られることになる」と述べており，25％説を前提にしているように読めます。

ただし，この判決が25％説をとった理由については特段判示していません。

＊＊　裁量労働制の時間外労働に100％部分を支払う必要があるか？

裁量労働制は，労働時間の「算定」に関する制度です（労基則24条の２の２第１項・24条の２の３第２項）。そのため，裁量労働制が適用される場合でも，休憩（労基法34条），休日（同法35条），時間外・休日労働（同法36条・37条１項），深夜労働（同法37条４項）に関する規定が，適用除外になるわけではありません。

この場合の時間外労働に対する支払額については，「通常の労働時間の賃金」に，25％と125％のいずれを乗じるかという問題があります。

この点については，裁量労働者に支払われる基準内賃金が，①時間外労働を含めたみなし時間全体の労働に対するものか，②事業場の所定労働時間における労働に対するものかによって結論が決まります。つまり，①であれば，100％部分は基準内賃金によってすでに支払済みとなるので，割増賃金としては25％で足りることになります。他方，②であれば，125％の支払が必要になります。

この①か②かは，支給される賃金が何時間分の労働の対価であるかという労働契約上の問題です。そのため，就業規則において，「１日１時間の法定時間外労働に対しては，割増賃金（２割５分）のみを支給する」，「基準内賃金は，法定時間外労働を含めたみなし時間全体の労働に対する対価である」旨を規定するなどして，労働契約の内容上①として設定すべきです。

3　算定基礎となる賃金とは

(1)　算定基礎とすべき賃金と除外すべき賃金

割増賃金の計算に際しては，「通常の労働時間又は労働日の賃金」（労基法37条１項）が基礎となります。

そして，労基法37条５項は，割増賃金の基礎となる賃金（基礎賃金）には，家族手当，通勤手当その他省令で定める賃金を算入しないこととしています。この算定基礎となる賃金から除外される賃金は，「除外賃金」と呼ばれています。

そこでまず，従業員に支給される賃金を，基礎賃金と除外賃金とに振り分けます。基礎賃金に算入されない除外賃金としては，以下のものが挙げられます。

【除外賃金】
①　家族手当
②　通勤手当
③　別居手当
④　子女教育手当
⑤　住宅手当
⑥　臨時に支払われた賃金
⑦　１カ月を超える期間ごとに支払われる賃金

上記①・②は，労基法37条５項に定められており，③〜⑦は，省令に定める賃金として労基則21条に列挙されています。労基法37条５項及び労基則21条は限定列挙なので，①〜⑦以外を除外賃金と扱うことはできません。

この点に関連して，「実質的に割増賃金に充当する趣旨の手当」（固定残業代等）に関しては，このような賃金を計算の基礎に置くと，「時間外勤務に対して重複した手当が支給されることになる」ので，「割増賃金の算定基礎となる賃金に含まれない」とする裁判例があります（大日本警備タクシー事件＝大阪地判昭57.2.26労判385速報カード29頁)。当職も，有効な固定残業代は割増賃金の弁済の効果を持つため，当然に基礎賃金に含まれないと考えます。

＊　キュリオステーション事件（東京地判平25.7.17労判1081号５頁）

「労働基準法37条１項の『通常の労働時間又は労働日の賃金の計算額』の基礎となる賃金には，①同条５項，同法施行規則21条に限定列挙されたいわゆる除外賃金に実質的に該当するもの，②時間外手当の弁済として支払われたもの（いわゆる固定残業代を含む。）を除き，被告から原告に対し労務提供の対価として支払われた全ての金員が含まれるものと解される」と述べ，時間外手当の弁済として支払われた賃金（固定残業代含む）を，基礎賃金から除いています。

＊＊　アップガレージ事件（東京地判平20.10.7労判975号88頁）

日給月給制とされる基本給のほか，役職手当，家族手当，通勤手当，販売手当で賃金が構成されていたところ，販売手当の固定残業代としての有効性が１つの争点になった事案です。

同事件では，販売手当（売上目標達成手当，粗利益額目標オーバー手当，営業利益額目標オーバー手当，ダブル達成手当，トリプル達成手当）は，各店舗の売上等に応じて支給されるものであり，割増賃金と同様の性質を有するものとはいい難く，割増賃金の支払とは認められない（固定残業代としての有効性を否定）としながら，基礎賃金から除外しており（上記手当が労基則21条各号に該当することを示す事実は判決文上は確認できません），疑問があります。有効な固定残業代の場合には，基礎賃金に含まれないと解釈するべきです。

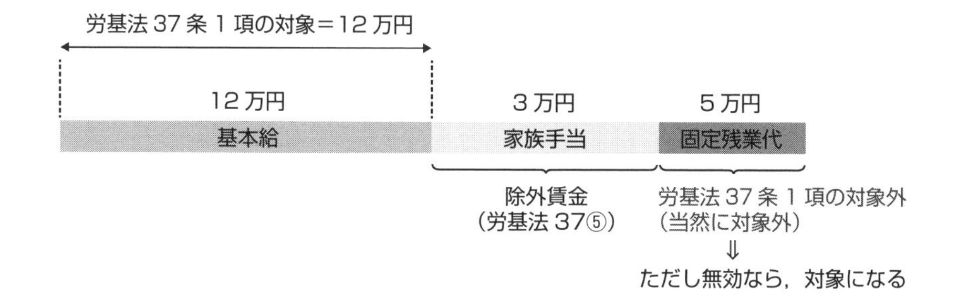

⑵　毎月支払われる諸手当（①～⑤）（労基則21条本文・１号～３号）

①～⑤が，割増賃金の算定基礎から除外されるのは，①～⑤の賃金が労

働の内容とは無関係な個人的事情によって支払われるため，このような労働とは無関係な事情によって割増賃金額が変わることが不合理だからです。

①～⑤に当たるかは，手当の名称のいかんを問わず，実質に照らして判断されます（昭22.9.13発基17号）。例えば，住宅手当という名称が付されていても，住宅費用とは関係なく一定額が支給される場合や，賃貸住宅・持ち家等の住宅形態に応じて支払われる場合は，⑤の除外賃金には当たりません（平11.3.31基発170号）。

逆に，⑤とは異なる名称（生活手当等）が付されていても，住宅費用に一定率を乗じて算定したり，住宅費用を何段階かに区分して段階が上がるにつれて支給額が多くなる（例えば，家賃５～10万円の者には２万円，家賃10万円を超える者には３万円を支給する等）仕組みであれば，⑤の除外賃金に該当します。除外賃金に当たるもの，当たらないものの具体例は，次のとおりです。

【除外賃金に当たる例】

- 扶養家族の有無・数に応じて算定される手当（→①の家族手当に該当）
- 通勤の距離･実費に応じて算出される手当（→②の通勤手当に該当）
- 住宅に要する費用（賃貸住宅の家賃，持ち家のローン月額・管理費用等）に応じて算定される手当（→⑤の住宅手当に該当）

【除外賃金に当たらない例】

- 扶養家族の有無・数と関係なく一律に支払われる家族手当
- 通勤の距離・実費と関係なく一定額，一定率が支払われる通勤手当
- 賃貸住宅，持ち家等の住宅形態ごとに支払われる住宅手当（持ち家居住者は１万円，賃貸住宅居住者は２万円等）
- 地域間の物価水準を考慮して支払われる物価手当

＊　**アクティリンク事件（東京地判平24.8.28労判1058号５頁）**

問題となった住宅手当について，住宅所有の有無や，賃貸借の事実の有無にか

かわらず，年齢，地位，生活スタイル等に応じて１万円から５万円の範囲で支給されており，実質的にみて，住宅に要する費用に応じて支給される手当ということはできず，除外賃金には当たらないとしました。

⑶　臨時に支払われた賃金（⑥）（労基則21条４号）

⑥の「臨時に支払われた賃金」の意味は，労基法12条４項にいうそれと同義です。すなわち，「臨時的，突発的事由にもとづいて支払われたもの及び結婚手当等支給条件は予め確定されているが，支給事由の発生が不確定であり，且つ非常に稀に発生するもの」をいいます（昭22.9.13発基17号）。

例えば，私傷病手当，加療見舞金，結婚手当等が該当します。これらが除外される趣旨は，毎月支払われるものではないことから，割増賃金の計算技術上の困難が伴うためです。

＊　**PMK メディカルラボほか１社事件（東京地判平30.4.18労判1190号39頁）**

店舗ごとに売上目標を達成した場合に一部従業員に支給される業績給及び売上額が特によかった個人に支給される特別業績給が，①両者とも就業規則に規定がなく（賞与は別に就業規則に規定あり），②発生する場合は月ごとだが，**発生しない月が多数**であるなどの支給実績を認定し，発生が不確実であるとして，「臨時に支払われた賃金」に該当するとされました。

⑷　賞与等（⑦）（労基則21条５号）

⑦の「１カ月を超える期間ごとに支払われる賃金」とは，労基法24条２項但書の「賞与その他これに準ずるもので厚生労働省令で定める賃金」のことです。具体的には，以下のものを指します（労基則８条）。

【１カ月を超える期間ごとに支払われる賃金】

- 賞与
- １カ月を超える期間の出勤成績によって支給される精勤手当
- １カ月を超える一定期間の継続勤務に対して支給される勤続手当
- １カ月を超える期間にわたる事由によって算定される奨励加給又は

能率手当

これらが除外される趣旨は，⑥の場合と同じです。

定期的に支給され，その支給額があらかじめ確定しているものは，上記の「賞与」に当たりません。そのため，年俸制において，月額給部分と賞与部分を合計してあらかじめ年俸額が確定している場合には，賞与部分は除外賃金に該当しません（平12.3.8基収78号）。

(5)　事例の検討

以上の知識を前提として，事例４－１のXの給与を基礎賃金と除外賃金とに振り分けると，以下のとおりとなります。営業手当に関しては，固定残業代として有効であることを前提とすると，当然に算定基礎に入らないことになります（固定残業代制の有効性に関しては，第５章参照）。

※ ○は基礎賃金，×は除外賃金を指す。

項目	結論※	備　　考
基本給	○	
営業手当	当然に算入しない	ただし，固定残業代の有効要件（第５章参照）を満たすことが前提。
家族手当	×	①の除外賃金に該当。
住宅手当	○	住宅費用に応じて算定されているわけではないので，⑤の除外賃金に該当しない。
通勤手当	×	②の除外賃金に該当。
インセンティブ	×	⑦の除外賃金に該当（なお，１カ月ごとに支給される場合は除外賃金に当たらない）。

以上より，営業手当が固定残業代として有効であることを前提とすると，Xの１カ月の基礎賃金額は，30万円＋１万円＝31万円と計算されます。

第２節　割増賃金の計算方法

１　１時間当たりの単価を算出

(1)　基礎賃金を１カ月の所定労働時間数で割る

次に，第１節で計算した基礎賃金を１カ月の所定労働時間数で割って，１時間当たりの賃金単価を計算します（労基則19条１項４号）。いわば，その従業員の「時給」を算出するのです。

基礎賃金÷１カ月の所定労働時間＝１時間当たりの単価

＊　所定労働時間に関する実務的取扱い

上記の「１カ月の所定労働時間」は，月給制の場合で月によって所定労働時間数が異なる場合には，１年間における１月平均所定労働時間数で計算するとされています（労基則19条１項４号）。しかるところ，企業では，月の休日数が一定しないのが一般的ですので，１年間における１月平均所定労働時間数で計算するのが実務的には一般的です。

上記は月給制の場合の計算式です。他の賃金形態の場合は，以下のとおりとなります（労基則19条１項１号～３号・５号～７号）。

賃金形態	単　価　計　算
時給制 （同条１項１号）	時間給の金額
日給 （同条１項２号）	日給額÷１日の所定労働時間数 （日によって所定労働時間数が異なるときは，１週間における１日平均の所定労働時間数）

週給 （同条１項３号）	週給額÷１週間の所定労働時間数 （週によって所定労働時間数が異なるときは，４週間における１週平均の所定労働時間数）
旬給・半月給等 （同条１項５号）	当該期間の給与額÷当該期間の所定労働時間数 （期間によって所定労働時間数が異なるときは，１カ月，１年等の一定期間における平均所定労働時間数）
請負給 （出来高払等） （同条１項６号）	賃金算定期間の賃金総額÷賃金算定期間における総労働時間数
複数の賃金形態からなる場合 （同条１項７号）	各部分につき，それぞれ上記の計算方法によって算定した額の合計額（例えば，月給部分と出来高払分の単価をそれぞれ計算したうえで，算出された数値を合計）

(2)　事例の検討

事例４－１のＸは月給制であり，１カ月の所定労働時間は，（240日÷12カ月）×８時間＝160時間です。

よって，Ｘの１時間当たりの単価は，31万円（基礎賃金額）÷160時間≒1938円（小数点以下は四捨五入）と計算されます。

2　割増率と時間数をかける

(1)　割増率

時間外労働・休日労働・深夜労働（午後10時～午前５時）に対する割増率は，第１節・1のとおり定められています（労基法37条１項・２項・４項，平6.1.4政令５号）。

通常の労働時間の賃金（100％）に加えて，第１節・1記載の割増賃金（25％～50％）を支払う必要が生じます。

(2)　１カ月60時間を超える時間外労働

１カ月に60時間を超える時間外労働が行われた場合，60時間を超える部分の割増率は，50％以上となります（労基法37条１項但書）。平成22年４月１日施行の労基法改正によって，割増率の引き上げがなされたものです。

ここで重要なのは，「60時間」のカウント対象になるのは，**法定時間外労働**であるということです。そのため，所定時間外労働や法定休日労働はカウントの対象にはなりません。ただし，所定休日労働は，それが法定時間外労働に該当する限りは，「60時間」のカウント対象に含まれるので注意が必要です（平21.5.29日基発0529002号）。

この計算については，以下の６パターンがあります。なお，以下では，土曜日と日曜日が休日であることを前提にしています。

	法定休日の特定あり	特定なし
土日両方休んだ	パターン１	パターン２
土日の片方勤務した	パターン３	パターン４
土日両方勤務した	パターン５	パターン６

以下では，１週間の起算日を日曜日，第１週（表の①の週）の月曜日を月初め（１日）として，【パターン１～６】の60時間を超える時間外労働の取扱いを検討します。

＊　１週間の起算日の特定

１週間の起算日について，就業規則等において別段の定めがない場合は，日曜から土曜までの暦週によって計算されます（昭63.1.1基発１号）。しかしながら，休日の振替をする場合を考えて，土曜日を起算日とする企業が一定数存在します。

これは，週40時間を超える労働（時間外労働）に対しては割増賃金の支払義務が生じることとの関係で，土曜日を起算日にすることで，日曜日が起算日の場合に比して，休日の振替によって週40時間を超える時間を少なくし，割増賃金の発生を防ぐためです。

すなわち，次の表のように，日曜日を起算日にした場合で，かつ，事前に振り替えることなく土曜日に労働をさせた場合には，月曜日から金曜日がすでに過ぎている以上，月曜日から金曜日ですでに週40時間を超えていれば，土曜日の労働時間（次の表では８時間）は，全て時間外労働になります。すなわち，月曜から金曜の労働時間数を調整することで週40時間以内に抑えることができないということです。

他方，土曜日を起算日とした場合には，土曜日に労働をさせても，振替休日を使うこと等で，月曜日から金曜日の労働時間を調整**（土曜日の労働時間と合わせて週40時間に抑える）**し，週40時間超えの割増賃金の発生を抑えることが可能です。

（単位：時間）

起算日	土	日	月	火	水	木	金	土	結論
日曜日		休	8	8	8	8	8	8	月曜日から金曜日の間で，労働時間数を調整できないので，48時間になる。
土曜日	8	休	8	8	振休	8	8		振替休日を使うこと等で，週40時間以内に収めることができる。

【パターン１】法定休日の定めあり×土日両方休んだ場合

Ｂ社では，所定労働時間が１日８時間，平日が所定労働日，法定休日が日曜日，所定休日が土曜日との定めがある。Ｂ社に勤務するＡは，ある月（所定労働日数22日）の各日において，下表の時間の労働を行った。

なお，（　）内については，前月又は翌月における労働状況を示す（以下パターン６まで同じ）。

（単位：時間）

	法定休日	平日					所定休日
	日	月	火	水	木	金	土
①	(休)	11	11	11	11	11	休
②	休	11	11	11	11	11	休
③	休	11	11	11	11	11	休
④	休	11	11	11	11	11	休
⑤	休	11	11				

この場合，「60時間」のカウント対象となる法定時間外労働は，次のとおりとなります。

・　平日における３時間（11時間－８時間）×22日＝66時間の法定時間外労働

１カ月の法定時間外労働は合計66時間なので，終わりの６時間については割増率が，50％以上でなければなりません。それを除く60時間の割増率は，25％以上で足ります。

具体的には，⑤の週の月曜日及び火曜日の９時間目～11時間目が，50％以上の割増率となる法定時間外労働です。

【パターン２】法定休日の定めなし×土日両方休んだ場合

Ｂ社では，所定労働時間が１日８時間，平日が所定労働日，土曜日・日曜日が休日とされているが，法定休日の定めはない。Ｂ社に勤務するＡは，ある月（所定労働日数22日）の各日において，下表の時間の労働を行った。

（単位：時間）

	休日	平日					休日
	日	月	火	水	木	金	土
①	（休）	11	11	11	11	11	休
②	休	11	11	11	11	11	休
③	休	11	11	11	11	11	休
④	休	11	11	11	11	11	休
⑤	休	11	11				

パターン２は法定休日の定めがない類型ですが，休日である土曜日，日曜日ともに休んでいることから，法定休日労働の問題が生じることはなく，結局パターン１と同様の結果（法定時間外労働66時間）となります。

【パターン３】法定休日の定めあり×土日の片方勤務した場合

Ｂ社の所定労働時間，所定労働日，法定休日，所定休日の定めについてはパターン１と同様の場合で，Ａは下表の時間の労働を行った。

（単位：時間）

	法定休日	平日					所定休日
	日	月	火	水	木	金	土
①	（休）	11	10	11	10	11	7
②	4	11	10	11	10	11	休
③	休	11	10	11	10	11	6
④	4	11	10	11	10	11	休
⑤	4	11	10				

この場合，「60時間」のカウント対象となる法定時間外労働は，次のとおりとなります。なお，日曜日の労働（②，④，⑤の週の４時間部分）は法定休日労働となるので，前述のとおり，「60時間」のカウント対象とはなりません。

- 平日における３時間×13日＋２時間×９日＝57時間の法定時間外労働
- 土曜日（所定休日）における７時間＋６時間＝13時間の法定時間外労働

１カ月の法定時間外労働は合計70時間なので，終わりの10時間の割増率については，50％以上でなければなりません。それを除く60時間の割増率は，25％以上で足ります。

具体的には，④の週の木曜日の９時間目～10時間目及び金曜日の９時間目～11時間目，並びに⑤の週の月曜日の９時間目～11時間目及び火曜日の９時間目～10時間目が，50％以上の割増率となる法定時間外労働です。

【パターン４】法定休日の定めなし×土日の片方勤務した場合

Ｂ社の所定労働時間，所定労働日，休日の定めについてはパターン２と同様の場合で，Ａは下表の時間の労働を行った。

（単位：時間）

	休日	平日					休日
	日	月	火	水	木	金	土
①	（休）	11	10	11	10	11	7
②	4	11	10	11	10	11	休
③	休	11	10	11	10	11	6
④	4	11	10	11	10	11	休
⑤	4	11	10				（休）

まずこの場合においては，法定時間外労働と法定休日労働を区別する必要があるため，法定休日を特定しなければなりません。

労基法35条１項の「使用者は，労働者に対して，毎週少くとも１回の休日を与えなければならない。」との規定からすれば，当該設例においては，各週において１回の休日を与えていることから，①～⑤の各週において「休」とする日を法定休日として取り扱えば，労基法35条の違反はないことになります。

したがって，各週において「休」と記されている土曜日ないし日曜日を法定休日とし，実際に就労した休日を所定休日として整理すると，月の法定時間外労働は以下のとおりとなります。

- 平日における３時間×13日＋２時間×９日＝57時間の法定時間外労働
- 土曜日ないし日曜日における４時間×３＋７時間＋６時間＝25時間の法定時間外労働

１カ月の法定時間外労働は合計82時間なので，終わりの22時間の割増率は，50％以上でなければなりません。それを除く60時間の割増率は，25％

以上で足ります。

具体的には，④の週の月曜日の９時間目～11時間目，火曜日及び木曜日の９時間目～10時間目，水曜日及び金曜日の９時間目～11時間目並びに⑤の週の日曜日の４時間，月曜日の９時間目～11時間目及び火曜日の９時間目～10時間目が，50％以上の割増率となる法定時間外労働です。

【パターン５】法定休日の定めあり×土日両方勤務した場合

Ｂ社の所定労働時間，所定労働日，法定休日，所定休日の定めについてはパターン１，パターン３と同様の場合で，Ａは下表の時間の労働を行った。

（単位：時間）

	法定休日	平日					所定休日
	日	月	火	水	木	金	土
①	(5)	10	10	10	10	10	5
②	5	10	10	10	10	10	5
③	5	10	10	10	10	10	5
④	5	10	10	10	10	10	5
⑤	5	10	10				

この場合，「60時間」のカウント対象となる法定時間外労働は，次のとおりとなります。なお，日曜日の労働（②～⑤の週の５時間部分）は法定休日労働となるので，「60時間」のカウント対象とはなりません。

- 平日における２時間×22日＝44時間の法定時間外労働
- 土曜日における５時間×４日＝20時間の法定時間外労働

１カ月の法定時間外労働は合計64時間なので，終わりの４時間の割増率は，50％以上でなければなりません。それを除く60時間の率は，25％以上で足ります。

具体的には，⑤の週の月曜日及び火曜日の９時間目～10時間目が，50％

以上の割増率となる法定時間外労働です。

【パターン６】法定休日の定めなし×土日両方勤務した場合

Ｂ社の所定労働時間，所定労働日，休日の定めについてはパターン２，パターン４と同様の場合で，Ａは下表の時間の労働を行った。

（単位：時間）

	休日	平日					休日
	日	月	火	水	木	金	土
①	(5)	10	10	10	10	10	5
②	5	10	10	10	10	10	5
③	5	10	10	10	10	10	5
④	5	10	10	10	10	10	5
⑤	5	10	10				

パターン４と同様，まず，法定時間外労働と法定休日労働を区別する必要があるため，法定休日を特定しなければなりません。

パターン６のように特定がなくかつ双方勤務した場合について，厚生労働省「改正労働基準法に係る質疑応答」（平21.10.5）３頁によれば，当該週のうち先順の休日（事例でいう日曜日）に労働をさせた時点で，その週に付与しうる休日は後順の休日（事例でいう土曜日）しかなくなるということで，必然的に土曜日が法定休日に特定され，土曜日における労働が「法定休日労働」となるとされています。

しかし，この点については，自動的に特定されるのではなく，双方の休日に労働した場合には，いずれの労働が法定休日労働であるかを使用者が指定できるという考え方もあり得るところです。

＊　**休日の特定に関する裁判例**

休日の特定がない場合の休日労働の特定に関し，日本マクドナルド事件（東京地判平20.1.28労判953号10頁）では，労基法41条２号に該当するとして扱っていた店舗の店長の割増賃金額の算出に際して，「就業規則上，店長の休日を特定する規定はないが，使用者は，労働者に対し，毎週少なくとも１回の休日を与えなければならないから（労基法35条１項），別紙勤務状況一覧表（認定）のうち，**日曜から土曜までの暦週において，１回も休日が与えられていない場合には，**〔中略〕**その最終日である土曜日の勤務を休日労働**として認めるのが相当」と判示しています。なお，判決文から判断する限りでは，１週間の起算点についての別段の定めはなかったようです。通達（昭63.1.1基発１号）上，１週間の起算日が規定されていない場合には，日曜日がスタートとされているところ，上記のように起算点について特段の定めがなかったのであれば，労基法35条１項ではなく，単純にこの通達及び上記の厚生労働省「改正労働基準法に係る質疑応答」（H21.10.5）３頁を引用して，日曜日を法的休日とすべきと思います。

他方で，**日曜日スタートのケースにおいて，**週休２日制が採用されていたものの，土曜日と日曜日のいずれを法定休日とするかの定めが置かれていない事案において，「週休２日制の成り立ちにかんがみ，旧来からの休日である日曜日が法定休日であると解するのが一般的な社会通念に合致すると考えられることからすれば，他に特別の事情の認められない本件においては，**日曜日をもって法定休日**とする黙示的な定めがあったものと解するのが相当と言うべきである。」と判示した裁判例（HSBC サービシーズ・ジャパン・リミテッド〔賃金等請求〕事件＝東京地判平23.12.27労判1044号５頁）もあります。しかし，この事案は上記通達及び厚生労働省「改正労働基準法に係る質疑応答」（H21.10.5）３頁によれば，①土日双方就労した日は，土曜日，②日曜日就労し，土曜日休んだ場合には土曜日が法定休日，③日曜日休み，土曜日就労した場合には，日曜日を法定休日とすべき事案であり，この判決は上記の通達を無視したものと評価できます。

なお，公刊されている判決文を読む限りは，原告においては週休２日制の場合に法定休日が日曜日である根拠として，他社において日曜日とすることが多数であることを主張し，他方で原告・被告双方，上記通達及び回答集に基づいた主張をしていない点が影響した可能性を否定できません。

＊＊　特定がない場合でかつ両日就労した場合の当職の見解

以上のような通達，裁判例等が存在しますが，当職としては休日の特定がなく，かつ土日の両日就労させた場合，使用者には労基法上は，法定休日に休ませる義務があるところ（労基法35条），これは選択可能な選択債権であり，特段の合意がないので選択権は債務者である使用者にあると解されるので（民法406条），いずれを法定休日にするかを使用者が決定できるとの解釈をとることも可能であると思います。

また，当該土日就労後，使用者が速やかに特定することで労働者にとっても特段不利益が生じることも想定できませんので，この点からもこのように解すべきです。

上記の議論はいったんおいて，パターン６について，仮に土曜日を法定休日と解釈した場合，「60時間」のカウント対象となる法定時間外労働は，次のとおりとなります。

- 平日における２時間×22日＝44時間の法定時間外労働
- 日曜日における５時間×４日＝20時間の法定時間外労働

１カ月の法定時間外労働は合計64時間なので，終わりの４時間の割増率は，50％以上でなければなりません。それを除く60時間の率は，25％以上で足ります。

具体的には，⑤の週の月曜日及び火曜日の９時間目～10時間目が，50％以上の割増率となる法定時間外労働です。

この場合において，毎週土曜日の法定休日労働の割増率は，⑴で見たとおり，35％以上です。このため，月の途中（法定時間外労働が60時間を超えた時点）から，法定休日労働と，法定時間外労働との間で，割増率の逆転現象が生じることになります。

⑶　中小事業主の適用猶予

平成20年労基法改正（平成22年４月１日施行）により，１カ月60時間を超える法定労働時間外労働について「50％以上」という特別の割増率が定められました（労基法37条１項但書）。しかし，同改正の際，当分の間はこの特別割増率を中小企業には適用しないとされていました（旧労基法138条）。

平成30年の労基法改正では，この適用除外を廃止し，その結果，中小事業主においても，１カ月60時間を超える法定時間外労働をさせた場合には，50％以上の割増率による割増賃金を支払わなければならなくなりました。

もっとも，平成30年改正法の施行日は平成31年４月１日ですが，この部分のみ，中小企業の経済環境の現状に照らし令和５年４月１日が施行日とされています（働き方改革関連法附則１条３号）。したがって，現在適用を猶予されている中小企業主は，令和５年４月１日以降，１カ月60時間を超える法定時間外労働が発生した場合に，その部分の割増賃金率を50%以上で計算した割増賃金を支払うべきこととなります。

なお，労基法138条の「中小事業主」の定義は，働き方改革関連法附則３条１項の「中小事業主」の定義と同一です。業種の分類[9]に応じて，①資本金の額又は出資総額，②常時使用する労働者数によって判断され，事業所単位ではなく，企業（法人又は個人事業主）単位で判断されます。

同法附則３条１項によれば，中小事業主に該当するかは次の表のとおりとなります。

・働き方改革関連法附則３条で定める「中小事業主」

	資本金の額又は出資の総額		常時使用する労働者数
小売業	5000万円以下	又は	50人以下
サービス業	5000万円以下		100人以下
卸売業	１億円以下		100人以下
その他の業種	３億円以下		300人以下

なお，中小事業主該当性の判断については，以下のポイントに留意する必要があります。

ア　複数の業種に該当する事業活動を行っているときは，過去１年間の収入額・販売額，労働者数・設備の多寡等といった実態から，何が「主たる事業」なのかが判断されます。

イ　「常時使用する労働者の数」については，当該事業主の通常の状況によって判断され臨時的な増員や欠員は考慮されず，パートやアルバ

9　具体的に上記のどの業種に当たるかについては，上限規制に関するものですが，厚生労働省パンフレット『時間外労働の上限規制　わかりやすい解説』（平成30年12月26日）５頁を参照してください。

イトも臨時的に雇い入れたものでなければ１人と算入されます。また，派遣労働者は派遣元のみ，移籍出向者は出向先のみ算入するのに対して在籍出向者は出向元・出向先の両方に算入されます。

ウ　個人事業主や医療法人など，資本金や出資金の概念がない場合には，労働者数のみで判断することになります。また，グループ企業については，グループ単位ではなく企業単位で判断します。

⑷　時間外・休日・深夜労働が重なった場合

法定休日に法定労働時間を超える労働をさせる場合，法定時間外・休日労働が深夜時間帯にわたって行われる場合の割増率は，次のとおりです。

	通常労働時間又は労働日の賃金の計算額の
休日労働中に１日８時間を超える労働が行われた場合	35%以上
時間外労働＋深夜業	50%以上（25%＋25%）
１カ月60時間を超える時間外労働＋深夜業（労基則20条１項）	75%以上（50%＋25%）
休日労働＋深夜業（労基則20条２項）	60%以上（35%＋25%）

ここで重要なのは，休日労働中に１日８時間を超える労働が行われた場合でも，休日労働について，「時間外労働」を観念することができないので，休日労働の率（35%以上）のみを用いるということです。例えば，法定休日に９時間労働したとしても，８時間を超える１時間については深夜労働に当たらない限り，割増率は35%以上であり，60%（35＋25%）ではないということです。

これに対して，時間外・休日労働に深夜労働が重なる場合は，時間外・休日労働の率（25% or 50% or 35%）に深夜労働の率（25%）を積み足します。これは，深夜労働規制（労基法37条４項）は**労働がされた時間帯**に着目した規制であるのに対し，労働時間規制（労基法37条１項等）は**労**

働時間の長さに着目した規制であり，**その趣旨目的が異なる**ためです（ことぶき事件＝最判平21.12.18労判1000号５頁）。

⑸　事例の検討（まとめ）

事例４－１では，次のとおり，割増賃金の対象時間数が生じており，それに伴い割増賃金（100％部分を含む）の支払義務が発生することになります。なお，Ｘの１時間当たりの単価は前記１・⑵のとおり，1938円です。

これに時間数，割増率をかけると，割増賃金（100％部分を含む）は，下記のとおり20万3006円となり，固定残業代として営業手当（２万）を支給していますので，実際に支払うべき金額は，18万3006円になります。

	時間数	割増率	割増賃金額
時間外労働（60時間以下）	55時間	25%	13万3238円
時間外労働＋深夜業	５時間	50%	１万4535円
１カ月60時間を超える時間外労働	10時間	50%	２万9070円
休日労働	10時間	35%	２万6163円
合　計			20万3006円

なお，事例４－１は，時間外労働70時間のうち４時間目～９時間目の５時間が，深夜労働に当たるので，かかる５時間は「時間外労働＋深夜業」に分類されます。

第３節　仮眠時間と手当の支払

１　手当の支給と労働契約上・労基法上の賃金

【事例４－２】

C社は，ビルの管理会社である。C社に勤める従業員甲は，C社が管理を受託したビルに配属され，ビルの管理業務に従事した。
１カ月に数回ある泊まり勤務は，午前９時から翌日の午前９時までの24時間連続勤務であり，その間，休憩が合計２時間，仮眠時間が８時間与えられていた。
甲は，ビルの仮眠室で仮眠中も，警報・電話・呼び鈴が鳴ったときは，必要な対応を行うことを指示されていた。実際，甲は，しばしば仮眠時間中に起きて対応作業に従事することがあった。
C社及び甲間の労働契約では，管理業務を行っている時間は時給2000円とし，他方，仮眠時間に対しては宿泊手当8000円を支払い，それ以外は賃金を支給しないものとしていた。
なお，仮眠時間８時間は，労働時間（労基法32条）に当たり，割増賃金の支払対象となることを前提とする。

第２章で解説した大星ビル管理事件を基にした事例であり，事例２－３と同様の事案です。

この場合には，仮眠時間８時間分の賃金として8000円が労働契約（合意）によって設定されています。問題は，この労働契約上の賃金が①最賃法，②労基法37条の規制に違反していないかということです。仮に，最賃法ないし労基法に違反している場合には，両法とも直律効（最賃法４条２項，労基法13条）を有しますので，その額について支払う義務が生じます。

まず，最賃法については，宿泊手当は１時間当たり1000円が支払われていることになるので，これが就労場所の所在する都道府県の地域別最低賃金及び特定最低賃金（特定地域の特定産業の基幹労働者に設定される最低賃金）に反しないか検討をします。

次に，労基法37条に違反していないかは，以下の２において検討します。

＊　「直律効」とは？

労働契約で定められた労働条件のうち，労基法の最低基準に達しない部分は無効となり（強行的効力），かつ，無効となった部分は労基法で規定されたその最低基準が労働条件になります（直律的効力）。

例えば，労基法41条２号の「監督若しくは管理の地位にある者」に該当しない場合で，１日の所定労働時間を10時間とする労働契約の定めは，労基法32条２項が定める１日８時間の最低基準より不利なものとして無効となり（強行的効力），かつ，法の定める最低基準である１日８時間が労働条件になるのです（直律的効力）。

法の定めが契約内容に入り込んでいくこのような仕組みは，労働法全体から見れば例外的存在であり，労基法13条が特別に認めているものです。なお，労基法13条以外では，最賃法４条２項，家内労働法16条に同様の規定が置かれています。

2　手当の支給と割増賃金の計算方法

(1)　125%説か25%説か

労基法37条に基づく割増賃金として，いくら支払わなければならないかという点ですが，第１節・２で述べた25％説によれば，「通常の労働時間…の賃金」（労基法37条１項）の25％で足りることになります。100％部分は，労働契約上の賃金である宿泊手当によって弁済済みだからです（前掲・青梅市〔庁舎管理業務員〕事件）。

(2)　「通常の労働時間…の賃金」（労基法37条１項）の意義

次に，その「25％」をどのように算定すべきかが問題になります。具体的には，25％を乗じるべき「通常の労働時間…の賃金」が，①起きて活動している時間に支払われる基本給等なのか，②仮眠時間に支払われる宿泊手当なのか，という問題です。

この点は，起きて活動している時間よりも労働密度が低いことを考慮して，労働契約上，仮眠時間には基本給等よりも低額の宿泊手当が支払われているのですから，仮眠時間に対する「通常の労働時間…の賃金」はあくまでも宿泊手当としてとらえるべきです。

同旨の文献として，石橋洋「労基法上の労働時間と賃金請求権」（労判828号５頁），加茂善仁・野田進・鴨田哲郎「新春鼎談・時間外労働をめぐる諸問題について」（労判946号22頁・野田発言）があります。

当職も，宿泊手当が仮眠時間に対する「通常の労働時間…の賃金」に当たるものと考えています。この考え方によれば，宿泊手当額（8000円）を仮眠時間（８時間）で割った金額を基礎として，25％を乗じる計算になります。

ただ，上記のような考えには，①大星ビル管理事件の最高裁判決は，この問題につき明確な判示をしていないものの，基本給等を「通常の労働時間…の賃金」として想定しているようにも読めますし，②法定時間外労働が行われた時間帯によって「通常の労働時間…の賃金」の金額が変化してしまうという問題も残りますが，②に関しては，自説から当然の帰結であるように思われます。

この点に関しては，いまだに確固たる結論が出ていない状況にあると考えています。

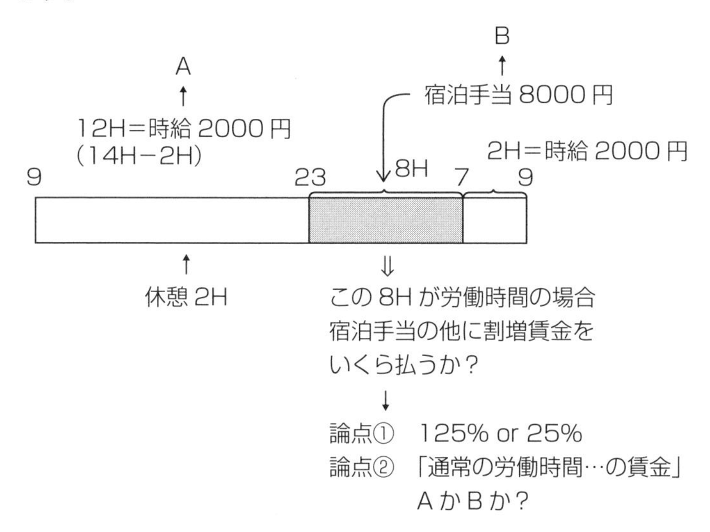

⑶　事例の検討

以上を前提として，事例４－２の割増賃金の額を計算すると，以下の表のとおりになります。ただし，深夜割増等は考慮していません。

	通常の労働時間又は労働日の賃金	
	起きている時間の賃金（時給2000円）	仮眠時間の賃金（宿泊手当，時給1000円（8000円÷８H））
25%説	4000円 （2000円×８時間×0.25）	2000円 （1000円×８時間×0.25）
125%説	20000円 （2000円×８時間×1.25）	10000円 （1000円×８時間×1.25）

上記のとおり，25％説をとり，かつ，宿泊手当8000円を時間外労働割増賃金に対して充当できるとした場合には，基本給等をベースにすると8000円－4000円で不払はなく，また，宿泊手当をベースにしても8000円－2000円で不払はないことになります。

他方で，宿泊手当8000円を時間外労働割増賃金に対して充当できるとした場合には，仮に125％説をとるのであれば，基本給等をベースにすると12000円（8000円－２万円）の不払があることになり，宿泊手当をベースにする場合には，2000円（8000円－１万円）の不払があることになります。

3　手当の金額についての留意点

仮眠時間等の労働密度の低い時間に対する手当として，起きて活動している時間に対して支払う基本給等よりも低い金額を設定する場合は，最賃法に違反しないよう留意が必要です。

また，最低賃金を上回っていても，基本給等の対象となる労働との労働密度の比較からして，手当の金額が不当に低すぎる場合には，公序良俗違反として無効（民法90条）となる可能性もありますので，手当の金額が労働密度の程度に見合うものといえるかについても，留意が必要になります。もっとも，仮眠時間のように拘束されているものの働いてはいない時間に対する手当の場合には，最低賃金さえ上回っていれば民法90条の問題はないと考えます。

第5章 固定残業代制に関する諸問題（労働基準法37条）

本章では，割増賃金の支払方法の１つである固定残業代制の意義について述べ，有効要件等について説明します。

第１節　固定残業代制とは

1　「固定残業代制」の意義

「固定残業代制」とは，労基法37条に定める計算方法による割増賃金を支払う代わりに，固定の定額の残業代を支払う制度のことです。固定残業代制には，時間外・休日・深夜労働の割増賃金について，①基本給の中に含めて支払う方法（基本給組み入れ型）と，②一定額の手当を支払う方法（手当型）があります。

2　固定残業代制が無効と評価された場合

訴訟等において固定残業代制が「無効」と評価された場合には，第１に当該固定残業代分の割増賃金が不払であったことになります。

第２に，無効な固定残業代制と評価されれば，割増賃金の計算（労基則19条１項）の際の基礎賃金から控除できなくなります。

第３に，無効の場合には，訴訟において付加金（労基法114条）が命じられるリスクもあります。

労基法の改正によって，令和２年４月１日以降は，割増賃金の消滅時効及び付加金の除斥期間が３年になり，この点からも無効とされた場合の企業に与える影響は今後さらに甚大になります。

固定残業代制が有効と認められた場合・認められない場合の比較

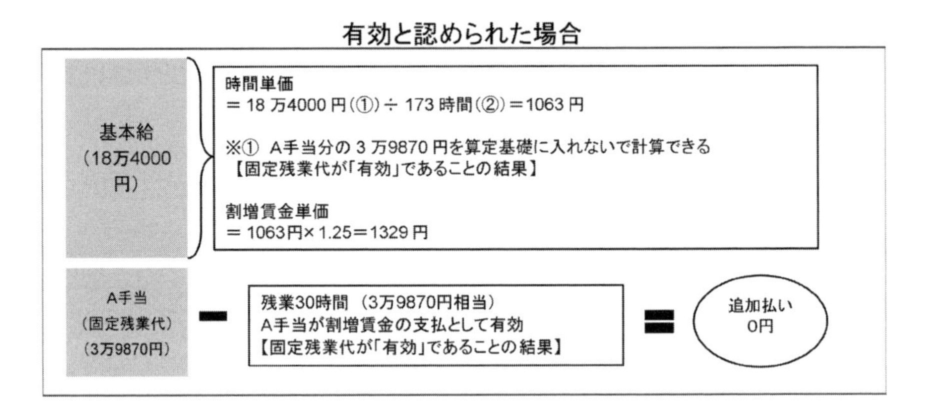

有効と認められない場合

基本給
（18万4000
円）

A手当
（固定残業代）
（3万9870円）

時間単価
＝（ 18 万4000 円＋3万9870円）（③）　÷ 173 時間（②）＝1294 円

※③　算定基礎にA手当額を入れる必要あり
【固定残業代が「無効」であることの結果①】

割増賃金単価
＝ 1294円×1.25＝1617 円

残業30時間（4万8525円相当）
A手当が割増賃金の支払として無効
【固定残業代が「無効」であることの結果②】

＝ 追加払い
4万8525円

上記追加払いの額と同額の限度で付加金の支払が命じられることがある
【固定残業代が「無効」であることの結果③】

※②　本事例では，暫定的に，年間総労働時間を2076時間として，１年間における１月平均所定労働時間数を173時間（②）として，計算した。

※※　付加金が３年分の場合は，４万8525円×２（付加金）×12（カ月）×３（年）＝349万3800円である。そしてさらに遅延損害金がつく。

第２節　固定残業代制の要件

１　何が要件か

(1)　裁判例の流れ

平成24年のテックジャパン事件最高裁判決において精算合意が必要とするなど，同最高裁判決よりも厳格な要件を課すべきであると説いた櫻井補足意見が示されました。これ以降，固定残業代の有効性について東京地裁を中心とした多数の下級審判決は最高裁判決からは直接には読み取れない要件を課す，明確区分性を厳格に解釈・適用する等して多数の事案において無効の判断を繰り返していました。

＊　勉強会の影響

東京地裁労働部等に所属していた裁判官らは『類型別・労働関係訴訟の実務』（青林書院），『労働事件事実認定重要判決50選』（立花書房）等を相次いで出版したところ，執筆者の１人である裁判官によれば同執筆のために東京地裁労働部で固定残業代等の重要論点について複数回勉強会を開催したとのことでした。同勉強会が上記の東京地裁の上記傾向に一定の影響を及ぼした可能性は否定できないところです。

そして，この傾向は東京地裁の判決が判例雑誌に掲載されること等から地方の裁判所に広がりました。

しかし，上記下級審の傾向は，国際自動車事件最高裁判決（最判平29.2.28労判1152号５頁）によって一変しました。

同判決は，労基法37条について従前の最高裁判決が示していない点に範囲を広げず，**あくまでも労基法37条の条文が定める内容を中心に解釈し，かつ最高裁が従前から指摘してきた要件（固定残業代の合意，明確区分**

性）により有効性を判断しました。

同判決は櫻井補足意見に基づいて固定残業代の有効性を原則として認めないという基本姿勢を取り，最高裁が明示していない要件（固定残業代の合意の認定の厳格化，精算の合意・実態，明確区分性の厳格な適用等）によって無効と判断してきた裁判例について，これを揺り戻すべきというメッセージを下級審に対して送ったものと考えられます。実際，下記のように同最高裁判決以降有効性の要件を緩和する等して有効性を肯定するものが続いています。

【国際自動車事件以降で有効性を認めた例】	
大阪地判平29.4.27判例秘書登載	差額支払の合意（精算の規定）のない事案において，精算合意が固定残業代の有効要件ではないと解釈し，有効と判断した。
グレースウェイット事件（東京地判平29.8.25労経速2333号３頁）	金額明示のみでも計算が可能であり，**時間数の明示や差額支給の定めは要しない**と解釈し，固定残業代を有効とした。
泉レストラン事件（東京地判平29.9.26労経速2333号23頁）※渡邊117頁で批判	①時間数の特定，②超過部分の**精算実態は有効要件ではないとし**，固定残業代を有効とした。
イクヌーザ事件（東京地判平29.10.16労経速2335号19頁） ※ただし，高裁で無効と判断された。	**月80時間**を組み込んだ固定残業代について，雇用契約書，年俸通知書で明確区分性を満たすとし，固定残業代の対象となる時間外労働数の点からも直ちに無効となるものではないとした。
シンワ運輸東京事件（東京地判平29.11.29労経速2339号11頁） ※高裁（東京高判平30.5.9労経速2350号30頁）も結論を維持	国際自動車事件判決を引用のうえ，**歩合給から一定の割合を支給**するという**労働時間と比例性がない**手当について，全額を時間外手当として支給してきた経緯，差額支払の実態があること等から，時間外労働の対価であることを認めた。
阪急トラベルサポート〔派遣添乗員・就業規則変更〕事件（東京高判平30.11.15労判1194号13頁）	地裁は，櫻井補足意見に依拠し時間数・金額を労働契約において明示，支給時にも金額及び時間数を明示することが明確区分性の要件を満たすためには必要との原告の主張を採用せず（同45頁）。

	また，精算合意も要件ではないとした（同45頁）。 高裁は，小里機材事件にて精算合意を有効要件としたのは地裁であって，最高裁の判断ではないと指摘する等，精算合意，精算実態は最高裁が要求する要件ではないとした。

(2) 固定残業代の有効要件は固定残業代の合意と明確区分性のみであること

固定残業代制の有効性を検討する際にはこれまでに最高裁判例の示した要件，最高裁が未だ判断を示していない事項を明確に区分して考え，後者については，今後の裁判例の動向を見ながら実務対応をする必要があります。

当職としては，固定残業代の有効要件等については以下のように考えています。

【有効要件等の考え方】

1　有効要件（入口論）

(1)　固定残業代の「合意」

ア　合意の成立（※日本ケミカル事件，従前の下級審裁判例）（後記本節２）

イ　合意の有効性

長時間労働（※イクヌーザ事件）（後記本節３）

劣悪な労働条件への誘導（※トレーダー愛事件）（後記本節４）

※精算規定・精算実態の位置付け

A 精算規程→上記(1)・ア又はイの間接事実

B 精算実態

a 精算する意思がない

b 精算する意思はあるが未払の状態

→労働時間の把握・管理をしていない場合はａになる。

→ａの場合には，そもそも１・(1)・アの固定残業代の合意が成立しないか，不当な目的が認定され，１・⑴・イで無効になる。

⑵　明確区分性（※小里機材事件，高知県観光事件，テックジャパン事件）
（後記本節**５**）
→労基法37条の遵守の確認
所定内賃金部分（＝通常の労働時間の賃金）と（労基法37条の）割増賃金部分とを「区分」することができること

２　労基法37条の支払があったか（※国際自動車事件最高裁判決）（出口論）
１で有効性が肯定された場合でも支給額が労基法37条の計算額以下の場合には差額の支払義務が生じる。ただし，固定残業代制の有効性は否定されない。

１・⑴の「固定残業代の合意」は従前の最高裁，下級審裁判例が当然の前提にしていたものであり，**日本ケミカル事件最高裁判決が対価性という新要件を課したと説く文献が散見されますが正確ではありません。**

固定残業代の合意は，雇用契約に関する賃金支払の合意の１つとして，合意の成立，合意の有効性の２つの点で問題になります。

前者（合意の成立）は，合意に至る間接事実から当事者間の意思解釈として固定残業代の合意が成立しているかが問題になるに過ぎません。日本ケミカル事件が指摘した事実（雇用契約書の記載，説明，実際の労働時間との乖離）や従前の下級審裁判例で指摘した対価性に係る事実（時間外労働をしたものにのみ支給されているか等）は，固定残業代の合意の成立を基礎付ける事実に過ぎません。日本ケミカル事件は「などの事情を考慮して判断すべき」の判決文から明らかなとおり，**合意成立に係る重要な間接事実を例示的に示したに過ぎず，それ以外の要素を間接事実として考慮することを否定するものではありません。**

後者（合意の有効性）に関しては，①組み込む時間が長すぎると，電通事件で最高裁が述べた労基法37条の意義である健康障害予防と衝突することになる点，②長時間労働を前提とする固定残業代を含んで給与額を提示することで実際より好待遇であるように見せ，これによって劣悪な労働条件（例えば時間単価でみると最低賃金水準の場合）に誘導することは，労働市場法との観点から大きな問題を孕む点から，労基法37条によってではなく民法90条等から無効と評価されます。

(3)　労基法37条に従った支払は有効要件ではない（出口論）

有効であっても労基法37条の計算額を下回る場合には差額の支払義務が生じるのみであり，不払によって制度自体の効力を否定されるものではないので，**上記【有効要件等の考え方】の「２」は有効要件ではありません**。この点は，**精算の合意・実態が有効要件ではなく，有効性に関する間接事実に過ぎない**こととも整合します。

近時の書籍（水町勇一郎著『詳解・労働法』（東京大学出版会）684頁等）で上記１のみならず２も満たさない限り固定残業代制は「とることはできない」等と最高裁が指摘した旨の記述が散見されますが正確ではありません。

ただし，実務においては精算合意（就業規則に規定）を明らかにし，各月について差額の精算に努めるべきです。

2　固定残業代の合意１（合意の成立）

(1)　合意の成立は間接事実による事実認定である

固定残業代とは時間外労働，休日及び深夜労働に対する各割増賃金をあらかじめ定められた一定の金額で支払う雇用契約に関する賃金支払の合意です。

そのような賃金の支払の合意が成立したかは**合意に関する様々な事情（間接事実）を総合的に考慮して事実認定**をすることになります。

【図：固定残業代の合意の認定】

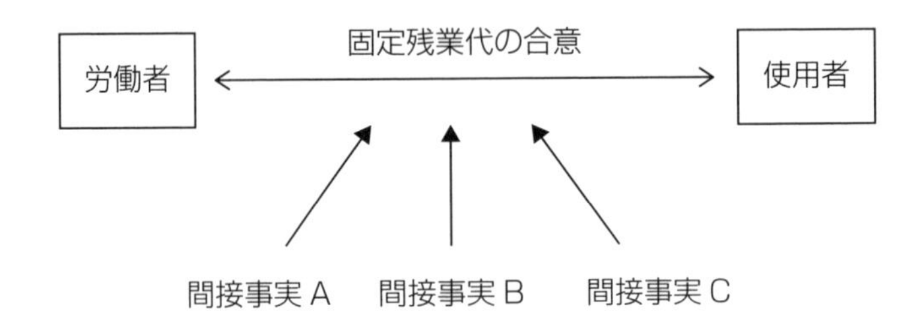

固定残業代の合意の成立の事実認定において重要なのは，時間外労働の対価として支給する旨を合意した場合のみ成立が肯定され，他の性質を併有する場合（併存型）は，その性質を有する部分と有さない部分との明確区分性が肯定されない限り，全体として合意の成立が否定されるということです。

すなわち，合意の成立に関する事実には，①当該手当を時間外労働の対価として支給する旨の合意の存在を肯定する事実，②同合意の存在を否定する事実，③当該手当が他の性質を含むことを肯定する事実，④他の性質を含むことを否定する事実の４種類があり，**①が肯定されても同時に③が肯定される場合には併存型となり明確区分性がない限り成立が否定されます**。例えば，５万円の手当について，固定残業代分が３万円，それ以外が２万円と明確に区分できる場合に限って有効ということです。

【図：合意の成立に関する事実の位置付け】

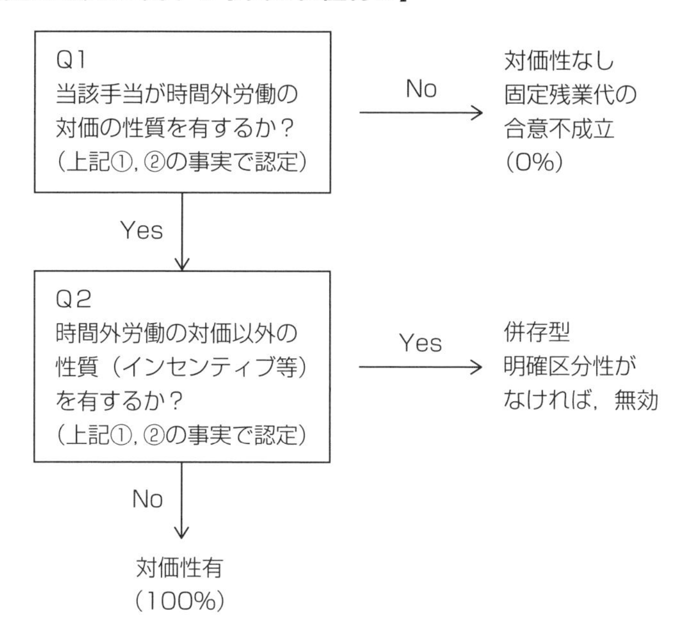

(2)　精算の合意・実態の位置付け（出口論）

近時の下級審は精算実態について**固定残業代の（成立の）有効要件とは評価せずあくまでも合意の成立に関する間接事実として扱い，これを欠く場合でも有効性を肯定しています。**

これは，本章第１節で会社に対するトリプルパンチと指摘したとおり，固定残業代の訴訟において有効性を否定した場合に会社に与える影響があまりにも大きく，櫻井補足意見以降の流れで安易に有効性を否定することは著しく公平を欠くと裁判官が考えバランスをとったものとも思われます。

しかし，固定残業代の性質に照らすと，精算の実態は社会通念に照らし当然にあるべきものでありこれを欠く場合はそもそも合意が成立していないというのが理論的です。この点に関しては，前述の如く現在の下級審の流れを意識するのではなく当然に差額精算をすることが労務管理上重要です。

精算合意も同様であり固定残業代の性質に照らし合意の成立に不可欠なものですから，労務管理上は必ず規定を置くべきです。

また，本節1・(2)で指摘したように労働時間の把握をしないと精算ができない以上は精算の意思がないとみられ，その結果，固定残業代の合意が成立していない，又は不当動機であるとして，固定残業代が公序良俗（民法90条）に違反して無効と評価される可能性が高いため，労働時間の把握は合意の成立を否定されないためにも労務管理上当然に必要です。

この点，近時，泉レストラン事件（東京地判平29.9.26労経速2333号23頁）はタイムカードによる労働時間管理を行っていなかったと事実認定しながら時間外労働等の時間数を正確に把握することは望ましいがそのような労務管理をすることが固定残業代の有効要件ではないと判示しました。しかし，①同判示は固定残業代の性質と齟齬がある判決であるばかりか，②単独事件であり，かつ③他に労務管理の点にまで踏み込んで判示した例がない以上，下級審の傾向とまでも評価しえないことから実務において参考とすべき事案ではありません。

＊　精算をしていない事実を，合意の成立を否定する事情としてとらえたものとして，泉レストラン事件東京地判平26.8.26労判1103号86頁（上記の東京地判平29.9.26労経速2333号23頁と同じ会社の事案），大阪地判平29.3.28判例秘書登載等。

＊＊　**グレースウェイット事件（東京地判平29.8.25労経速2333号3頁）**

「固定残業代2万円」の有効性が争点になったところ，原告の①支給時に固定残業代に相当する時間数及び金額の双方の明示や②**差額支給の定めが有効要件であるとの主張を**，①については金額を明示することで労基法37条による残業代との比較が可能であり，②については固定残業代では**不足がある場合に法定の計算によって割増賃金との差額を支給する扱いについて労働契約上の特別な定めを要しないことを根拠に両主張を排斥し，有効**と判断しました。

＊＊＊　**泉レストラン事件（東京地判平29.9.26労経速2333号23頁）**

時間外手当10万500円の固定残業制の有効性が争点になった事案において，「固定残業代制度を導入しているかに関わらず，タイムカードを用いるなどして**時間外労働等の時間数を正確に把握し**，賃金の支給時にその時間数等を明示するような**労務管理を行うことは望ましいとは言えるものの，そのような労務管理を行うこと自体が，固定残業代を有効たらしめるための要件を構成するとはいえない**し，そのような労務管理を欠いており，未払割増賃金が存在し，**その未払金の清算がなされていない実態があるというだけで**，労働契約上，割増賃金の支払に宛てる趣旨の明確な固定手当について，割増賃金（固定残業代）の支払としての有効性を否定することは困難である」と述べ，清算の実態が要件ではないことを解釈として示しました。

＊＊＊＊　阪急トラベルサポート〔派遣添乗員・就業規則変更ほか〕事件（東京高判平30.11.15労判1194号13頁，東京地判平30.3.22労判1194号25頁）

この事件では，平成20年に会社は就業規則を変更し，添乗基本給に４時間分の時間外手当見込み分を含むという固定残業代合意を規定したところ，主として変更が労契法10条の要件を満たすか（類推適用の有無を含む）が争点になり，満たす場合に当該合意が有効かという点も問題になった事案です。当該訴訟の中で，控訴人（労働者側）は，就業規則の無効を主張する中で，固定残業代制の有効性については精算合意が必要である旨を主張しましたが，高裁は以下のように指摘し，同主張を認めませんでした。

「精算合意が固定残業代の合意の有効要件であると解することができないことは原判決が第３の３⑵において説示するところ，原判決が引用する最高裁判所の裁判例においても，精算合意が固定残業代の合意の有効要件である旨の判示はされていない。なお，控訴人らは，最高裁昭和63年７月14日第一小法廷判決・労働判例523号６号を引用するが，この裁判例も，精算合意が固定残業代の合意の有効要件である旨最高裁判所として判示したものではない」。

⑶　労働契約の内容にする手法によって有効性の判断は異なる

固定残業代を労働契約の内容にする手法は３パターンあります。

第１に，個別同意（労契法６条）は，固定残業代について個別に契約書，同意書等で契約にする手法です。労契法**７条と異なり，「合理性」が要求されていない**ことから，違法ではない限り，不合理な内容でも契約の内容になります。

第２に，包括同意（労契法６条）は，個別の同意書・誓約書に「賃金については別途就業規則・賃金規程で定める」等とのみ記載し，就業規則・

賃金規程に固定残業代を規定することで，固定残業代を労働契約の内容にする手法です。個別同意と同様，労契法７条のように「合理性」は求められてはいませんが，個別同意とは異なり，固定残業代に対する**労働者の認識が個別同意に比して薄い**（**抽象的**である）ことから，この場合には「不合理」な内容の場合（次頁の図０から４）には労働契約の内容にはならないと考えるべきです。また包括同意によって，「不合理でも合理的でもない」（次頁の図４から６）固定残業代制が労働契約の内容になるかは議論があると思われますが，当職はこの程度には差があると考えています。

第３に，労契法７条で固定残業代について記載のある就業規則の周知を通じて，労働契約の内容にする手法です。この場合，固定残業代制に関する規定に合理性（労契法７条）が必要になります。

裁判例が前述の個別同意と包括同意の差を意識しているかは疑問がありますが，当職としては，個別合意の場合には，労働者が固定残業代の内容について具体的な認識があるのが通常であるので，労働者保護に欠けることがないことから有効性を認める方向になると考えています。他方で，包括同意の場合には，労働者が固定残業代の内容について具体的な認識がないことが多いので，労働者を保護する要請が高いことから個別同意に比して，**固定残業代の合意の成立の認定は厳格に判断すべき**です。換言すれば，**労働者の認識によってバランスを取る**ことが妥当であるということです。

出向命令の有効性の場合にも同様の論点があり，出向先が不明な段階での入社時の包括的な同意で会社が出向命令権を持つかという問題があります。ただ，出向の場合には，同意時（入社時）と問題となる時点（出向時）が，通常は時間的に離れているという事情がありますが，固定残業代の場合には，すぐに適用をしますので，問題になる時点が同意時と同時であるという点が異なります。

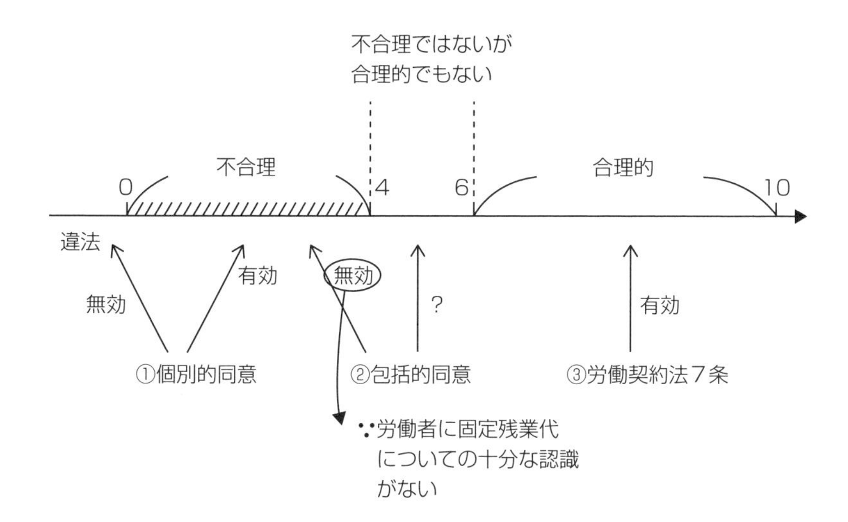

⑷　日本ケミカル事件の意義

薬剤師に支給されていた業務手当約10万円が，時間外労働や深夜労働の対価の趣旨で支払われていたかが争点になりました。

原審（東京高判平29.2.1労判1186号11頁）は，固定残業代について，「いわゆる定額残業代の仕組みは，定額以上の残業代の不払の原因となり，長時間労働による労働者の健康状態の悪化の要因ともなるのであって，安易にこれを認めることは，労働関係法令の趣旨を損なうこととなり適切でない。」と指摘したうえで，以下の４つの要件を満たした場合に限って有効との法解釈を示し，そのうえで，要件を満たさないことから無効と判断しました。

①　定額残業代を上回る金額の時間外手当が法律上発生した場合にその発生の事実を労働者が認識して直ちに支払を請求できる仕組み（発生していない場合には発生していないことを労働者が認識できる仕組み）が備わっていること

②　これらの仕組みが雇用主により誠実に実行されていること

③　基本給と定額残業代の金額のバランスが適切であること

④　その他法定の時間外手当の不払や長時間労働による健康状態の悪化

など労働者の福祉を損なう出来事の温床となる要因がないこと

しかし，最高裁（最判平30.7.19労経速2358号３頁）は原審の判断を是認せず，問題となった業務手当が時間外労働等の対価としての性質を有することから有効と判断しました。

そして手当の性質の評価について，

①　雇用契約に係る契約書の記載内容

②　使用者の労働者に対する当該手当や割増賃金に関する説明の内容

③　労働者の実際の労働時間等の勤務状況（実際の労働時間との乖離）

等を要素（重要な間接事実）として判断すべきとしました。

原審が上記①から④のように労働者の認識や労働者の福祉を損なう出来事の温床となる要因がないこと等，抽象性の高い要件を必要としたところ，この判断を排斥したことは，労基法37条が強行法規であることに照らし正当であり，固定残業代の有効要件について従前最高裁が指摘した要件のみで判断するとした国際自動車事件判決とも整合的です。

重要なのは，**最高裁は上記①乃至③が重要な間接事実である旨を指摘したに留まり，対価性という要件を新しく提示したものではないということです。**

また，判決文の「などの事情を考慮」との判示から明らかなように①乃至③以外の要素を考慮することを否定するものではないということです。

この点に関するものとして，上記最高裁判決以降の洛陽交通事件（大阪高判平31.4.11労経速2384号３頁）があります。同事件では，賃金体系上，深夜勤務手当・時間外手当は法定計算による金額が基準外手当Ⅰ及びⅡを下回るときに基準外手当Ⅰ及びⅡを支給するとされていたところ，同手当が固定残業代として成立しているかが主要な争点になりました。これについて，大阪高裁は上記日本ケミカル事件最高裁判決を引用しながら，(ア)時間外労働等の時間数とは無関係に月間の総運賃収入額を基に算定されること，(イ)被告の賃金算定方法では法定の労働時間内にどれだけ多額の運送収入を上げても最低賃金額程度の給与しか得られないシステムになっていること等，**上記最高裁が指摘した①乃至③とは区分し難い事項を勘案のうえ有効性を否定しています**。

同様に飯島企画事件（東京地判平31.4.26労経速2395号３頁）では時間外手当について日本ケミカル事件が指摘した実際の時間外労働時間数との乖離について乖離が相当程度あることを認定しつつも，上記①乃至③とは関係のない（かつ従前の下級審で重視されてきた事実である）㈠時間外手当という**名称，㈡実際の時間外労働時間数を踏まえて改定されたという経緯**から時間外労働の対価とする合意が成立したものと評価しています。

以上のような地裁判決からも，日本ケミカル事件最高裁判決が指摘した①乃至③が例示に過ぎないことが読み取れ，今後は自社の制度について①乃至③の点から固定残業代の合意があったかを検証することは重要ですが，それだけに固執せず，例えば以下のような従前の下級審が示した要素にも留意して運用をすることが肝要です。

【従前の地裁が考慮していた間接事実】

ア　時間外労働時間数を調査のうえ固定残業代の金額を決定したか
（関西ソニー販売事件＝大阪地判昭63.10.26労判530号40頁）

イ　時間外労働等に従事した者にだけ支払われているか
（アクティリンク事件＝東京地判平24.8.28労判1058号５頁）

ウ　時間外労働の有無にかかわらず支給していないか
（北港観光バス〔賃金減額〕事件＝大阪地判平25.4.19労判1076号37頁）

エ　就業規則で基準外賃金とされていないか

オ　営業成績や年齢等の時間外以外の要素と金額が連動していないか
（ワークフロンティア事件＝東京地判平24.9.4労判1063号65頁）

カ　手当の名称（規程上の位置付け）が時間外労働の対価であることを示しているか
（医療法人大寿会〔割増賃金〕事件＝大阪地判平22.7.15労判1023号70頁，スタジオツインク事件＝東京地判平23.10.25労判1041号62頁）

＊ **営業部の特殊性を勘案すべきこと**

ただし，日本の雇用慣行を捨象し，その事実を重視するのはミスリードであることに留意する必要があります。

すなわち，日本の企業では，慣行上，アクティリンク事件の原告のような営業部（売買事業部）の従業員に関しては，外勤が多い等という業務の性質から，固定残業代制又は事業場外みなし制（労基法38条の２）が，多くの企業で用いられてきました。換言すれば，営業部と他の部で，労働時間管理の方法や賃金について異なる手法が用いられているのは，ごく自然であるということです。

例えば，営業部に関しては固定残業代制を用い，他の部では時間外労働時間数をカウントしてその限度で支払う等，**異なる取扱いをするのは寧ろ自然であるので**，この裁判例を使ったロジックを安易に用いるのは慎重であるべきです。

3 固定残業代の合意２（合意の有効性①）組み込む時間の長さ

⑴ 実務対応の方針

固定残業代の合意が種々の間接事実によって成立しても，固定残業代として組み込む時間の「長さ」によっては公序良俗（民法90条）によって無効となります。

固定残業代に関する最高裁判決でこの点について明示的に述べたものが存在しない以上，現時点での実務対応としては，下級審や法改正の動向を踏まえて対応をすることが肝要です。

＊ **ザ・ウィンザー・ホテルズインターナショナル事件（札幌高判平24.10.19労判1064号37頁）**

固定残業代として職務手当15万4400円を支給していたところ，これが月95時間分の時間外労働手当に相当する金額であると評価し，同時間が限度基準告示（特別条項を用いない限り36協定で設定する時間外労働時間数の上限を月45時間以内にすべきことを定めた指針，現労基法36条４項）に反し，公序良俗に違反する可能性があるので，限度基準告示の限度である月45時間の範囲で有効（95時間分の定額時間外賃金の合意とは評価できない）と判示しています。

しかしながら，限度基準告示というのは行政指導の根拠に過ぎず，したがって，限度基準告示を無視した，あるいはこれに違反する36協定が締結されて，それを労基署に届け出た場合に，労基署はこれを受理しないということは許されないと解されていました。そのため，そもそも限度基準告示に違反したことが公序良俗違反だという前提に問題があり，この理由で固定残業代制の効力を否定するのは，法解釈として誤りだったと思われます。

＊＊　**マーケティングインフォメーションコミュニティ事件（東京高判平26.11.26労判1110号46頁）**

営業手当（12万5000円）が，時間外労働の対価としての性質を有するかが争点となった事案で，まず所定労働時間数から，この営業手当が約100時間相当の割増賃金額であることを指摘しました。そして，①**100時間という法令の趣旨に反する恒常的な長時間労働を是認する趣旨で労働契約において営業手当の支払が合意されたと認めるのは困難**であるから，本件営業手当の**全額が**割増賃金の対価としての性質を有するとは考えがたいとしました。

加えて，②会社は賃金規程を変更し，給与辞令により下記のとおり控訴人（労働者）に対する支給額を変更していたところ，営業手当には，**従前，基本給，住宅手当，配偶者手当，資格手当として支払われていた部分が含まれていた**と推認できるとしました。

【変更前】基本給：20万5000円，住宅手当：５万円，配偶者手当：１万5000円，資格手当：2000円，非課税通勤手当：3360円
以上の合計（27万5360円）に加えて，各月数万円の時間外手当を支給
【変更後】基本給：18万5000円，営業手当：12万5000円（固定残業代），非課税通勤手当：3360円　→合計31万3360円

そして，営業手当全額が時間外労働の対価としての性格を有しているとはいえないことから，明確区分性を欠くことを理由に，固定残業代制として**全体が**無効として，割増賃金の弁済としての効力を認めませんでした。

＊＊＊　**ファニメディック事件（東京地判平25.10.30労経速2187号18頁）**

固定残業代制の無効を導く直接の理由にはしていませんが，「そもそも，本件固定残業代規定の予定する残業代が労基法36条の上限として周知されている月45時間を大幅に超えていること，４月改定にあたり支給額を増額するのではなく，全体に対する割合の引上げで対応していること等に鑑みれば，本件固定残業代規定は，割増賃金の算定基礎額を最低賃金に可能な限り近づけて賃金支払を抑制す

る意図に出たものであることが強く推認され，規定自体の合理性に疑問なしとしない」と判示しています。

＊＊＊＊　**穂波事件（岐阜地判平27.10.22労判1127号29頁）**

労働条件通知書に，みなし残業手当が，10万円，83時間相当である旨の記載があったところ，83時間の残業は，36協定で定めることができる労働時間の上限の月45時間の２倍近い長時間であり，相当な長時間労働を強いる根拠となるものであって，公序良俗に反するとして合意を無効としています。

＊＊＊＊＊　**Ｘ社事件（東京高判平28.1.27労経速2296号２頁）**

業務手当を１月当たり70時間の時間外労働の対価として支給していた事案において，労働者が，月45時間を超える時間外労働をさせることが法令の趣旨及び36協定にも反すると主張したのに対し，高裁は，限度基準（月45時間）は絶対的上限ではなく，かつ36協定において月45時間を超える特別条項を定めており，当該特別条項を無効とすべき事情もないから業務手当は固定残業代として有効と判示しました。なお，この事件は精算の規定及び実態があり，かつ明確区分性については原審・高裁とも問題ないと判断されている事情がありました。

(2)　訴訟を踏まえて実務上何時間を指標とすべきか

近時の裁判例を概観すると，１カ月45時間を限度とする限度基準告示（平10.12.28労告154号）や１カ月80時間以上の時間外労働時間数を労災認定の判断要素とする脳・心臓疾患の労災認定基準（平13.12.12基発1063号）を根拠にこの時間数を限度とする裁判例が散見されます。

このような裁判例を前提にすると，45時間というのが保守的に考えた場合にこの点から無効と評価されないための１つの目安になります。

そして，上記の限度基準告示は姿を変え，平成31年４月１日以降，36協定制度の見直しで罰則付き上限規制（月45時間，年360時間）が施行され（改正労基法36条２項乃至４項），上限の原則が月45時間とされたことから，今後はこれを超える時間外労働に対する固定残業代の有効性は否定される可能性がさらに高まると見るべきです。

なお，法改正によっても通常予見することができない業務量の大幅な増加等に伴う臨時的な場合は単月100時間未満（休日労働を含む），複数月平均80時間（休日労働を含む）が上限とされましたが（改正労基法36条5項），固定残業代は恒常的に一定の時間の時間外労働等の時間を合意するものである以上，このような例外的な場合の時間数が，指標となる余地は少ないと考えます。

ただし，法改正後においては中小企業にも労基法が月60時間を超える時間外労働に対して割増率を上げており（改正労基法37条1項但書，改正労基法施行通達第4・1，令和5年4月1日施行），逆に考えれば労基法は1カ月で60時間までは時間外労働を許容していると解し，月60時間を目安とすることも考えられるところです。

(3)　設定する時間数以外の事情も公序良俗で検討される

「公序良俗」とは「社会の一般的秩序または道徳観念」（我妻榮『新訂民法総則』270頁）を意味し，これに違反するものは無効と解されるところ（民法90条），裁判例では**時間数以外の事情も公序良俗違反の一要素として勘案**のうえ無効との評価を導いています。

そのため，下級審を見る場合は単純に時間数のみに着目するのではなく，以下のようなその余の事情も十分に検討すべきです。

- ・精算の合意・実態
- ・最低賃金との関係（固定残業代を除いた場合の1時間の時給が最低賃金を上回るか，最低賃金に近い値で設計されていないか）
- ・固定残業代の導入の経緯（従前残業代の性質を有しない手当を固定残業代に変更していないか等）

【下級審の傾向】

①100時間以上　　：時間数だけで無効である可能性が高い（マンボー事件等）
　　　　　　　　　→他の要素で救済されない。
②80時間～100時間：総合判断（イクヌーザ事件，結婚式場A事件）

③60時間～80時間	：総合判断（コロワイドMD（旧コロワイド東日本）社事件）
④45時間～60時間	：総合判断
⑤45時間以下	：有効

例えば，コロワイドMD（旧コロワイド東日本）社事件（東京高判平28.1.27労判1171号76頁）では，70時間の固定残業制を有効と判断しましたが（なお，上告棄却・上告受理申立不受理（最決平28.7.12労経速2296号９頁）），同事案では合意の成立に係る事情（精算の合意・実態あり）や明確区分性の点には問題なく，**他の要素との総合判断の判断要素の結果70時間を有効と評価したに留まり**，この判決のみをもって70時間であれば問題ないと評価するのは誤りです。

⑷　80時間の設定は避けるべきであること

イクヌーザ事件[10]は賃金23万円であり，同基本給のうち８万8000円は，月間80時間の時間外勤務に対する固定残業代であるとされていた事案（なお，80時間を超えた場合は精算を実施していた）です。

高裁（東京高判平30.10.4労判1190号５頁）は　脳血管疾患及び虚血性心疾患等の認定基準を引用し，１カ月当たり80時間程度の時間外労働が継続することが疾病を労働者に発症させることを指摘し，このような時間を恒常的に行わせることを予定している場合は，公序良俗に違反するとし，実際の時間数等から80時間を予定していたと指摘し無効としました。

なお，最高裁は特段理由を示さず上告を棄却し，かつ上告受理申立てを不受理としたので，無効との判断を示した高裁判決が確定しています（最決令元.6.21労判1202号192頁）。

10　ただし，この事案は，固定残業代を除して時間単価を計算すると，当時の最低賃金を前提に設計されたと見られる事案であり，労働市場法からも問題のあった事案でした。

他方，同じく近時の東京高裁の結婚式場運営会社Ａ事件（東京高判平31.3.28労判1204号31頁）では，基本給15万円，職務手当９万4000円，通勤手当6000円で，職務手当が給与規程上固定残業代として設定されていたところ，高裁の認定では９万4000円が月87時間相当であったので，月87時間相当の固定残業代としての有効性が争点になりました。

高裁は，①告示の45時間を超えるものではあるが同告示は強行的補充効を有するものではないこと，②時間外労働があった場合に発生する時間外割増賃金等として支払う額を合意したに過ぎず，約87時間分の法定時間外労働を義務付けるものではないことを理由に有効と判断しています。

今後の実務対応としては，上記のように80時間のレベルで東京高裁の判断が分かれていることを踏まえて，この点に関する最高裁の判断が出るまでは80時間の設定はしないことが適切です。

のみならず，実務対応としては訴訟での有効性を離れて，従業員の健康管理の点からも，80時間の設定は避けることが望ましいです。

(5)　まとめ

以上，当職としては，80時間は絶対に避け，45時間を基準にし，特段の事情がある場合に限って60時間とするのが適切であると考えます。この特段の事情としては，例えば，労基法41条２号を適用していた管理職を適用から外す際，収入の大幅かつ急激な低下を避けるために60時間を設定する場合等が挙げられます。

4　固定残業代の合意３（合意の有効性②）合理性（最低賃金等）

(1)　劣悪な労働条件への誘導

固定残業代の制度がいわゆるブラック企業の労務管理の代表的な手法の１つであると指摘する文献があります。実際，固定残業代の内容等に照らして劣悪な労働条件への誘導の手段として固定残業代が用いられていると評価される場合には，労働市場法との関係から問題を孕むとして，無効となる可能性があります。

なお，最低賃金に近い水準の労働条件を設定すること自体は違法ではありませんが不合理と評価すべきものと思われます。したがって，上記の当職の合意に関する考え方からすれば，包括同意や労契法７条によって固定残業代の合意が形成された場合には，契約の内容にならないものとも考えられます。

また，いわゆる求人詐欺のような場合は固定残業代の成立の問題として扱い，固定残業代に関する説明や書面がない事実を重視し，固定残業代の成立を認められない場合があります。

＊　**労働市場法とは？**

労働市場とは，企業外における不特定多数の事業主と労働者間の求人・求職の媒介・結合の仕組みをいい，労働市場法はこれを規律する法律の総称です。

＊＊　事件の「筋」を見られること

固定残業代制が**多様な動機（長時間労働の抑制，残業代の不払）**に基づき定められること等に鑑み，固定残業代の有効性は，**当該事案の実態を鑑みた価値判断が絡む問題，すなわち事件の「筋」も問われる問題**です。

いくら最高裁の示す要件を満たす場合でも，事案の性質によっては異なる結論がありうるということです。この点について東京地裁の労働部の西村康一郎裁判官は，

① 固定残業代部分を除いて基礎賃金額を計算すると最低賃金ぎりぎりの金額となる事案
② 支給された手当が非常に長時間分の時間外手当となる事案
③ 実際の勤務状況に照らし，そのような長時間労働を強いる目的で固定残業代制度を導入したとしか思われない事案
④ 募集段階や採用内定段階では，雇用条件として固定残業代をうかがわせるような記載がなかったにも関わらず，労働者が引くに引けなくなった雇用締結段階で，（不意打的に）初めて固定残業代込みの金額であることを明示する事案

を問題となる事案として挙げており，このような事案の場合は櫻井補足意見のように精算合意ないし精算実績の要件を要求することで，固定残業代について非常

に厳しい態度をとるという感覚にも共感を覚える面があるとし，事案に応じて法律論（有効要件）を変える可能性を前提にしています（須藤典明編著『労働事件事実認定重要判決50選』（立花書房）178頁）。

(2)　時給換算が重要

基本給から固定残業代を引いた額を所定労働時間で割って１時間当たりの単価を計算した場合に，①時間単価が最低賃金を下回る場合は，最賃法に違反し，当然に無効であり（最賃法４条２項参照），②最低賃金をギリギリ上回る水準の場合には公序良俗（民法90条）の点から無効と評価される可能性があります。

後者の場合には，**規程上は通常の労働時間の部分と時間外労働部分を明確に区分できる場合でも**，このような賃金制度によって実質的には固定残業代部分に通常の労働時間の対価部分が含まれている等と評価し，その結果明確区分性がないと評価する裁判例があります。

しかし，実質的に最低賃金の水準に設定し，かつ固定残業代を利用して高額の収入を保証するような外見を有していることをもって**労働市場法の観点からの問題ととらえ，端的に民法90条を通じて無効とするのが理論的です**。

例えば，神戸地明石支判平29.8.25判タ1447号139頁では，割増手当及び調整手当が時間外労働の対価である旨を明確に定める賃金規程が存在したところ，両手当の固定残業代としての有効性が問題になりました。判決では，両手当が固定残業代であるとすると通常の労働時間又は労働日の賃金が月13万円となり，時給換算すると748円で兵庫県における最低賃金761円を下回ることを主たる理由に割増手当及び調整手当には実質的に基本給に相当する部分（所定内労働に対する対価部分）が含まれているとして，明確区分性がないと評価し無効と判断しました。しかし，端的に固定残業代を引いて時給計算した場合には基本給が最低賃金水準であることを指摘し，労働市場法の点から公序良俗違反を検討すべき事案かと思われます。

実務上は，理論的な問題はありますが，自社の時間給を計算する作業自体は必須であり，最低賃金水準の場合にはこの点から，労働市場法との関係から公序良俗（民法90条）又は明確区分性を欠くこと等を理由に無効と評価される可能性があることに留意すべきです。

【神戸地明石支判平29.8.25判タ1447号139頁】
賃金構成は，基本給13万円，割増手当と調整手当を加えた額の合計が約12万円

13万円（基本給）÷173（所定労働時間）＝**748円（最低賃金＝761円）**
→固定残業代部分を除くと，通常の労働時間の時給が最低賃金以下になる。
→所定内労働の時間単価を最低賃金以下にする合理性がない（違法である）ことからは，約12万円（割増手当＋調整手当）部分に通常の労働時間の対価が含まれていることが推認
→約12万の部分が，①通常の労働時間部分と，②割増賃金部分を含む「併存型」になり，12万円の中で明確区分性がない以上，無効。

(3)　金額のバランス

基本給と固定残業代の金額のバランスが不自然な場合も，固定残業代に基本給部分が実質的に含まれていると評価され，明確区分性を欠く等の理由から有効性を否定される可能性があります。

トレーダー愛事件（京都地判平24.10.16労判1060号83頁）は，前年の成果及び管轄業務に応じて設定されると給与規程に記載されていた成果給が，時間外手当に相当すると給与規程に規定され，かつ差額の精算規定があった事案です。

裁判所はホテルのフロント業務は所定労働時間内と時間外で**業務内容が異なるものではない**ことを指摘し，**所定内労働の賃金と固定残業代で時間単価を計算した場合に時間単価に著しい差がある場合には，その賃金体系は不合理**であると指摘しました。そのうえで，本件では所定内労働の時間単価が890円で，時間外労働部分の時間単価が2350円と約３倍であること

から，被告の給与体系は時間外手当を支払わないための便法と評価し，成果給の中に基本給に相当する部分が含まれており明確区分性を欠くことを理由に，固定残業代としての有効性を認めませんでした。

しかし，上記事件は平成24年の事件です。この点，国際自動車事件判決（最判平29.2.28労判1152号５頁）は，労基法37条はあくまでも同条で計算された額以上の金額の支払を使用者に課す規定に過ぎないと解釈したところ，同最高裁判決の労基法37条に係る狭い解釈を前提にすると，現在においても上記裁判例のように単純にバランスが悪い事実のみをもって無効とするかは議論があると思われます。

加えて，公序良俗（民法90条）によって無効となるのは，「著しく」不合理な場合に限られ，単に不合理に過ぎない場合は短時間労働者及び有期雇用労働者の雇用管理の改善等に関する法律８条の如き立法の手当てがなされている場合を除き，有効と解されるところ，上記のバランスのみをもって著しく不合理として公序良俗の点から無効となるかは検討の余地があると思われます。

また，仮に無効の結論を導くとしても，上記の裁判例のように明確区分性によらず，⑵の事件と同様，端的に労働市場法からの問題に焦点を当てるべきと思われます。

⑷　求人票の記載との問題

募集段階では，雇用条件として固定残業代をうかがわせる記載がなかったにもかかわらず，雇用契約締結後に初めて固定残業代込みの賃金であるとの明示をするようなケースがあります。このような求人詐欺とも評価しうる事案では，**雇用契約の成立の時期を認定したうえで，労働契約内容が同時点で確定され**，それ以降の説明等は（労働条件変更の同意等のないかぎり）契約の内容にならない等として，固定残業代の有効性が否定される可能性があります。

鳥伸事件（大阪高判平29.3.3労判1155号５頁）では，労働者募集時に賃金額を25万円と表示し，入職後の試用期間に労働者に署名させた労働契約書に「月25万円（残業含む）」と記載し，給与明細書で基本給18万8000円，固定残業代である残業手当６万2000円に表示した事案で，労働契約締結時に固定残業代の対象となる時間数の明示がなかったとして，固定残業代を無効と判断しました。

この点について，同事件の一審（京都地判平28.9.30労判1155号12頁）では以下のように指摘しています。

「給与として支給されるうち，通常の労働時間の賃金に相当する額が幾らで，時間外等割増賃金の代替額が幾らであるかは，労働者にとって，その条件で労働契約を締結するか否かを判断するに当たり極めて重要な事項であるというべきである。このことに鑑みると，**それらが個別の労働契約や就業規則で明確にされないままに給与の総額のみで労働契約が締結されたにとどまる場合には，後に給与明細書でそれらの額が明確にされたとしても，給与明細書記載の手当の額を割増賃金代替手当の額とすることが労働契約の内容となったと評価することはできないというべきであり**，労働契約締結時にこの区別が明確でない場合には，結局において，当該手当の支給を労働基準法37条所定の時間外等割増賃金の代替としての支給と認めることはできないと解するのが相当である。」

【鳥伸事件（大阪高判平29.3.3労判1155号５頁）】

①　募集時（求人広告）
→給与25万

②　雇用契約書
→25万（残業代を含む）→明確区分性なし
→明確区分性を欠く労働契約成立

③　給与明細書
→区分ありだが，②で契約の内容が確定している以上，③をもって契約の内容にならないため，固定残業代は有効にならない

この点に関して，新卒の場合は，**求人票で示した賃金額はそのまま最終の契約内容になるものではない**と解されています（八州事件＝東京高判昭58.12.19労判421号33頁）。すなわち，新卒の場合，求人票を出した時期と実際の就労開始までの間に相当の期間があることから，求人票の記載と労働契約の内容を一致させるようにする信義則上の義務がありますが，経営上やむを得ない事由がある場合に限っては，異なる契約内容にすることが可能であると解されています。そのため，仮に求人票に固定残業代又は金額・時間等の記載がない場合でも，契約の内容は確定していない以上，変更をする余地もあります。

他方で，中途採用等の求人票での労働条件提示と労働契約締結時の労働条件の提示の時期にほとんど差がない場合には，**その内容がそのまま契約内容になる**と解され，求人票に固定残業代・金額・時間等の記載がない場合に，固定残業代を労働契約の内容にするには，不利益変更（労契法９条・10条）の議論になります。

以上のように，求人の段階で示す内容が固定残業代の有効性に影響を与えることから，本社の人事部ではなく，現場が採用権限を付与している場合等は，固定残業代について明記された説明用の資料を作成し，採用当初から適切に説明を行うことが肝要です。

5　明確区分性

(1)　明確区分性とは何か

明確区分性とは，**労働者に支給している賃金について，①通常の労働時間の賃金に当たる部分と②割増賃金に当たる部分とを判別（①・②それぞれいくらかを計算）**することが可能であるかということです。

国際自動車事件判決は，労基法37条が同条に従って計算した金額の支払を義務付ける条項であると指摘したところ，判別できない場合は**同条の賃金を支払ったか検証ができなくなる**ため，固定残業代制は無効となります。

(2)　基本給に組み込む場合は金額明示を

明確区分性が上記のように，労基法37条の割増賃金部分を特定可能性の議論であるところ，理論的には，時間か金額のいずれかが特定できれば，特定（計算）は可能です。

この点について，固定残業代の有効要件のリーディングケースである高知県観光事件（最判平6.6.13労判653号12頁）は，歩合給である基本給への組み入れ型でしたが，明確区分性が時間・金額のいずれにおいて必要かの判断を示しませんでした。

しかるところ，基本給を暫定払いする約定が結ばれ，時間数明示タイプとも評価できる事案であったテックジャパン事件（最判平24.3.8労判1060号５頁）でも，最高裁の多数意見は特定の方法・程度について触れませんでした。しかし，櫻井龍子裁判官は，**支給時に時間数及び金額の両方が必要である等，明確区分性について厳格に解するべきとの補足意見**を示しました。

一般に，最高裁は補足意見を出して当該訴訟の周辺の問題点などを提示した後，それについて下級審がどういう判断をしていくかを見て，次のステップの判例を作るとされています。この一般論に基づき，**東京地裁を中心とする裁判官は，この櫻井補足意見を根拠に，明確区分性を厳格に解釈する傾向が今後のスタンダードになると予想（誤解）**しました。このため，これらの裁判官によって，金額明示タイプであったが時間数が明示されなかったことを理由の１つに無効とする裁判例（無州事件＝東京地判平28.5.30労判1149号72頁）や，本来は時間数のみで計算可能であるにもかかわらず，時間数明示の有効性を否定的にとらえる意見が示されました（白石哲編著『労働関係訴訟の実務』第１版・119頁（平成24年６月出版））。

しかし，その後の国際自動車事件判決（最判平29.2.28労判1152号５頁）では，労基法37条が同条に定められた方法により算定された額を下回らない額の支払を義務付けるに留まるとの**狭い解釈を示し**，かつ明確区分性について櫻井補足意見で指摘された金額及び時間数について特段要件として触れませんでした。これを受けて，その後の裁判例の流れが変わりました。

例えば，グレースウェイット事件（東京地判平29.8.25労経速2333号３頁）は，基本給組み入れ型であったところ，金額が特定されていれば時間の特定は不要と明確に示しました。また，時間数のみが特定されている場合も有効であると指摘する裁判例（鳥伸事件＝大阪高判平29.3.3労判1155号５頁）も出ています。

このような傾向の変化は，「精算合意と同様，時間数・金額いずれかの明示であっても計算式で未払額を算出可能でありながら，固定残業代を無効とすることの使用者への影響があまりにも公平を欠く」と感じていた裁判官が，国際自動車事件判決の後押しによって通常の判断に戻ったと見るべきです。

もっとも，上記指摘の時間数のみでは足りないと説いた白石哲裁判官が，上記国際自動車事件判決後である平成30年５月に出版した上記書籍の第２版では，計算式を周知している等の例外的な場合を除き，時間数のみの特定では有効性を認めないとの立場を維持しています（同書134頁）。また，上記の時間数のみの特定を有効と指摘する裁判例が下級審裁判例に留まることから，実務的には時間と金額の両方か，少なくとも金額を明示することが望ましいと思われます。

⑶　金額・時間数を明示する場合

現時点で金額・時間数を全く明示していないため，有効性を担保すべく明示するよう変更する場合には，その実態（特定する部分の性質が実態として時間外労働の性質を有しているか）にもよりますが，不利益変更の問題（労契法10条）も生じ得ます。

すなわち，現時点で明示をしていない場合，**形式的には固定残業代を含めた全額が通常の労働時間の賃金であると評価されるといえます。そして，これを明示すれば固定残業代を除く額を通常労働時間の賃金とすることとなり，実質的な基本給の目減りとも評価される可能性があります。**後記のように近時合意の真意性が問題になっていることに鑑みれば，明示にあたっては，後記第3節・1・(3)のように十分な情報を与えて真意の合意（労契法9条）によることが肝要です（山梨県民信用組合事件＝最判平28.2.19労判1136号6頁参照）。

(4)　手当型の場合は趣旨の混在の解消を

手当型の場合，固定残業代に相当する額自体が明確であっても，それが何時間相当かを明らかにしていない場合には明確区分性の議論は生じます。もっとも，計算可能である以上，明確区分性は時間数・金額の面からは，論点とされにくい傾向があります。

他方，手当型の場合は**趣旨の混在の点で問題となり**，①そもそも時間外労働の対価の性質を有するか，②有していても他の性質も含むかが問題となり，後者の場合は，その趣旨について判別（どの趣旨がいくらか等）がない限り，明確区分性がないと評価されます。

そのため，自社で趣旨の混在が生じていないかの間接事実の調査をし，趣旨の混在があった場合には，

①　趣旨の混在と評価される間接事実を解消する（名称の変更，営業成績に連動する等の計算方法を修正する等の実態の解消）
②　手当を2つに分ける（毎月の時間外労働数の平均値から残業代分を算出し，分ける）
③　手当の中で金額を分ける（5万円の業務手当について，時間外分3万円，インセンティブ分2万円等として賃金規程等に規定）

の3つの対応が考えられますが，当職の調査では，③について有効性を認めた公刊されている裁判例が現段階では見当たらない以上，①・②の対応が無難です。

⑸　複数の種類の残業代を含むことの明記を

残業代として含む範囲，換言すれば，①時間外労働，②休日労働，③深夜労働の**どの範囲で固定残業代を成立させるかの合意は当然に必要**です。単純に残業代を含むとする合意に留まる場合はこの点が問題になり得るので，就業規則，賃金規程等には必ず範囲を明記するべきです。実際，ファニメディック事件（東京地判平25.7.23労判1080号５頁）等はこの点を，明確区分性を否定する１つの理由としています。

複数の割増率が異なる残業代を固定残業代にする場合には，割増率が異なることから金額及び時間数を同時に示すことはできないので，単純に金額を示し，適正に計算をしたうえで精算を実施することが無難です。

複数の残業代を含む基本給組み入れ型の金額明示タイプの場合には，**金額の内訳**（時間外は○円，休日は○円，深夜分は○円）を要求していると読める裁判例（Y工務店事件＝東京地判平25.6.26判例秘書登載）が存在しますが，①現時点の当職の調査では，上記の裁判例以外でこの点を指摘した公刊されている裁判例は見当たらず，②上記指摘の国際自動車事件判決以前の事案であることや，③実態として内訳を示すと精算に相当な手間がかかることを勘案するとこの点を検討する必要性は低いものと思われます。

第３節　制度変更

１　制度変更論

⑴　総　論

平成29年の国際自動車事件判決以降，固定残業代の有効性を肯定する事案が増えたためか，近時，固定残業代は不利益変更（労契法10条）の点からも争われる事案が増えてきました。

入社後に固定残業代が導入されたような場合は不利益変更（労契法10条）の問題になります。他方，固定残業代の導入後に入社した場合は，特段の合意がなされない限り合理性（労契法７条）の問題になりますが，労契法７条は10条に比して有効性のハードルが低いためか，労契法７条違反が主張され争点となっている事案の数は多くありません。

なお，裁判例の傾向としては，変更の合理性（労契法10条）が正面から争われた事案は少なく，多くは不利益変更の同意（労契法９条）の有効性が主に争われています。

＊ 山本デザイン事務所事件（東京地判平19.6.15労判944号42頁）

平成17年１月時点で基本給55万円であったところ，これを基本給41万円，調整手当200円，業務手当11万6500円（固定残業代），深夜手当２万3300円にすることは，基本給を減額することを意味するから不利益変更であり，同意を得ていない以上，無効と判断しました。

なお本件は，判決文を読む限り，そもそも給与規程に残業代を含む等の記載はなく，かつ上記変更は，給与規程等を変更したわけではなく，給与明細の記載を変更したに過ぎない事案でした。したがって，変更後の就業規則周知等がなされた事案ではないので労契法10条は問題とならず，どちらかといえば労契法９条が問題となる事案であったといえ，本件は労契法９条の同意がないとして無効と判断したと評価できます。

＊＊ ワークフロンティア事件（東京地判平24.9.4労判1063号65頁）

本件は，雇用契約書に「残業代は基本給に含む」との規定があり，基本給以外は割増賃金を支給していなかったことから，労働基準監督署からの是正勧告を契機に，労働条件通知書に固定残業代にかかる記載（基本給の項目に「時間外労働45時間分の固定割増賃金○円を含む」）を設けたという事案です。裁判所は，同通知書の下部の「上記の労働条件に同意します」の横に署名させたことによって，固定残業代が労働契約の内容になったと評価しました。

上記は労契法９条の合意論であるところ，山梨県民信用組合事件判決以前の事件であることからか，合意の真意性について詳細な認定はしていません。寧ろ，当該労働条件通知書に同意しなかった原告についても，当該労働条件通知書に記載された労働条件に異議を留めることなく入社して就労し，記載されたとおりに賃金を受領していた事実をもって，固定残業代の黙示の同意が成立したと緩やかに認めており，現在の実務を考えるうえでは参考になるか評価が難しい事案といえます。

＊＊＊　**サンフリード事件（長崎地判平29.9.14労判1173号51頁）**

従前支給してきた物価手当，外勤手当，現場手当を固定残業手当にすることを意図し，就業規則等を変更した事案ですが，裁判所は，上記手当の合計額と固定残業代の金額が同額であることを指摘し，「労働者は，時間外労働が固定残業代を超える場合には，それまで支給されていた物価手当，現場手当，外勤手当，運転手当など固定残業手当に変更された金額に相当する賃金を失い，時間外労働が固定残業手当を超えない場合には，時間外労働に対応する割増賃金を失うことになるといえ，労働者の不利益に労働条件を変更するものである」と評価しました。そのうえで，原告らの同意がないことを理由に変更の効力を否定しました。

なお，被告側は，変更後の就業規則を労基署へ提出する際に労働者代表の意見書を添付していたことから，同変更に労働者の同意があったと主張しました。しかし，裁判所は，同代表が労使協定締結の過半数代表者の要件（労基則６条の２第１項）を満たしていなかったことから，労働者側が同意した事実を推認することはできないと判断しました。

原告らは労契法10条の点からも無効であるとの予備的主張をしていますが，被告がこの点を主張しなかったからか，判決では労契法10条についての判断を示しませんでした。

＊＊＊＊　**プロポライフ事件（東京地判平27.3.13労判1146号85頁）**

原告の賃金の支給項目を，以下のとおり変更した事案です。

【変更前】基本給月額35万円，家賃手当月額３万円

【変更後】基本給月額20万8800円，家賃手当月額１万5000円，家族手当月額１万5000円，職務手当月額11万7000円（時間外固定残業代），役職手当月額１万1700円（深夜固定残業代）及び調整手当月額１万2500円

裁判所は，総額に変更はないものの，①基本給が減じられている点，②職務手当及び役職手当が固定残業代の趣旨のものに変更されたことにより，当該時間分の割増賃金を請求できなくなるほか，基礎となる賃金が減じられることとなる点，③家族手当に関しては，その支給にあたって要件が定められており，その要件を欠くことになれば支給されなくなること等から，賃金に係る労働条件の切り下げに当たると評価しました。

そのうえで，**変更の目的は，主に残業代計算の基礎となる賃金の額を減ずることにあったと評価し，そのような目的やその合理性を明確に説明していないことから**，同意した旨の書証があっても，自由な意思に基づくものではないと評価し，

変更は無効と判断しました。
　なお，判決文からは，被告側は労契法10条により変更が有効となるとの主張はしていないように読めます。

(2)　制度変更は同意の取得が基本

ここで重要なのは，固定残業代の導入自体は，割増賃金の計算方法を労基法37条によるものから業務の繁閑を問わず，一定額を保証するものに変更するものに過ぎないので，基本的には不利益変更には該当しないということです。

不利益変更になるのは，**従前支給されていた賃金を切り出して固定残業代にするからです**。

例えば，企業において**賃金原資を新たに設け**，基本給や他の手当の金額を変えず，固定残業代を新設する場合は，不利益変更には該当しません。

他方，総額人件費を変えずに，基本給や他の手当を固定残業代に変更する場合は，同変更が不利益変更に該当します。このような内訳を変える場合は，①基本給の実質的な減額をもたらすこと，②割増賃金の基礎賃金の額が低下すること等の点からも労働者に与える影響が大きく，一般的には有効と認められるためには高度の必要性が必要です（労契法10条）。

上記のように賃金原資を新たに設けず，内訳の調整をする場合は有効性を肯定されるためのハードルが高いことから，実務的には，手間を惜しまず同意の取得（労契法９条）で処理することが肝要です。

(3)　同意の取得の際には十分な情報の提供を

山梨県民信用組合事件判決（最判平28.2.19労判1136号６頁）は，不利益変更によって，退職金額が０円になる可能性があったという事案です。

最高裁は，労働者が当面の退職金額と計算方法を知り，同意書の内容を理解したうえで署名押印したと認定しました。しかし，そのうえで最高裁は，使用者から一定の場合には退職金額が０円になる可能性が高いこと等の具体的な不利益の内容や程度についても情報提供や説明が行われる必要があったとしました。結論として，最高裁は，自由意思による合意と認めるに足りる客観的な事情がないとして，合意の有効性を否定しました。

この事件は，就業規則による不利益変更（労契法10条）はハードルが高いが，同意による不利益変更（労契法９条）は，同意書があれば乗り切れるという従前の実務対応に警鐘を鳴らしたものであり，**①合意による不利益変更による場合は，自由意思による合意と認めるに足りる客観的な事情が必要で，②①には，不利益の内容・程度に関する具体的な説明が必要**であることを示したものです。

これ以降，同判決を引用し，賃金は勿論，賃金以外の労働条件の不利益変更等の同意についても，同意の有効性を厳格に解する裁判例が相次いでいます。

例えば，ジャパンレンタカー事件（名古屋高判平29.5.18労判1160号５頁）は，期間の定めのない労働契約と同視できる状態であった有期雇用契約の労働者の従業員について，固定残業代を新設した内容で雇用契約を締結（更新）した事案です。裁判所は，その変更は基本給を減額し，算定基礎となる金額を減額することが主たる目的であったと評価し，その目的等について詳細な理由の説明がなかったことを理由に合意の有効性を否定しています。

また，ビーダッシュ事件（東京地判平30.5.30労経速2360号21頁）は，期間の定めのない従業員について年俸額に残業代を含むとされているのみで明確区分性を欠いた事案です。裁判所は，被告が社労士の指導のもと明確に区分することを内容とする変更を実施しており，また固定残業代に係る雇用契約書に原告が押印し，かつ被告も変更の一定の説明は実施したという事実を認定しながら，**上記変更前においては明確区分性を欠くことから残業代が発生していた可能性がある等の説明をしていない等の事実を指摘し**，説明内容が不正確かつ不十分であったとして有効性を否定しました。

上記の２裁判例を見ると，いずれも使用者側としては説明の内容・方法に苦慮する事案であり，とりわけ後者は，変更前の規定が無効であることの説明まで求められるように読めます。しかし，そのような説明は他の残業代の請求を誘発する可能性を孕んでいるため，これらの裁判例はバランスを欠くとの感を否めません。

上記のような裁判例が存在する以上，**同意の取得にあたっては，他の労務リスクとのバランスを取りながらも慎重に説明を行う必要があります**。

制度を変更する場合には，例えば以下のような方法で十分な情報提供等を行い，また，説明内容の正確性を指摘されないように正確かつ均一な説明をすべく，事業所単位ではなく本社主導で実施することが望ましいです。

【対応の基本的なスタンス】

① 不利益の程度について，計算式だけではなく，実際のシミュレーションを何パターンか用意して説明をする。また，確率を可能な限り数値で示す。

② 正確な情報を提供し，変更の必要性について「働き方改革の一環」等の抽象的な言葉ではなく，数値や実際に起きている問題等を具体的な事実ベースで説明する。

③ 説明から同意取得まで十分な期間を置く。

④ 暫定措置や代替措置を講ずることで同意を受け入れるインセンティブを説明する。

⑤ （可能な限り）資料の配付に留まらず，説明会を開催し，質問には回答する。

⑷　手当の趣旨の変更

従前の固定残業代以外の手当，換言すれば固定残業代の対価としての性質を有していない手当（家族手当，住居手当等）を固定残業代に変更する例があります。仮に上記変更をしたが何ら実態は変わらないという場合には，**労働者から他の手当相当額の賃金を奪うことになるため，就業規則の変更によるのであれば高度の必要性が要求され，個別同意取得によるので**

あれば十分な情報提供をしないと，形式的に同意があっても無効となります。

のみならず，変更前後で実態は変わらず，賃金規程等を変えただけの場合は，変更後の手当に過去の手当の性質を含むとして，固定残業代の有効性のうち，趣旨の混在の点からも問題視されます（マーケティングインフォメーションコミュニティ事件＝東京高判平26.11.26労判1110号46頁）。

次善の策ではありますが，変更前の手当の性質を調査し，以下の対応を採るほかないと思われます。

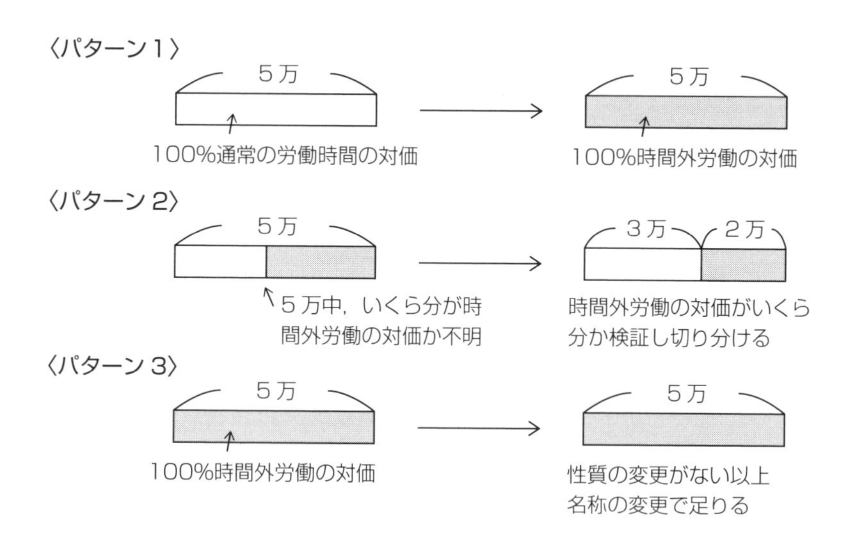

【パターン１】

全く時間外手当の性質を有していない場合は，暫定措置等を講じて同意を受け入れる十分なインセンティブを示す等して同意を取得するほかないが，不利益が極めて大きいので同意の真意性がシビアに問われる。

仮に過半数労組があるのであれば，労働協約で行う等の手段も検討に値する。

【パターン２】

時間外の性質を一部有する場合（かつ明確区分性がない場合）は，一定程度は残業代の趣旨であったことを前提に，上記の趣旨の混在の解消の議論になる。

【パターン３】

時間外の性質を完全に有する場合は，規定の明確化に過ぎないから，同意は必須ではなく，名称の変更等の対応で足りる。

2　固定残業代の廃止

訴訟等で有効性が否定される可能性が高い場合等には，制度自体を廃止することがあります。

固定残業代は，業務の繁閑を問わず，固定的に支払われる賃金であるところ，固定残業代制の廃止は，労働者から毎月固定で安定的な収入を失わせることになるので，不利益変更に当たります。

この場合には，実態を調査した結果，①恒常的に時間外・休日労働が生じることがなくなった場合や，②実際の時間外労働時間数と支給している固定残業代の金額との間の乖離が顕著であった場合等には，固定残業手当を廃止する必要性が認められる可能性があります。

労働者の被る不利益の程度は，廃止する固定残業代の金額が１つのメルクマールとなります。例えば，基本給20万円でそれに加えて毎月５万円を固定残業代として支給していた場合等，労働者の生活費に占める固定残業代の割合が高い場合に，この金額が（固定で）支給されなくなることは大きな不利益と見るべきです。

また，職務の内容に照らして毎月や毎年単位で見た場合に残業時間数（残業代）の変動が大きいか等も考慮要素になります。仮に変動の幅が大きい場合に固定残業代を支給していたとすれば，それは労働者にとって大きな利益であり，これを廃止する不利益は大きいと見るべきです。

金額や変動の幅の点から見て不利益の程度が大きい場合には，一度に廃止するのではなく，段階的に廃止する等して労働者の被る不利益を緩和する措置を講じつつ変更を実施することが不利益変更の合理性（労契法10条）を担保するうえで重要です。

第４節　固定残業代制のその余の問題

1　役職手当の充当論

(1)　役職手当

管理職層について，労基法41条２号の「監督若しくは管理の地位にある者」として扱い，地位，職務，権限，責任等の対価として役職手当を支給することがあります。

企業において労基法41条２号の「監督若しくは管理の地位にある者」として処遇してきたが，訴訟になって管理監督者に該当しないと判断され，労基法37条に割増賃金の支払義務を負う際，当該従業員についてそれまで支払われてきた役職手当等について，これを割増賃金（労基法37条）として充当できるかが問題になります。仮に充当できれば，算定基礎賃金から除外でき，かつ支給していた役職手当の限度で残業代の支払を免れます。

「充当論」は，役職手当等の一定の手当が「時間外労働の対価の性質を有するか」が問題になり，有する場合には，①算定基礎賃金から除外でき，かつ②支給していた役職手当の限度で残業代の支払を免れるというものです。

他方で，後述する「返還論」は，労働基準法37条とは関係なく，契約の解釈が問題になります。

すなわち，当該役職手当について時間外労働の対価の性質の有無は問題にならず，専ら「当該役職手当の**支給要件を満たしていたか**」という民事合意の評価が問題になり，満たしていない場合には労働者は法律上の原因なく（当該役職手当の）給付を受けたことから，使用者から当該支給を受けていた労働者に対して不当利得返還請求権（民法703条・704条）が発生するというものです。

(2)　役職手当の充当の有効性の判断枠組みは？

例えば，山本デザイン事務所事件（東京地判平19.6.15労判944号42頁）では，管理職として労基法41条２号に該当すると扱われてきた従業員について，労基法41条２号の適用を否定し，そのうえで管理職になって以降支給されていた役職手当（毎月３万円）について，時間外労働の対価としての性質を有するとして，残業代の未払分から控除すると判示されました。

近時では，クルーガーグループ事件（東京地判平30.3.16労経速2357号３頁）においてNHKの受信料回収業務を受託する会社の支店長として労基法41条２号に該当するとして扱われ，かつみなし残業代として月５万円の支給を受けていた従業員について，権限が不十分であることを主な理由に労基法41条２号の適用を否定しました。そのうえで，みなし残業代については，**国際自動車事件「後」の事件であるにもかかわらず，固定残業代に関する最高裁判決を引用せず**，営業成績等の時間外労働数以外の要素によって支給されないことがあること等を指摘し，時間外労働の対価以外の性質を含むこと等を理由に充当を否定しました。

これらの役職手当の充当に関する裁判例の傾向としては，以下の３点が指摘できます。

【役職手当の傾向】

① 基本的に固定残業代に関する最高裁判例である高知県観光事件（最判平6.6.13労判653号12頁）等を引用していない。

② 充当が肯定された事案は基本的に，①固定残業代の合意は問題になりうるが，②明確区分性が問題になり得ない**「全額」が残業代の性質を有する事案である**（上記山本デザイン事務所事件，ユニコン・エンジニアリング事件＝東京地判平16.6.25労経速1882号３頁，岡部製作所事件＝東

京地判平18.5.26労判918号５頁）。
③　趣旨の混在が問題となる明確区分性が問題になる混在型（東建ジオテック事件＝東京地判平14.3.28労判827号74頁）ではいずれも否定されている。

この点，役職手当の充当について，そもそも国際自動車事件判決が示した判断枠組みの射程が及ぶかは議論の余地があります。

当職としては，役職手当の充当に関しては，①設定当初の段階で労基法37条に基づく支払を予定していないため精算の合意・実態が想定し得ない，②労基法41条２号を適用されずかつ充当を認めないと，契約当事者が想定していない程度に年収（残業代を含めた金額）が相当高くなるという等の特殊事情があることから，少なくとも国際自動車事件判決の示した判断基準（①固定残業代の合意，②明確区分性）のうち，**①の固定残業代の合意に関する要件の認定に関してはやや緩和すべき**と思われます。

ただし，管理職手当の充当の裁判例を固定残業代の裁判例として紹介する記述から，同様の判断枠組みで考慮すると考えている裁判官が存在すること（白石哲編著『労働関係訴訟の実務』第２版128頁），労基法41条２号が関係するとはいえ労基法37条の支払の有無の問題であり国際自動車事件判決の基準を用いない明確な理由を欠くこと等からは，実務対応としては，保守的に考え，同判決の判断枠組みがそのまま及ぶと考えることが適切です。

⑶　労基法41条２号の適用の範囲を含めて

まず，自社の管理職層のうち，労基法41条２号の要件を優に満たす層については，労基法41条２号の適用を維持することで問題ありません。

次に，労基法41条２号の要件該当性に疑義のある層については，**労働契約上は管理職として扱い，他方で労基法41条２号の適用はないことを前提に役職手当を固定残業代に変更等します。**

現在の時点で，どの程度の時間外労働の対価の性質を有しているかを検証し，その限度で別の手当に切り出すか，あるいは不利益変更（労契法10条）になりますが，全額を固定残業代に性質変更することも検討に値します。

【方法論】
・役職手当（７万：７万のうち５万は固定残業代の性質）→役職手当２万，固定残業代５万
・役職手当（７万：同上）→固定残業代７万（２万の限度で不利益変更の余地）

なお，疑義のある層について，労働契約上の管理職として扱うにとどまらず，労基法41条２号の適用があることを前提にするのであれば，**役職手当について労基法41条２号の適用があることが支給条件**であると規程上明示する等して，訴訟等において労基法41条２号の適用が否定された場合に返還請求（民法703条）が可能な余地を残すべきです。

近時，社会福祉法人恩賜財団母子愛育会事件（東京地判平31.2.8労経速2387号17頁）では，管理職手当の支給要件について「管理又は監督の地位にある職員」と給与規程に記載があったところ，裁判所は，同規定は「監督若しくは管理の地位にある者」（労基法41条２号）を意味すると評価し，訴訟の結果，労基法41条２号の適用が否定された際に，使用者から労働者への返還請求を認めました。

この事案のように，役職手当を支給するのであれば，支給要件については，**労働契約上の管理職ではなく，労基法41条２号の適用がある者であることを明示すること**が肝要です。

ただし，実際の訴訟では役職手当の返還請求の消滅時効が10年であり（民法166条１項），他方で残業代の消滅時効が２年（令和２年４月１日以降は３年）であるところ，差額分である７から８年分については権利濫用

（民法１条３項）と評価される可能性があると思われます。

2　高所得労働者

(1)　年収が高額であることは固定残業代の合意の存在を基礎付けない

管理監督者（労基法41条２号），労働時間がみなされる裁量労働制の適用を受ける社員（同法38条の３・38条の４）及び高度プロフェッショナル制度（労基法41条の２）以外の一般社員に年俸制を適用した場合は，労働時間管理を行い，労基法37条に従い割増賃金の支払義務を負うところ，この場合に年俸の一定額を固定残業代として設定することがあります。

訴訟等において「年収が高額である事実」や，「年俸制を採用している事実」から当然に年俸に固定残業代が含まれていたとの主張を見ることがありますが，**両事実は固定残業代の合意の存在を基礎付けるものではない**ので，固定残業代の合意が必要であることは当然です。

(2)　医療法人社団康心会事件最判（平29.7.7労判1168号49頁）

年俸1700万円の中に時間外労働等の割増賃金を含むとの合意のあった勤務医（労基法41条２号等は適用されていない）について，同勤務医の雇用契約書には，時間外規程に基づき支払われるもの以外の時間外労働等に対する割増賃金について，年俸1700万円に含まれることが合意されていましたが，他方で年俸のうち時間外労働等に対する割増賃金に当たる部分（1700万円のうちいくらか）は明らかにされていなかった事案です。

過去にはモルガンスタンレー事件（東京地判平17.10.19労判905号５頁）が，基本給だけでも月額183万円を超える高額の報酬を受けている裁量性の高い労働者について，①給与が労働時間を対象にしていないこと，②労働時間管理がなされていないこと，③高額の報酬を受けていたことから，支給される毎月の基本給の中に所定時間労働の対価と所定時間外労働の対価とが区分がされることなく入っていても，労働者の保護に欠けることがなく労基法37条の制度趣旨に反することはないと判断しました。

本件の控訴審（東京高判平27.10.7労判1168号55頁）も，同様の見解に立ち，①裁量性が高いこと，②給与額が相当高額であることを指摘し，明確区分性は不要と解したうえで，年俸の中に含まれていたと評価し控訴を棄却しました。

しかしながら，最高裁（最判平29.7.7労判1168号49頁）はそのような立場に立たず，国際自動車事件判決を引用のうえ，**明確区分性の要件はもちろん，同区分性を前提とした場合に割増賃金の額を下回らないかという基準が高所得労働者（年俸制適用）にも適用があることを示しました**。そのうえで最高裁は，上述の1700万円について通常の労働時間の賃金と時間外労働の対価分の賃金との区分がないことを理由に原審に差し戻しました。差戻審では，明確区分性を欠くことを理由に労基法37条の賃金を支払ったことにはならないと判断されています（東京高判平30.2.22労経速2343号16頁）。

「年収が高額である事実」や，「年俸制を採用している事実」が明確区分性の適用を排除（又は緩和）するものではないことに留意が必要です。

⑶　内訳の明示が必要

上記のように年収が高い場合や，年俸制の場合でも，①固定残業代の合意，②明確区分性を肯定できる規定が必要であるので，雇用契約書や就業規則においては，固定残業代であることを示したうえで，年俸総額を基本給と割増賃金部分に明確に分けて記載をすることが重要です。

この場合に，月ベースの金額を出さないで１年ベースで●円（●時間）と明示し12分割をするとの解釈も採れなくはありませんが，労基法24条・37条が月単位であることから月単位で金額・時間を明示するのが適切です。

【明示のイメージ】

１　年俸額●円に時間外労働，休日労働，深夜労働分を含む。
→×

２　年俸額●円に時間外労働，休日労働，深夜労働分として●円を含む。
→△

３　年俸額●円中，時間外労働，休日労働，深夜労働分の月●円（年●円）を含む。→○

年俸制の場合に固定残業代を組み入れる場合には，賞与分の処理が問題になります。

このうち，変動賞与の場合には，変動賞与は算定基礎から除外できることから（労基法37条５項，労基則21条），変動賞与額を除いた額を12等分して月額を算出し，その額のうちいくらが固定残業代かを特定することになります。

他方，変動賞与ではない場合には，算定基礎から除外できないことから（平12.3.8基収78号），算定基礎計算において具体的にどのように処理するかが問題になります。

例えば，年俸1800万円（固定賞与として300万円ずつ，６月と12月に支給）の場合の600万円の処理については，以下の２通りの考え方があり得ます。

①　支払われた月（６月と12月）に限定して算定に用いる。具体的には，６月と12月以外では（1800万円－600万円）÷12カ月＝100万円とし，６月と12月はこれに300万円をプラスした400万円とする。

②　支払われた月に限定せず１年全体で考慮する。具体的には，どの月においても1800万円÷12カ月＝150万円とする。

この点については，以下の通達があり，②の考え方で問題ないとの解釈が示されています。

> 平12.3.8基収第78号
> （略）
> 賞与部分を含めて当該確定した年俸額を算定の基礎額として割増賃金を支払う必要がある。
> よって，事案の場合，決定された年俸額の十二分の一を月における所定労働時間数（月によって異なる場合には，一年間における一カ月平均所定労働時間数）で除した金額を基礎額とした割増賃金の支払を要し（以下，略）

(4) 内訳を明確にする場合に高度の必要性を要するか？

年俸の総額を変えずに内訳を明確にする場合（年俸総額を，基本給部分と固定残業代部分に分ける場合）には不利益変更（労契法９条・10条）となります。

なお，①年俸額自体を年俸決定権に基づいて改定時に決定することと，②内訳を明示して時間外労働の対価部分を明らかにすることは性質が全く違うことには留意が必要です。

②の場合，**年俸が全く固定残業代の性質を有していない場合において**，固定残業代に性質を変更するのは，通常労働時間分の賃金を時間外労働の対価にするという意味で**賃金の性質を変更するものであり，基本給の目減りと評価できます。したがって**，変更には極めて高度の必要性が要求され，かつ不利益の程度が顕著であることから，情報提供のうえで同意を取得しても自由意思と評価される可能性は少ないと思われます。

他方，本人の業務の内容や市場における担当業務の賃金相場等の諸事情から，年俸にそもそも一定額の固定残業代が含まれていたと評価できる場合には，不利益変更として有効と評価される余地及び同意の自由意思性が肯定される余地があります。例えば，業務の内容から客観的に800万円程度が相場であった場合に，特段の理由なく1200万円程度の年俸の支給を受けていた場合には，差額の400万円分に，事実上，一定の残業代の対価が含まれていたと見る余地はあります。

上記のように年俸の中にそもそも一定額を含むと評価できる場合の実務対応としては，就業規則を変更のうえ，説明会を実施し，年俸改定時等に同意書の取得で対応するのが肝要です。とりわけ，年俸（評価に対応する部分）自体が下がる場合に，内訳を明示する場合には労働者の不利益が相当程度大きいので，情報提供を十分に行い，一定の経過措置等を検討のうえ，同意をすることのインセンティブを示して同意の真意性を否定されないようにすることが肝要です。

＊　賞与部分の処理の２つの問題

第１に，賞与を含む年俸制の場合，①変動する賞与は支給を保障されていないものであり，②他方で変動しない場合は，保障された賃金であり基本給と同視できます。

①の場合には，そもそも支給を保障していないので，会社に裁量があるので賞与の支給を「ゼロ」にして，別途固定残業代を支給するという実務対応をとることが可能です。

他方，②の場合は基本給と同視でき，そのため時間外労働の対価の性質を有していないので，同部分を固定残業代とする，換言すれば性質を変更することのハードルは高いと評価すべきです。

第２に，年俸の改定時には，①年俸「額」及び，②年俸の「支給方法」が問題になり，年俸額に固定残業代を含ませることは②に関することです。年俸の改定は，新たな合意の提案ですので，①及び②を提案し，少なくとも②については合意を得ることが肝要です。

3　労働時間管理との関係

(1)　労働時間管理とその反映を

訴訟において固定残業代制の有効性を否定されず，かつ労基法37条の不払がないようにするには，**企業における労働時間の把握とその固定残業代制度への反映（金額及び時間数の調整等）**が重要です。

固定残業代は労基法37条の割増賃金の支給であるので，時間を金額に引き直した場合に，労基法37条の金額と固定残業代の額の乖離が大きいと時間外労働の対価としての性質が弱くなる，換言すれば，他の性質を持つことが推認されることになりかねません。

【労働時間のサイクル】

① 時間外労働時間数の調査・恒常的に時間外労働等の発生する層（部署，業務内容）の特定

↓

② 固定残業代の引き当てとなる時間，固定残業代の対象の設定（関西ソニー販売事件，アクティリンク事件）

↓

③ 労基法37条に従った割増賃金額の計算

↓

④ 精算の実施（固定残業代の合意の１つの有効な間接事実になる）固定残業代－上記③の金額

↓

⑤ 実際の労働時間数との顕著な乖離がある場合は是正を（日本ケミカル事件）

→どの程度の乖離で是正するか，どの程度細かく是正すべきかは，今後の裁判例に留意

⑵ 時間外労働時間数等を調査のうえで固定残業代を設定すること

時間外労働時間数を調査のうえ，固定残業代の時間数を決定した事実は固定残業代の合意の存在を基礎付ける事実となります。例えば，関西ソニー販売事件（大阪地判昭63.10.26労判530号40頁）では，基本給の17％の金額であるセールス手当の性質が争点になったところ，会社は当該割合を決定するうえでセールスマンの時間外勤務時間が平均して１日１時間で，１カ月で合計23時間であることを調査した事実を１つの根拠に，時間外労働の対価の性質を有すると判断しました。

そのため，今後固定残業代を設定する場合には上記の点に留意すべきで

あり，その際には必ず自社において調査を実施し，訴訟に備えて調査の記録を残すことが望ましいです。

なお，労働時間数に応じて可能な限り個別（部単位，業務内容単位，職位単位等）に固定残業代を設定することが望ましいですが，実際には労務管理の手間等とのバランスを考慮して設定することになると思われます。

⑶　実態との是正の解消

日本ケミカル事件（最判平30.7.19労経速2358号３頁）は，固定残業代で設定された時間外労働時間数と実際の時間外労働時間等の状況の乖離の程度が少ない事実が，固定残業代の合意を基礎付ける重要な間接事実であることを示しました。

定期的に実際の時間外労働時間数と固定残業代の時間数との是正を図ることが固定残業代の合意を基礎付けるためには重要です。

ただし，**日本ケミカル事件は，どの程度の乖離があれば対価性を観念できなくなるかの基準を全く示していません**。

また，同事件は①雇用契約に係る契約書等の記載のほか，②使用者の労働者に対する説明，③労働者の実際の労働時間等の勤務状況の３つを重要な間接事実であるとしましたが，**①乃至③の関係性（どれが一番重要な間接事実か等）について明示しておらず，とりわけ，①・②が特段問題のない場合に，③のみによって無効になるか明らかではありません**。

実際，日本ケミカル事件後の固定残業代を無効とした裁判例においては，①・②に十分な問題があるケースで，③については補足的に指摘するに留まっています。

日本ケミカル事件最高裁判決は，理論的には細かくかつ頻繁に是正を図ることが望ましいとも読めますが，上記のように今後の裁判例によるところが大きいので，まずは①・②の点を適切に行い，③の点については，労務管理との兼ね合いで随時実施をすることで足りると思われます。

＊　WINat QUALITY 事件（東京地裁平30.9.20労経速2368号15頁）

被告が，種々の項目で支給されていた賃金のうち「基本給802円×８時間」に当月の勤務日数を乗じて算出される金額を超える部分が，固定残業代であると主張しました。

雇用契約書の「時間外労働，休日労働の有無」欄

「時間外労働有　(基本給802円×８時間)，(基本給802円×1.5倍）×４時間(時間外労働)」

雇用契約書の「賃金」欄

「日給　１万3000円（日給は下記手当を含んだ金額）

時間外手当　4812円

無事故手当　1772円」

裁判所は，上記日本ケミカル事件最高裁判決を引用し，①**雇用契約書上**，「無事故手当」として基本給に含まれている部分も，時間外労働等に対する割増賃金として支払われたものになるが，本件規定及びこれに整合する「時間外手当」の定めがありながら，これとは別個の手当として定められた「無事故手当」が，その名称にかかわらず，時間外割増賃金等の趣旨で合意されたとはにわかに解しがたく，②被告の主張に沿う**説明**が明確になされたとの事実を認定することが困難であること，③被告の主張を前提にすると，原告Ａについては199時間，原告Ｂについては145時間の時間外労働が予定されていたことになるが，別紙で認定される原告らの時間外労働等の時間数を大きく上回るものであり，原告らの勤務実態と乖離するから，有効とは言えない指摘し，あくでも①②に問題があったことを前提に③を補足的な理由として無効との判断を導いています。

4　法内残業の取扱い

上記で述べた判例による固定残業代制の要件は，法定内時間外労働（法内残業）には及びません。例えば，所定労働時間が７時間30分の場合に，８時間までの30分について賃金をどのように払うかは，上記で述べてきた固定残業代制の有効性に関する議論ではなく，単純に就業規則等の定めに従うことになります。

＊　HSBC サービシーズ・ジャパン・リミテッド〔賃金等請求〕事件（東京地判平23.12.27労判1044号５頁）

年俸制の事案ですが，法定時間外労働及び法内時間外労働を年俸の中に含めていたとの会社側の主張に対して，①法定時間外労働分については，明確区分性の要件を満たさないことを理由に，労働者側の割増賃金請求を認めましたが，②法内残業部分については，明確区分性を特段問題にせず，年俸に含むものとする旨の合意によって賃金支払義務は消滅しているとしました。

＊＊　国際自動車事件（最判平29.2.28労判1152号５頁）

法内時間があったところ，原審は，規定のうち法内時間外労働や法定外休日労働に係る部分を含む割増賃金の控除部分全体が無効と判断しましたが，最高裁は法内時間外労働や法定「外」休日労働に当たる部分とそれ以外の残業に対する部分とを区分して判断すべきとしました（労基法37条は後者しか規制しない）。これは上記のように法内残業についての割増賃金の支払義務の有無は，労働契約の定めに委ねられていることから当然です。

第6章 歩合給と割増賃金

第1節 歩合給とは

1 歩合給の意義

「歩合給」とは，一定期間の稼働による売上高に一定の歩合を乗じた金額を給与として支払う，いわゆる**出来高払制（労基法27条）の一種**のことです。例えば，タクシーのドライバーや，営業社員等に対してこの賃金システムが見られます。

労働者個人の月間の売上高に一定の歩合率を乗じて賃金の全額を歩合給とする場合や，業績手当等という名称で賃金の一部を歩合給としている場合もあります。

重要なのは，このような全部又は一部の歩合給制においても，時間外労働等を行った場合には，使用者には割増賃金（労基法37条）の支払義務があるということです。

2 時間外割増賃金

(1) 歩合給制の場合の時間外割増賃金の算出方法

歩合給制の場合には，以下のア・イの2点において割増賃金の算出方法が月給制等の場合と異なります。

ア　総労働時間数で割ること

日給制や月給制等の場合の割増賃金は，法定時間外労働１時間当たりに支払われる通常の賃金（＝１）に，割増賃金率（＝0.25）を乗じて計算される額を加えて算出されます。そして，日給制・月給制の場合の基礎賃金は，日給や月給等を**所定労働時間数**で除して計算することは，第４章・第２節で述べたとおりです（労基法37条１項，労基則19条１項２号・４号）。

これに対して，歩合給の場合の基礎賃金は，歩合給制（出来高払制その他の請負制）によって計算された賃金の総額を当該賃金算定期間における**総労働時間数**で除した金額です（労基法37条１項，労基則19条１項６号）。

このように，日給制や月給制等と歩合給制の場合に基礎賃金の算出方法が異なるのは，日給や月給が労働契約上の**所定労働時間に対する賃金**として支払われるのに対して，歩合給は，**労働者が実際に労働した全ての時間**に対して支払われているという違いがあるからです。

イ　割増率は0.25で足りること

日給制や月給制の場合に割増率に争いがあることは第４章・第１節で述べたとおりですが（25％説，125％説），歩合給制の場合には，歩合給が上記アで述べたとおり実際に労働した全ての時間に対する対価であることから，時間外労働の「１」の部分はすでに支払済みであるので，**0.25分の支給で足ります**（昭23.11.25基収3052号，昭63.3.14基発150号，平6.3.31基発181号参照）。

＊　**名鉄運輸事件（名古屋地判平3.9.6労判610号79頁）**

歩合給の場合の割増率について，「また，日給制や月給制によって賃金が定められている場合には，通常の労働時間の賃金にかけるべき割増率は1.25であるのに対し，出来高払制その他の請負給制によって賃金が定められている場合には，**時間外における労働に対しても通常の労働時間の賃金（右割増率の１に相当する**

部分）はすでに支払われているのであるから，割増部分に当たる金額，すなわち時間当たりの賃金の2割5分以上を支給すれば足りる」と判示しています。

(2)　歩合給制の場合における時間外割増賃金の算出方法の具体例

以下では，事例を用いて時間外割増賃金の算出方法の具体例を示します。

【事例6－1】

1日の所定労働時間は8時間，1カ月の所定労働時間が176時間の会社において，ある年の6月（6月1日は月曜日），ある歩合給制の労働者の労働時間は次の表のとおりでした。総労働時間は216時間で法定時間外労働時間は40時間です。同労働者のこの月の売上高は176万円でした。

（単位：時間）

日	月	火	水	木	金	土
	8	10	10	12	8	8
休	8	9	8	10	8	8
休	8	8	9	8	8	休
休	10	8	9	9	8	8
休	8	8				

ア　完全歩合給制の場合

上記の事例において，売上高の10％を賃金として支払うという労働契約となっている場合について考えます。

1カ月の売上高が176万円だったので，その10％である17万6000円が歩合給として支払われます。この場合，この17万6000円は，当該1カ月間の所定労働時間に対する対価ではなく，総労働時間（216時間）に対する対価です。

法定時間外労働となる40時間分については，別途時間外割増賃金を支払う必要がありますが，この40時間については1カ月間の総労働時間の一部として通常賃金（1の部分）が支払われていますので，時間外割増賃金の

１時間当たりの単価は，通常賃金に割増率を乗じた額（0.25部分）のみになります。

- 歩合給＝17万6000円
- 時間外割増賃金＝17万6000円÷**216時間**×**0.25**×40時間＝8148円

＊　**法定休日労働の取扱い**

例えば，上記事例において第１日曜日（６月７日）が法定休日で，その日に８時間勤務した場合には，法定休日労働に対する割増賃金の計算式はどうなるかを考えます。

労基則19条１項６号は，「総労働時間数」とのみ規定し，時間外労働の場合と休日労働の場合とで特に差を設けていませんので，法定休日労働分も「総労働時間数」に含めて計算します。したがって，当該法定休日労働分の割増賃金は，以下の計算式により求められます。

17万6000円÷（216時間**＋８時間**）×**0.35**×８時間＝2200円

なお，厚生労働省労働基準局に電話で確認したところ，上記の計算式で問題ないとの回答を得ています。

イ　一部歩合給制の場合

次に，上記の事例で，月給が20万円で，それに加えて売上高の５％を業績手当として支払うという労働契約になっている場合を考えます。

このように賃金の一部が歩合給の場合には，①歩合給部分とそれ以外の部分の１時間当たりの金額にそれぞれの割増率をかけて，②両者を足して１時間当たりの時間外割増賃金を算出します。

【月給部分】

- 月給＝20万円
- 月給部分の基礎賃金＝20万円÷176時間（所定労働時間）＝1136円
- 月給部分の時間外労働１時間当たりの金額＝1136円×**1.25**＝1420円

【歩合給部分】

- 歩合給＝176万円×0.05＝８万8000円

- 歩合給部分の基礎賃金＝８万8000円÷216時間（総労働時間）＝407円
- 歩合給部分の時間外労働１時間当たりの金額＝407円×**0.25**＝101円

【時間外割増賃金合計】
時間外割増賃金＝（1420円＋101円）×40時間＝６万840円

第２節　歩合給該当性

１　問題の所在

歩合給の場合には，日給制や月給制によって賃金が定められている場合と比較して割増賃金の１時間当たりの金額が相当程度低くなります。そのため，訴訟等において一定の手当等が，歩合給なのか月給等の固定給なのかが争点になることがあります。

＊　１時間当たりの金額が，日給制や月給制に比べて低くなるのは，第１節・２のとおり，①賃金総額を総労働時間で割ること，②割増率が0.25で足りるからです。

２　考え方

この点，菅野和夫教授は，（労基法27条の）出来高払制を，「労働者の製造した物の**量・価格や売上げの額**などに一定**比率**を乗じて額が定まる賃金制度」と定義しています（菅野和夫『労働法（第12版）』458頁）。

この定義からすれば，歩合給該当性において重要なのは，①一定の**成果**に正**比例**して，歩合給として支払う賃金の額が確定するということです（「成果」は，「実績」との表現も考えられますが，以下では「成果」とします）。

また，②成果以外の要素により歩合給として支給する賃金の額に多少の増減等があっても，歩合給として支給する賃金の**主要な部分（額）**が成果によって決定されている場合には，歩合給に該当するというべきです。

歩合給該当性の判断手法について，当職の考え方を整理すると以下のようになります。

ア　「成果」を特定する（金銭的な成果のみではない）。
イ　歩合給として支給する賃金の額が，アの成果と正**比例**の関係にあるか（成果が上がれば，賃金額が上がる関係にあるか）。
ウ　成果以外の要素で，歩合給の金額が決定されているとしても，**主要な部分（額）**が成果によって決定されているか。

例えば，一部歩合給制のタクシー運転手の場合で，基本給15万円以外に売上の３割を算出し，当該金額から月１万円程度の「燃料費」を引いて運行手当として支給していた場合を考えます。ある月の売上が60万円であった場合，当月の運行手当は，60万円×0.3－１万円で17万円となります。

この場合には，成果は「売上」（タクシー乗務料）であり（前記ア），３割を支給する関係にあるので，成果（売上）と運行手当（歩合給）の額は正比例関係になります（前記イ）。

そして，運行手当から月１万円程度の燃料費が引かれていたとしても，運行手当の主要な金額は成果（売上）で決定されていますので（前記ウ），上記の運行手当は歩合給に当たります。

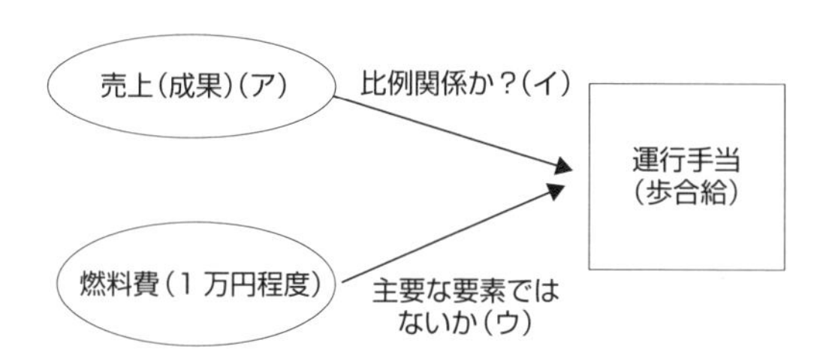

3　裁判例

以下では，2で説明した考え方をもとに，歩合給該当性が争点になった裁判例を説明します。

(1)　肯定例

ア　タマ・ミルキーウェイ事件（東京高判平20.3.27労判974号90頁）

配送運転手の1日の運行における荷主からの**運賃**に，乗車する車両の**種類**（小型車，中型車，大型車等）ごとに設定された一定の数値を乗じたものを月ごとに合算して計算される手当である「変動手当」が歩合給に当たるかが争点になりました。

これについては，裁判所は以下のように判示して歩合給該当性を肯定しました。

> 「変動手当の算定には，配送運転手が実際に従事した輸送量等に応じた**売上げ**が反映されているとみることができ，してみると，同手当は，配送運転手の業務遂行の成果ないしこれに応じた売上高に応じて額が定まる性格のもの，すなわち『出来高払制』に当たるというべきである。」

この事案は，「売上げ」を「成果」として（前記ア），運賃に一定の数値を乗じて算出される変動手当の額が，一定の比例関係にあると評価し（前記イ），歩合給に該当すると評価したものです。

イ　ヤマト運輸〔業務インセンティブ・控除措置〕事件（大津地判平23.1.27労判1035号150頁）

セールスドライバー（ＳＤ）に以下の計算式で支給されていた「業務インセンティブ」が歩合給かが争点になりました。なお，②の店所業績インセンティブは，500円から900円程度でした。

業務インセンティブ＝

①個人業績インセンティブ〔インセンティブ評価額（集荷純収入×評価率＋配達純収入×評価率＋販売純収入×評価率）－控除額（１日当たりの総労働時間×時間単価300円）〕
＋②**店所（センター）業績インセンティブ**
＋③日標労働時間達成加算（月額）

これについては，裁判所は以下のように判示して，歩合給該当性を認めました。

「業務インセンティブの**中心は，内容的にも金額的にも**個人業績インセンティブであると認めるのが相当であり，個人業績インセンティブは，ＳＤ個人の集荷・配達・販売という業績に基づいて計算されるものであり，また，時間的要素を斟酌した300円控除措置が講じられているけれども，出来高給の性質上，時間的要素を斟酌することが許されないということはできないから，個人業績インセンティブの計算方法は出来高給の性質に合致するというべきである。また，上記（略）摘示の事実に照らせば，店所業績インセンティブは，店所業績を斟酌するものではあるものの，**業務インセンティブ中における比率は大きくない上，増額のみがされる項目であり，**これにより減額がされることはないから，業務インセンティブの出来高給の性質を左右しないというべきである。」

上記の判決文からは，セールスドライバー個人の集荷・配達・販売という業績を「成果」とし（前記ア），個人業績インセンティブ部分がそれによって決定されることから（前記イ），個人業績インセンティブ部分については歩合給該当性について問題はないと捉えているように読めます。

他方，店所業績インセンティブ部分は，個人の成果とは無関係であると評価しつつも，業務インセンティブは，成果と連動する個人業務インセンティブが（金額決定の）**主要な要素**であると評価し，歩合給該当性を認めたと評価できます（前記ウ）。

(2)　否定例

ア　丸一運輸〔割増賃金〕事件（東京地判平18.1.27労判914号49頁）

ドライバーが以下の給与体系・実態のもと支給されていた賃金が固定給である等と主張して割増賃金を請求した事案であり，「業績給与」が歩合給に当たるかが争点になりました。

- （原告１名の）**給与はオール歩合**とされ，加算項目（配達歩合，集荷歩合）の合計額から減算項目（燃料費，管理費，車両修繕費）の合計額を控除した額に一定比率を乗じた金額が，「業績給与」として支給される。
- **一定額以上の給与額が保障**されており，業績給与がそれに満たない場合には，不足分を支給する。
- もっとも，原告の実際の給与計算を見ると，減算項目の合計が40万円を超える金額である一方，加算項目の合計は30万に満たず業績給与がプラスとなる（歩合が出る）余地はほぼなく，原告には上記の一定の保障額が支払われていた。

以上を前提に裁判所は，

「**被告の給与制度では，契約社員が全歩合者として，加算項目の金額を常に減算項目が上回り，歩合の達成が現時点ではほとんど不可能である…実態にあることからすると**…原告らの一日の労働が８時間を超過するとすると，被告が残業代固定給とする金額がこれら原告らの実際の残業相当時間と単価による賃金分を常にカバーできているとまでは認めることはでき」ず「労働基準法の趣旨に背馳する余地がある」

「**要するに，被告における全歩合給…の給与体系のもとでは，前記のような歩合が出ない以上は，平日にいくら１日８時間を超えて何時間働いても，給与には反映されないということになる**」

「そこで，労基法の法定基準に立ち戻り，原告らの被告における勤務が時間外…に該当する場合には，法定の割増率による賃金を支払うべきである」

「歩合給制度が機能していないことは前記に判断したとおりである」

として，上記の計算式からは，業績給与の額と成果の比例関係はあるように思えるところ，①「業績給与」の歩合給該当性については判断せず，②**最低保障されている額が固定給部分であるとみなして**，そのうえで，③当該最低保障されている部分には時間外労働分は含まれておらず，この固定給を基礎として割増賃金の単価を計算すべきとしました。

実務対応としては，**形式的には**成果と比例する賃金体系が採用されていたとしても，**実態として**，最低保障されている金額を超える歩合給が支払われる見込みがないような条件の下では，当該最低保障金額が基本給と評価され，その部分を前提に割増賃金の算定基礎賃金が算定される余地があるので留意が必要です。

イ　大阪エムケイ事件（大阪地判平21.9.24労判994号20頁）

タクシーの乗務員に対して以下の式で算出され，支給されていた「月度利益配分」が歩合給に当たるかが争点になりました。

｛月度売上－（基本給額＋固定経費＋変動経費＋通勤手当）｝×0.3＝月度利益配分額

裁判所は，以下のように述べて月度利益配分について歩合給該当性を否定しました。

> 「被告の賃金制度における利益配分の額は，売上額によってその額が大きく左右されるものであるといっても，**売上額に比例するわけではなく**，被告によって**様々な控除が行われ**，その結果算定されるものであり，売上が伸びたからといって**当然に**利益配分の額が上がる仕組みにはなっていないこと，利益配分の額がマイナスになった場合には**基本給部分からの控除が行われる**ものとされていることからすれば，利益配分についても実質的には基本給と一体となって『月によって定められた賃金』を構成しているというべきである」

前記**2**の整理でいえば，月度売上が「成果」であるところ（前記ア），経費等の額によっては月度売上の額が上がっても当然に月度利益配分の額が上がることにはならず，そのため（完全な）正比例関係を肯定できなかったことから歩合給該当性を否定しました（前記イ）。

ただし，「様々な控除が行われ」の部分については，判決文上は明確ではありませんが，仮に少額であれば，少なくともこの点は歩合給該当性を否定する根拠にはならなかったものと思われます。

第３節　歩合給と固定残業代

1　裁判例

(1)　高知県観光事件（最判平6.6.13労判653号12頁）

歩合給の賃金制度が採られているタクシー会社において，タクシー運転手が割増賃金の請求をした事案です。固定残業代の有効性に関する一般論に関しては第５章・第２節を参照してください。歩合給との関係では，以下の点が事案の特徴です。

- 時間外・深夜労働に対する割増賃金の支払方法として通常の賃金と割増賃金とを合わせたものとを一定の賃率による歩合給として採用し，これを一律で支払う
- **完全出来高払制（オール歩合制）**

裁判所は，歩合給の額が時間外及び深夜の労働を行った場合でも増額されるものではなく，通常の労働時間の賃金の部分と時間外及び深夜の割増賃金に当たる部分とを判別することもできないものであったことから，歩合給によって，割増賃金が支払われたとすることは困難と判示しました。

(2)　大虎運輸事件（大阪地判平18.6.15労判924号72頁）

完全歩合給のトラック運転手について，賃金規程に，「歩合給には，基

本給相当額分と時間外，休日，深夜労働手当が含まれる」と記載があったところ，当該歩合給の支給によって割増賃金が支払済みか，換言すれば固定残業代としての有効性が争点になりました。

裁判所は，上記の規定を前提に，労働者に支給された歩合給の額が，**時間外労働，休日労働を行った場合においても特段の増額がされた形跡がなく**，通常の労働時間の賃金に当たる部分と割増賃金に当たる部分とを判別することが困難であるとし，歩合給に時間外手当，休日手当を含んでいると解することはできないと判示しました。

2　固定残業代を「割合」（率）で決めることの当否

歩合給が時間外労働等の割増賃金を含む金額であるとする場合においては，支給する歩合給のうち①いくらが割増賃金見合いで，②いくらがそれ以外かを区分することが可能であることが不可欠です。

しかるところ，時間外割増賃金として支給する金額は「時間」によって確定し，他方歩合給の金額は一定の「成果」によって確定するところ，**成果と時間は比例関係にないため**，完全歩合給の場合に歩合給のうち「割合」（率）で支給している事実は，固定残業代の合意（対価性）の成立を否定する間接事実になります。

のみならず，率の場合は金額の検証は可能ですが，成果が確定した段階で金額が確定するのであり，明示の点で実際の運用上の問題を孕みます。そのため，率ではなく，時間外労働時間数の平均値を調査のうえで，一定の金額を設定することが望ましいです。

＊　シンワ運輸東京事件（東京地判平29.11.29労経速2339号11頁）

近時，歩合給（運賃収入）に一定の割合をかけた額を，「運行時間外手当」として支給していたところ，固定残業代としての有効性を認めた事案です。

しかし，この事案は，国際自動車事件判決後の事件であるところ，あくまでも

①**多数組合との間**で運行時間外手当が割増賃金として支給されることを確認する**労働協約**が存在したこと，②会社設立当初から賃金規程で運行時間外手当の**全額**を時間外手当として支給していたこと，③差額が生じた場合にはそれを支払うものとされ，差額の支給を実際に行ってきたこと等の特殊な事情（とりわけ①）がある下での判断ですので，一般化することは困難かと思われます。したがって，実務対応としては上記のとおり金額で設定すべきです。

＊＊　白石哲編著『労働関係訴訟の実務（第２版）』137頁

この点について，東京地裁労働部の裁判官であった白石哲裁判官は「実質的に考察しても，労働者としては，**時間外または深夜の労働をしたときでもしなかったときでも，同率の歩合給を支給されることになるのであるから**，これが法の趣旨に反することは明らかであろう」と述べています。

以上を整理すると，次のようになります。

A：①全体でもらえる額＝②「成果」（に連動）
B：③時間外割増部分（固定残業代）の金額＝④（固定残業代であれば）
　時間外労働時間数（に連動）

④が増えても，必ずしも①が増えることにはならない。そのため，①の「割合」（率）で③の金額を決めるのではなく，③はあくまでも④によって決めるべきである。

3　高い割合（率）を設定することで対応できるか

完全歩合給制の場合に，時間外割増賃金分として支給する「割合」（率）を高くして，実際に支給する金額が労基法37条によって計算される金額を必ず下回らないように設計することも考えられますが，通常の労働時間の賃金の部分と割増賃金に当たる部分の**区分ができない以上は**，固定残業代としての効果を認められない可能性が高いと考えます。

＊　白石哲編著『労働関係訴訟の実務（第２版）』137頁

この点について，東京地裁労働部の裁判官であった白石哲裁判官は，「使用者としては，時間外及び深夜の割増賃金を含むものとして**高率の**歩合給を支給していたと主張しても，…判別のできないものである場合は，労基法の要求する割増賃金を含むものとはいえず，かかる主張は，労働者の割増賃金請求に対して無意味である」と指摘しています。

第４節　割増賃金の発生を抑制する賃金体系

1　問題の所在等

歩合給の算定にあたり残業代相当額を控除し，労基法37条に基づく残業代を支払っても支給される賃金総額が変わらない賃金制度は，労基法37条の**趣旨に反する**等の論理で有効性を否定される可能性がある点に留意が必要です。

この制度は，労基法37条に従った割増賃金を支給することを前提に，歩合給の額を支給する割増賃金の額に応じて調整することによって，時間外労働の長短にかかわらず，割増賃金と歩合給の額の総和を一定に保つ制度といえます。

要は，時間外労働が多い場合には歩合給の額を減らし，時間外労働が少ない場合には歩合給の額を多くすることにより，成果が同じ場合には時間外労働時間の長さにかかわらず同一額を支給する制度です。

この制度の下では，割増賃金自体は，労基法37条の規定に従って支給している以上，労基法37条には違反しませんが，歩合給の額を調整することで，時間外労働の長短にかかわらず支給を受ける賃金の総額が変わらないことから，労基法37条の趣旨に反するかが問題になります。

換言すれば，割増賃金ではなく，歩合給の設計自体（算定方法）が労基法37条との関係で許容されるか否かという新たな問題といえます。

この問題は，下記で紹介する国際自動車事件以前から問題になっていましたが[11]，同事件ではこの点が正面から争点になりました。

しかし，同事件の平成29年2月28日最高裁判決は，下記2・(4)で指摘のように，**この事案を，①このような規定の有効性ではなく，②そもそも労基法37条に従った支払があったかの問題であると評価**しました。そのうえで，②の点を審理させるために事件を原審に差し戻しました。

争点	地裁	高裁	最高裁	差戻審高裁	最高裁
規定の有効性	無効	無効	当然には無効ではない	有効	
労基法37条に従った支払の有無			明確区分性が前提であることを指摘し，差戻し	あり（明確区分性を規定で判断）	なし（当該手当が時間外労働の対価かを，賃金体系上の当該賃金の位置付け等から実態を見て判断し，明確区分性を否定）

2 国際自動車事件

(1) 事案の概要

大手タクシー会社であるＹ社のタクシー乗務員の賃金は，同社タクシー乗務員賃金規則によれば，次のように定められていました。

① タクシー乗務員の賃金は基本給，服務手当のほか「交通費」「深夜手当」「残業手当」「公出手当」「歩合給」で構成される。
② 割増金及び歩合給を求めるための「対象額Ａ」を次のとおり算出する。
対象額Ａ＝（所定内揚高－所定内基礎控除額）×0.53＋（公出揚高－公出基礎

11 国際自動車事件と同様のタクシー会社の事件としては，三和交通〔歩合給等・付加金〕事件（札幌高判平23.7.25労判1123号127頁）等が存在します。

控除額）×0.42
③　「歩合給」は次のとおり算出する。
歩合給＝対象額Ａ－｛割増金（深夜手当・残業手当・公出手当の合計）＋交通費｝
④　上記歩合給とは別に割増金を支給する。

上記「対象額Ａ」とは揚高（タクシーの売上高）に一定率を乗じた金額です。この対象額Ａをそのまま乗務員に支給するのではなく，割増賃金相当分と交通費を控除したものを「歩合給」として支払い，そのうえで「割増金」を支給するという仕組みがとられていました。

【図：賃金の仕組み】

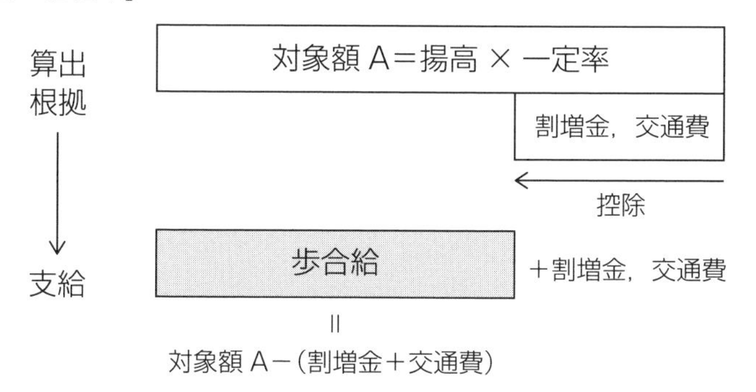

この仕組みによると，時間外労働を**しなければ**対象額Ａから交通費だけ引いたものを「歩合給」として受け取れます。

他方，時間外労働により割増金が発生したら，対象額Ａから交通費だけでなく割増金相当額も引かれたものが「歩合給」になります。換言すれば，時間外労働により割増金が発生しても対象額Ａからその分控除されるため，**揚高が同じであれば，時間外労働をしてもしなくても最終的に支給される金額は同じ**ということになります。

Ｙ社のタクシー乗務員として勤務していた原告ら14名（以下Ｘらという）は，歩合給の計算にあたり，割増金に相当する金額を控除する旨定める賃金規則上の定めは無効であると主張し，Ｙ社に対し，控除された割増金に相当する金額の支払を求めて提訴したのが本件です[12]。

(2) 第一審判決（東京地判平27.1.28労判1114号35頁）

第一審判決は，「揚高が同じである限り，時間外労働等の労働をしていた場合もしていなかった場合も乗務員に支払われる賃金は全く同じになるのであるから，**本件規定は，法37条の規制を潜脱するものといわざるを得ない**」と述べたうえ，このような仕組みは法37条の趣旨，ひいては公序良俗に反するものとして民法90条により無効になると判断しました。

同判決は，労基法37条の割増賃金の支払がなされていること自体は認めつつも，労基法37条との関係から制度の不合理性を指摘し，**本件規定のうち，歩合給の計算にあたり対象額Aから割増金相当額を控除する部分は無効**と評価しました。その結果，歩合給の一部に未払があるとして未払賃金額の支払を命じました[13]。

(3) 控訴審判決（東京高判平27.7.16労判1132号82頁）

控訴審判決も「歩合給の計算に当たり対象額Aから割増賃金に見合う部分を控除する部分は，強行規定であり違反者には刑事罰が課せられる法37条の規制を**潜脱**するものであるから，同条の**趣旨**に反し，ひいては公序良俗に反するものとして民法90条により無効であるといわざるを得ない」とし，XらとY社の控訴をいずれも棄却し，第一審判決を維持したことから，Y社が上告しました。

(4) 最高裁判決（最判平29.2.28労判1152号5頁）

最高裁は，Y社の敗訴部分を破棄し，東京高裁に審理を差し戻しました。

---

12 法律構成としては，労基法37条に基づく請求ではなく，当該規定が無効であることを前提に，雇用契約に基づく賃金請求をしていました。

13 ただし，対象額Aからの「交通費」の控除については，無効であるとは認められないとし，対象額Aから交通費を差し引いた額としています。

以下では，判決文の原文を引用しながらポイントを解説します。

ア　本件の主要な問題は固定残業代の有効性であること（ポイント①）

このような規定があった場合に従前は，**①労基法37条の支払があることを前提に，②この規定が公序良俗等に違反しないかが争点となっていました**[14]。しかし，最高裁は②ではなく①**を主要な問題として設定し，労基法37条**の支払の有無に関する基準を示したうえで，同基準に従って再度審理をするように原審に差し戻しました。

この点，原審から原告ら代理人が明確区分性等の主張を何らしていないこと等からすれば，最高裁として示すべき主要な問題はあくまで規定の有効性であったと思われます。

最高裁判決（平成29年２月28日）の明確区分性に関する結論は妥当ですが，なぜ問題の設定を変えてまでこの判断枠組みを示したかには疑問があります。その理由としては，平成24年の櫻井補足意見の影響で誤った方向性の下級審裁判例が続いたことから，早期に修正するようメッセージを送る意図があったと思われます。

イ　使用者に義務付けられるのは「額」の支払であること（ポイント②）

> 労働基準法37条は，時間外，休日及び深夜の割増賃金の支払義務を定めているところ，割増賃金の算定方法は，同条並びに政令及び厚生労働省令（以下，これらの規定を「労働基準法37条等」という。）に具体的に定められている。もっとも，**同条は，労働基準法37条等に定められた方法により算定された額を下回らない額の割増賃金を支払うことを義務付けるにとどまり**，使用者に対し，労働契約における割増賃金の定めを労働基準法37条等に定められた算定方法と同一のものとし，これに基づいて割増賃金を支払うことを義務付けるものとは解されない。

14　上記のとおり地裁，高裁もこの構成を採用しています。

最高裁は，労基法37条の趣旨等については触れず，その意義について，同条に基づいて算定された「額」以上の支払を義務付けるに留まるとの狭い解釈を示しました。

ウ　明確区分性，差額支払の２点のみを検討すること（ポイント③）

> そして，使用者が，労働者に対し，時間外労働等の対価として労働基準法37条の定める割増賃金を支払ったとすることができるか否かを判断するには，労働契約における賃金の定めにつき，それが**通常の労働時間の賃金に当たる部分と同条の定める割増賃金に当たる部分とに判別することができるか**否かを検討した上で，そのような判別をすることができる場合に，割増賃金として支払われた金額が，通常の労働時間の賃金に相当する部分の金額を基礎として，**労働基準法37条等に定められた方法により算定した割増賃金の額を下回らないか否かを検討**すべきであり（最高裁平成３年（オ）第63号同６年６月13日第二小法廷判決・裁判集民事172号673頁，最高裁平成21年（受）第1186号同24年３月８日第一小法廷判決・裁判集民事240号121頁参照），上記割増賃金として支払われた金額が労働基準法37条等に定められた方法により算定した割増賃金の額を下回るときは，使用者がその差額を労働者に支払う義務を負うというべきである。

続いて，最高裁は，労基法37条の割増賃金を支払ったといえるかを判断するうえでは，（A）明確区分性及び（B）当該支給の額が労基法37条の所定の額を下回らないことが必要との一般論を示しました。

この部分は，小里機材事件（最判昭63.7.14労判523号６頁）高知県観光事件最高裁判決（最判平6.6.13労判653号12頁），テックジャパン事件最高裁判決（最判平24.3.8労判1060号５頁）を前提としていたものと考えられるところ，最高裁自身の判断の中で明確区分性を**「規範」として明示**したことに意義があります[15]。

15　テックジャパン事件では，高知県観光事件を引用していますが，明確区分性の当てはめの際に引用しているに留まります。

エ　本件は公序良俗違反により無効ではないこと（ポイント④）

> 他方において，労働基準法37条は，労働契約における通常の労働時間の賃金をどのように定めるかについて特に規定をしていないことに鑑みると，労働契約において売上高等の一定割合に相当する金額から同条に定める割増賃金に相当する額を控除したものを通常の労働時間の賃金とする旨が定められていた場合に，**当該定めに基づく割増賃金の支払が同条の定める割増賃金の支払といえるか否かは問題となり得るものの，当該定めが当然に同条の趣旨に反するものとして公序良俗に反し，無効であると解することはできない**というべきである。

そのうえで，最高裁は，本件について上記（A）（B）の点は問題となるが，公序良俗違反により「当然に」は無効とは解されないと判示しました。その理由として，法は労働契約上の通常の労働時間の賃金をどう定めるかを規制していないことを指摘しました。

地裁と高裁は労基法37条を「潜脱」する，同条の「趣旨」に反すると述べて公序良俗違反により無効と判断していましたが，そうではなく，あくまで上記（A）（B）に基づいてのみ判断せよということです。

(5)　東京高判平30.2.15労判1173号34頁

ア　明確区分性

労基法37条の支払の有無の前提として最高裁が明確区分性を指摘したことから，差戻審では明確区分性の比較対象である「通常の労働時間の賃金」（労基法37条）に当たる部分がどの部分かが争点になりました。

差戻審高裁は，被上告人の**賃金規則**は，①基本給及び歩合給(1)等が「通常の労働時間の賃金」に当たる部分となり，②残業手当，深夜手当及び公出手当等が「割増賃金に当たる部分」に該当するから，２つの部分が明確に区分されているとしました。そのうえで，同裁判所は，割増賃金の額は通常の労働時間の賃金に相当する部分の金額を基礎として労基法37条等に定められた方法によって算出した金額を下回らないから，未払賃金はないと判断しました。

これは，形式（賃金規定）が「通常の労働時間の賃金の部分」と「割増賃金に当たる部分」に分かれていれば明確区分性は問題ないと判断したものと評価できます。

イ 規定の効力

加えて，差戻審高裁判決は，本件のような規定について，最高裁が「当然に」は無効とはしないとするのみで，無効となる余地をやや含む判断であったところ，本件の具体的な事情を確認したうえで，規定の有効性を認めました。

ただし，本件は差戻審高裁判決が指摘するように①長時間労働に陥りやすいタクシー乗務において効率的な乗務遂行を奨励する必要性があったこと，②労働者の大多数を組織する労働組合との長期にわたる多数回の協議・交渉を経て合意に達したものであったこと等の特殊事情があったのであり，この判決をもって直ちに他の業種等において同様の規定をとった場合に当然に有効かは議論があります。

(6) 差戻審最高裁判決（最判令2.3.30労判1220号５頁）

ア 判 決

「使用者が，労働契約に基づく特定の手当を支払うことにより労働基準法37条の定める割増賃金を支払ったと主張している場合において，上記の判別をすることができるというためには，当該手当が時間外労働等に対する対価として支払われるものとされていることを要するところ，当該手当がそのような趣旨で支払われるものとされているか否かは，当該労働契約に係る契約書等の記載内容のほか諸般の事情を考慮して判断すべきであり（前掲最高裁平成30年７月19日第一小法廷判決参照），**その判断に際しては，当該手当の名称や算定方法だけでなく，上記アで説示した同条の趣旨を踏まえ，当該労働契約の定める賃金体系全体における当該手当の位置付け等にも留意して検討しなければならない**というべきである。（略）

割増金は，深夜労働，残業及び休日労働の各時間数に応じて支払われることとされる一方で，その金額は，通常の労働時間の賃金である歩合給⑴の算定に当たり対象額Ａから控除される数額としても用いられる。対象額Ａは，揚高に応じて算出されるものであるところ，この揚高を得るに当たり，タクシー乗務員が時間外労働等を全くしなかった場合には，対象額Ａから交通費相当額を控除した額の全部が歩合給⑴となるが，時間外労働等をした場合には，その時間数に応じて割増金が発生し，その一方で，この割増金の額と同じ金額が対象額Ａから控除されて，歩合給⑴が減額されることとなる。そして，時間外労働等の時間数が多くなれば，割増金の額が増え，対象額Ａから控除される金額が大きくなる結果として歩合給⑴は０円となることもあり，この場合には，対象額Ａから交通費相当額を控除した額の全部が割増金となるというのである。

本件賃金規則の定める各賃金項目のうち歩合給⑴及び歩合給⑵に係る部分は，出来高払制の賃金，すなわち，揚高に一定の比率を乗ずることなどにより，揚高から一定の経費や使用者の留保分に相当する額を差し引いたものを労働者に分配する賃金であると解されるところ，**割増金が時間外労働等に対する対価として支払われるものであるとすれば，割増金の額がそのまま歩合給⑴の減額につながるという上記の仕組みは，当該揚高を得るに当たり生ずる割増賃金をその経費とみた上で，その全額をタクシー乗務員に負担させているに等しいものであって，前記⑴アで説示した労働基準法37条の趣旨に沿うものとはいい難い**。また，割増金の額が大きくなり歩合給⑴が０円となる場合には，出来高払制の賃金部分について，割増金のみが支払われることとなるところ，この場合における割増金を時間外労働等に対する対価とみるとすれば，**出来高払制の賃金部分につき通常の労働時間の賃金に当たる部分はなく，全てが割増賃金であることとなるが，これは，法定の労働時間を超えた労働に対する割増分として支払われるという労働基準法37条の定める割増賃金の本質から逸脱したものといわざるを得ない。**

結局，本件賃金規則の定める上記の仕組みは，その実質において，出来高払制の下で元来は歩合給⑴として支払うことが予定されている賃金を，時間外労働等がある場合には，その一部につき名目のみを割増金に置き換えて支払うこととするものというべきである（このことは，歩合給対応部分の割増金のほか，同じく対象額Ａから控除される基本給対応部分の割増金についても同様である。）。そうすると，**本件賃金規則における割増金は，その一部に時間外労働等に対する対価として支払われるものが含まれているとしても，通常の労働時間の賃金である歩合給⑴として支払われるべき部分を相当程度含んでいるものと解さざるを得ない。**

そして，割増金として支払われる賃金のうちどの部分が時間外労働等に対する対価に当たるかは明らかでないから，本件賃金規則における賃金の定めにつき，通常の労働時間の賃金に当たる部分と労働基準法37条の定める割増賃金に当たる部分とを**判別することはできない**こととなる。

したがって，被上告人の上告人らに対する割増金の支払により，労働基準法37条の定める割増賃金が支払われたということはできない。」

イ 影響は限定的であること

㈠ 要 旨

上記判決の要旨は以下のとおりです。

【要旨】
争点：労基法37条の支払の有無
1 労基法37条の支払には明確区分性が必要。
2 この場合には，①通常の労働時間の対価と，②時間外労働の対価との峻別が必要であるが，②が時間外労働の対価としての性質を有する必要がある。
3 時間外労働の対価かは，日本ケミカル事件の示した判断要素以外にも**賃金体系全体における当該手当の位置付け等にも留意が必要。**
4 会社の賃金体系を検討すると，①「当該揚高を得るに当たり生ずる割増賃金をその経費とみた上で，その全額をタクシー乗務員に負担させているに等しい」②歩合給⑴がゼロとなり，全てが割増賃金として支払われる場合は，「**労働基準法37条の定める割増賃金の本質から逸脱したもの**」と評価し，被上告人の賃金規則は，「その実質において」，「元来は歩合給⑴として支払うことが予定されている賃金」の一部分を「**名目のみ**を割増金に置き換えて支払う」と評価できる。
5 このような仕組みからは，**規定上の割増賃金部分には相当程度の通常の労働時間分の賃金を含んでいるから，明確区分性を欠く。**

主要なポイントは「３」であり，労基法37条の割増賃金の対価の実質を有するかの判断をする際には，日本ケミカル事件が示した判断要素のみならず，賃金体系全体における手当の位置付けを検討していることです。

(イ)　明確区分性の判断手法の１つを示したに過ぎないこと

この最高裁判決は「**労働基準法37条の定める割増賃金の本質**」というやや**客観性に乏しい**視点から**契約の内容を実質的に考察**しており，この点は上記(4)・イのように労基法37条の意義を狭く解し，判断基準の明確化という価値判断において従前の国際自動車事件判決（最判平29.2.28労判1152号5頁）の流れとは整合しないものとも評価できます。

しかし，結局は従前から最高裁が繰り返し指摘してきた要件である明確区分性で判断をしており，①固定残業代の合意，②明確区分性の２つの要件で見るという従前からの判断枠組みを変えるものではありません。

そのため，この最高裁判決は，**明確区分性の判断の仕方の１つを示した**に過ぎず，今後の固定残業代の有効性が争点になる裁判例に与える影響は限定的と見るべきです。

(ウ)　事案の特性からも射程は狭いこと

加えて，この事案は上記指摘のように「時間外労働等があっても，時間数に応じた賃金の増加がない（売上高の増加によってのみ賃金が増額する）規定」の存在によって上記のような実態が生じている点を重視しており，このような規定のない通常の固定残業代についても，明確区分性についてこのような実態を検討するという上記(ア)３の判断手法の射程が及ぶかは議論があるところです。

また，この事案は歩合給の事案であり歩合給以外の賃金体系を採る事案に射程が直ちに及ぶかも議論が残るところです。

第7章 事業場外労働みなし制の近時の諸問題（労働基準法38条の2）

第1節 事業場外労働みなし制の仕組み

1 趣 旨

事業場外労働みなし制（労基法38条の2）は，事業場外で労働する場合で労働時間の把握が困難な場合について，一定時間労働したものとみなす制度です。

割増賃金の金額の確定のために必要な労働時間数については，使用者が，労働者が実際に業務に従事した実労働時間数（第3章・第1節参照）を把握して算定するのが原則です。しかしながら，事業場外労働みなし制が適用される場合，使用者は労働時間把握義務を負いません。

事業場外労働みなし制は，労基法32条・36条・37条から導き出される使用者が労働者の労働時間を把握し，算定した時間に応じて賃金を支払うという原則の「例外」として位置付けられます。条文上も労基法38条の2は，労基法32条・36条・37条の「外」に規定されており，事業場外労働みなし制が例外的取扱いであることは条文の位置からも明らかです。

労基法がこのような例外を許容した理由は，労働者が事業場外で労働をする場合，例えば，保険の外交員等の販売活動，新聞記者の取材活動，出張等，監督者の具体的な指揮監督が及ばない場合があり，その結果事実上，労働時間の把握が困難な場合が存在するからです。

すなわち，使用者は，労働者が事業場外にいる間，いつ食事したのか，喫茶店に行ったのか，銀行での手続等の私的な活動をしたのか，何時間休憩したのかを具体的に把握できず，いつからいつまでが労働時間であったのか，労働者の労働時間についての算定は困難になります。

そこで，労基法は，使用者が労働時間を把握することが困難な労働についてまで，労働時間の把握義務を課するのでは，使用者に過重な負担を強いることになるため，その把握の便宜を図り，労働時間の算定を容易にしたのです。

なお，以下の**2**で述べるように，労基法38条の２の法的効果は，裁量労働制（労基法38条の３・38条の４）と同じですが，裁量労働制の場合に「みなし」が生じる根拠は「業務の専門性や裁量」ですが，事業場外労働の場合には，あくまでも「労働時間の算定の困難性」です。

＊　**労働時間の適正把握に関するガイドラインの適用除外**

前述のとおり，労働時間の把握が困難な事業場外労働については，第３章で述べた「労働時間の適正な把握のために使用者が講ずべき措置に関するガイドライン」（平29.1.20策定）の適用対象からも除外されています（同ガイドライン「２　適用の範囲」参照）。

2　事業場外労働みなし制の「効果」

(1)　「反証」はできない

労基法38条の２により，労働時間をみなした場合の効果として，使用者の労働時間の把握義務の免除があります。そして，この「みなす」とは，法令上確定的にそのようなものとして法的に取り扱うのであって，反証によって覆ることはないことを意味します。

すなわち，個々の労働日において，みなした労働時間より長く労働した日があることが判明しても，使用者は，みなした労働時間以上に賃金を支払う必要がなく，反対に，短い時間しか労働しなかったことが判明しても，賃金の控除をすることはできません。

例えば，所定労働時間が８時間の従業員について，所定労働時間みなしの適用が有効である場合は，個々の労働日において，事後的に12時間働いたことが判明しても，残りの４時間分については，労働者は賃金を請求できないことになります。他方，実際には５時間しか働いていないことが事後的に明らかになっても，使用者は３時間分を控除することはできません。

ただし，みなし時間が適正ではない場合，つまり，使用者が与えた業務の遂行のためには所定労働時間を超えて労働することが通常必要である場合は，労働者側がより長い時間を主張・立証することは可能です。例えば，当該業務の遂行のためには通常10時間必要であることを立証すれば，２時間分を請求することができます。

＊　ライドウェーブコンサルティングほか事件（東京高判平21.10.21労判995号39頁）

専門業務型裁量労働制の事案ですが，「専門業務型裁量労働制が適用される労働者については１日10時間勤務したものと『みなす』というのであるから，労働者が，実際に労働した時間が例えば12時間であるとして，そのことを証拠を挙げて反証しても，その分の割増賃金を請求することを許さない趣旨のものと解される。同様に，使用者が当該労働者は６時間しか労働していないとして，証拠を挙げて反証し，その分の賃金をカットしたり，あるいは後になって過払いであるとしてその返還を求めたりすることも許されないというべきである」としています。

⑵　３つの算定方法

事業場外労働みなし制には，以下のア～ウの３つの種類があります。

ア　所定労働時間みなし（労基法38条の２第１項本文）

後記３で述べる事業場外労働みなし制の適用要件を充足した場合には，原則として，「所定労働時間」労働したものとみなされることとなります。この場合には，時間外労働が発生しないため，割増賃金の支払も不要となります。

イ　通常労働時間みなし（労基法38条の２第１項但書）

事業場外労働みなし制の適用要件を満たす場合において，当該業務を遂行するためには通常所定労働時間を超えて労働することが必要となる場合には，当該業務の遂行に「通常必要とされる時間」労働したものとみなす制度です。

例えば，所定労働時間の８時間では足りず，当該業務の遂行には通常10時間必要であるという場合には，10時間労働したとみなすものです。この場合，１日の法定労働時間８時間を超える２時間については，36協定の締結と割増賃金の支払が必要となります。

＊　「通常必要とされる時間」とは

行政解釈は，通常必要とされる時間を，「通常の状態でその業務を遂行するために客観的に必要とする時間」をいうとしています（昭63.1.1基発１号）。ここでの「客観的に必要とされる時間」とは，**経験則上の平均値**をいうものと解釈されています（東京大学労働法研究会『注釈労働基準法（下）』659頁等）。

なお，出張等の臨時的・一時的な事業場外労働については，当該業務の恒常的な在り方を想定することができず，通常労働時間みなしが適用されることはあまり想定されないと考えます。

＊　臨時的事業場外労働の場合に１項但書は適用されるか

一度きりの出張等の臨時的な場合には，通常労働時間みなしの適用は，理論上ありうるとしても，実際に労働者側が通常必要時間を立証するのは困難であると思われます。

前述のとおり，通常必要時間は，多人数が行動することを前提にした経験則上の平均値を基準に考えるところ，臨時的，単発のケースでは多人数が行動をしていないので経験則上の平均値が算出できないからです。

この点については，当職のように適用があることを前提に適用が困難であるということを超えて，そもそも「単発で前例がなく，そんなに頻繁に起こらないという，一時的，臨時的なものは（１項ただし書へは移行せず）所定労働時間のみなしでいい」（座談会（３）労協351・39〔山口発言〕）とする学説も存在します。

ウ　労使協定みなし（労基法38条の２第２項）

通常労働時間みなしにおいて，当該業務に関し，過半数労働組合，それがない場合は労働者の過半数代表者との書面による協定で定める時間を，上記イの「当該業務の遂行に通常必要とされる時間」とみなすという制度です。

労使協定みなしを採用している場合には，みなした時間の正当性について，労使双方が反論，反証をすることはできません。前述のとおり，通常労働時間みなしの場合には，**使用者**がその裁量により「通常必要とされる時間」を算定するため，その正当性について労働者は反論，反証できます。他方，労使協定みなしの場合には，業務実態について最もよくわかっている労使間で協議したうえで決定しているため，労使協定で定めた時間が適正でないという反論，反証を双方が行うことはできず，それにより，労働時間の算定に関する紛争を防止しているからです（東京大学労働法研究会『注釈労働時間法』569頁参照）。

3　適用要件

事業場外労働みなし制が適用されるのは，「労働者が労働時間の全部又は一部について事業場外で業務に従事した場合において，労働時間を算定し難いとき」であり，通達では「事業場外で業務に従事し，かつ，使用者の具体的な指揮監督が及ばず，労働時間を算定することが困難な業務であること」とされています（昭63.1.1基発１号）。つまり，①事業場外労働であること，②労働時間を算定し難いこと，が適用要件となります。

この要件を満たさない場合には，原則どおり労基法32条・36条・37条から導かれる労働時間の把握義務があることになります。

⑴　事業場外労働であること

ア「事業場外」とは

事業場外労働みなし制の適用を受けるためには，当該業務の全部又は一部が「事業場外」で行われていることが必要です。ここで「事業」とは，労基法では，「工場，鉱山，事務所，店舗等の如く一定の場所において相関連する組織のもとに業として継続的に行われる作業の一体」（昭22.9.13発基17号，昭23.3.31基発511号，昭33.2.13基発90号）とされ，１つの事業であるか否かは，主として場所的同一性で決定されます。

つまり，経営一体をなす企業全体を１つの事業とみるのではなく，場所的に分散している支店や工場をそれぞれ１つの事業として扱うということです。その事業が行われる場所が「事業場」になります。

そして，業務の全部又は一部を上記で示される「事業場」の外で行う場合が，この要件に該当します。

＊　例外的取扱い

場所的に分散しているものであっても，出張所，支店等で規模が著しく小さく，１つの事業といえるだけの独立性のないものは，直近上位の機構と一括して１つの事業場として扱われます。例えば，新聞社の通信部等がこれに該当します（昭22.9.13発基17号，昭23.3.31基発511号，昭33.2.13基発90号，昭63.3.14基発150号，平11.3.31基発168号）。

イ　具体例

㈠　典型例

労働者が事業場外で業務に従事する典型例としては，新聞記者の情報収集のための取材活動や，保険の外交員等のセールスマンの顧客に対する販売活動（外交販売・訪問販売）等が挙げられます。

これらの労働者は，所属事業場の外において，所属組織の監督者の指揮監督下から離れて業務を行うものです（東京大学労働法研究会『注釈労働時間法』543頁参照）。

また，臨時的な事業場外労働（出張等）も「事業場外」労働に含まれます。

(イ)　在宅勤務者

在宅勤務とは，労働者が自宅で業務を行う労働形態です。自宅は，通常「起臥寝食等私生活を営む場所」であり，「新聞社の通信部」のような小規模な出張所や支店等とは一般的に異なりますので，直近上位の機構と一括して１つの事業場と判断されることはありません。

そのため，在宅勤務者が自宅で仕事をしているということは，在宅勤務者の本来所属している事業場の外で仕事をしているということになります（厚生労働省労働基準局労働条件政策課『在宅勤務での適正な労働時間管理の手引き』平成24年３月）。

(2)　労働時間を算定し難いこと

事業場外労働みなし制の適用要件の２つ目は，「労働時間を算定し難い」ことです。

この点は，実務上最も争いになりやすい点なので，第２節において詳しく解説します。

なお，実務上は，(1)の「事業場外」の要件該当性が問題になることはあまりありません。

第２節　労働時間を算定し難いとき

以下では，訴訟等において最も争点となる要件である「労働時間を算定し難いとき」の意義について，行政通達及び近時の最高裁判例をもとに解説します。

1　「労働時間を算定し難い」とは

事業場外労働みなし制が適用されるための要件としては，事業場外で業務に従事したことに加えて，その事業場外労働の「労働時間を算定し難い」ことが必要です。

この要件は，一般的に当該業務の就労実態等の具体的状況を踏まえ，社会通念に従い，**客観的に見て**労働時間を算定することが困難であると認められる場合をいうと解されています。したがって，使用者が**主観的に**労働時間の把握が困難であると判断しても「労働時間を算定し難い」場合に当たるわけではなく，また労使間で「労働時間を算定し難いとき」であると合意しても法的な効力はありません。第２章で指摘した労基法上の労働時間該当性と同様の判断手法になります。

使用者には，第３章・第１節で述べたとおり，労働時間把握義務が課されているため，本来であれば，労働者の労働時間を把握しなくてはなりません。しかしながら，労働時間を把握することが困難な場合にまで，その義務の履行を強制するのは，不可能を強いることになります。そこで，事業場外労働みなし制は，「労働時間を算定し難い」場合に限って，労働時間把握義務を免除したのです。

そして，この「し難い」とは，「それをするのが容易ではない。困難である」の意味であり，把握することが「不可能」という意味ではありません。なお，この要件に該当するか否かは，当該労働者に対する指示や業務形態等の諸事情を総合考慮して決定されますので，要件該当性を否定する方向に働く事情があっても，その他の事情によって，肯定されることもあると思われます。

なお，当然ですが，業務の性質上，把握が困難ではないにもかかわらず，使用者が把握義務を放棄した結果，把握していないような場合には，労基法38条の２の適用は否定されます。

2　行政通達（昭和63年１月１日基発１号）

この点に関して，通達（昭63.1.1基発１号）は，使用者の具体的な指揮監督が及んでいて労働時間の算定が可能なため，本条を適用することができない場合として以下の３つの基準を挙げています。なお，この基準はあくまでも「例示」とされています。

ア　何人かのグループで事業場外労働に従事する場合で，そのメンバーの中に労働時間の管理をする者がいる場合
イ　事業場外で業務に従事するが，無線やポケットベル等によって随時使用者の指示を受けながら労働している場合
ウ　事業場において，訪問先，帰社時刻等当日の業務の具体的指示を受けたのち，事業場外で指示どおりに業務に従事し，その後事業場に戻る場合

⑴　「ア」について

まず，何人かでの「グループ行動」自体が，適用を否定するというわけではありません。あくまでも，①何人かで行動し，かつ②その中の者によって労働時間が管理されていることが要件になります。

②に関していえば，仮にグループの中に先輩や上司がいても，その先輩ないし上司が労働時間管理の権限を有する者でなければ，これには該当しないと思われます。そして，労働時間管理の権限を有するか否かは，労基法41条２号に該当するかではなく，あくまでも，当該企業において出張等の際に労働時間管理をする権限を有しているかで足りると思われます。

また，②の労働時間を管理する者が直属の上司に限られるか，例えば直属の上司ではない総務課長が同行した場合にこの要件を満たすかは，議論があります。

この点については，労基法は使用者が労働時間を把握できない場合を適用要件としているところ，使用者の分身として，如何なる者が把握すべき

かについて労基法上，特段の規定がないことから，当職としては，労働時間を管理する権限を使用者から授権されていれば特段問題ないと解し，直属の上司に限る必要はないと考えます。実際，この点について，労働時間算定義務の実際上の核心は，所定時間・法定時間「外」労働を把握させることにあり，使用者としてはできる限りの方法を用いてこれを把握するべきとし，「事業場外グループ作業に管理職がいるときには，この者が本来的には時間管理組織の管理職ではなくても，特段の事情のない限り，その者に少なくとも時間外労働時間の算定義務が課されていると見るべき」とし，本来的な上司ではなくとも，この要件を満たすとする考えがあります（東京大学労働法研究会『注釈労働時間法』546頁）。

⑵　「イ」について

典型的には特定の業務終了後その都度使用者に連絡し，次の指示を仰ぐことを繰り返すことがこれに該当します。

この点に関しては，「携帯電話を持たせていれば労働時間の把握ができるから事業場外労働みなしは使えない」などと述べる労働基準監督官がいますが，これは明白な誤りです。

通達も，通信機器の「所持」を問題にしているのではなく，あくまでも通信機器によって「随時使用者の指示を受け」ていた場合に適用が否定されることを述べているに過ぎません。携帯電話を持たせることと，「随時指示を受けること」はイコールではありません。

携帯電話による指示は，労働時間把握の困難性を検討するうえでの，１つの考慮要素に過ぎません。要は，労働時間の把握が「困難か」否かが直接の問題です。

＊　**ヒロセ電機〔残業代等請求〕事件（東京地判平25.5.22労判1095号63頁）**

直行直帰を含む出張に対する労基法38条の２の適用について，前記通達（昭63.1.1基発１号）を引用のうえ，①時間管理を行う者が同行していないこと，②訪問先や訪問目的が明示されているが，それ以上にどのような業務を行うかについて詳細な指示を受けていたとは認められず，事後的にも具体的な報告をさせていたわけではないことから，労基法38条の2が適用されると判断しています。

なお，この事件では，原告が携帯電話を所持していたところ，随時電話で指示を受けていたとの主張は，証拠がないとして，採用されていません。労基法38条の2の法文からは，困難か否かは，実際に把握していたかではなく，把握の可能性を議論すべきとも思えますが，この判決では，「原告が随時，被告から電話で指示を受けながら業務に従事していたと認めるに足りる証拠はない」として，具体的・現実的に把握していたかを議論しているようにも読めます。

(3)　「ウ」について

行動パターンが，時刻を含めて相当程度に管理されている場合には，事業場外労働みなし制の適用が否定される可能性が高いと思われます。この点に関しては，後述の3の最高裁判例が参考になります。

3　阪急トラベルサポート〔派遣添乗員・第2〕事件（最判平26.1.24労判1088号5頁）

今日のように携帯電話が普及している状況を考えると，事業場外労働の労働時間が把握しがたいといえるかどうかは，非常に難しい問題といえます。しかし，現在の実務では，やはり労基法38条の2のみなし制を採用することになると思われます。

この問題に関して，実務上参考になるのが，阪急トラベルサポート〔派遣添乗員・第2〕事件の最高裁判決（最判平26.1.24労判1088号5頁）です。この判決は，事業場外労働みなし制の適用要件である「労働時間を算定し難いとき」（労基法38条の2第1項）に当たるか否かを判断した初めての最高裁での判断です。

(1)　事案・判旨

「旅行会社の添乗員」の添乗業務が「労働時間を算定し難いとき」（労基法38条の2第1項）に当たらないとして，派遣添乗員に事業場外労働みなし制の適用を認めなかった事件です。

この事件では,「労働時間を算定し難いとき」に該当するかについて,**一般的な判断基準を示さず**,①「業務の性質,内容やその遂行の態様等」,②「旅行会社と乗務員間の業務に関する指示及び報告の方法,内容やその実施の態様,状況等」を事実認定・評価して,**「勤務の状況等を具体的に(使用者が)把握することが困難であったか」否かを判断し**,その結果,本件では,「勤務の状況を具体的に(使用者が)把握することは困難であった」とはいえないとして,事業場外労働みなしの適用を否定しました。

そして,上記①業務の性質・内容等に関しては,添乗員が,ツアー旅行日程に従い,ツアー参加者に対してサービスを提供するものであり,当該ツアー日程は,会社と参加者間で契約の内容として日時や目的地等を明らかにして定められており,その旅行日程に従って行動することになっていたこと等から,添乗員が決定できる事項の範囲及びその決定に係る選択の幅は限られていたと評価しました。

他方,上記②業務に関する指示・報告の方法等に関しては,以下のように㋐ツアー開始前,㋑実施中,㋒ツアー終了後の３つの場面に分けて,それぞれ検討しました。

㋐　ツアー開始前については,旅行会社とツアー参加者との間の契約内容等を記載したパンフレットや最終日程表及びこれに沿った手配状況を示したアイテナリー(添乗員用の行程表の意)により具体的な目的地及びその場所において行うべき観光等の内容や手順等を示すとともに,添乗員用のマニュアルにより具体的な業務の内容を示し,これに従った業務を行うことを命じている。

㋑　ツアー実施中に,**携帯電話を所持して常時電源を入れておき**,ツアー参加者との間で契約上の問題やクレームが生じうる旅行日程の変更が必要となる場合には,**旅行会社に報告して指示を受けることを求めている。**

㋒　ツアー終了後に,旅程の管理等の状況を具体的に把握することができる添乗日報によって,業務の遂行状況等の詳細かつ正確な報告を求めていることや,関係者に問い合わせをすることによってその正確性を確認することができる。

以上の㋐～㋒の３点を根拠に,あらかじめ具体的な指示があり,途中で変更を要する事態が生じた場合にはその時点で個別に指示をするものとされ,業務終了後に添乗日報によって,詳細な報告を受けることを指摘して,「勤務の状況を具体的に(使用者が)把握することが困難であった」とは認めがたく,結局,「労働時間を算定し難いとき」(労基法38条の２第１項)に当たらないとしました。

(2) 評　価

この判決は，本件事案における海外添乗員の業務の性質，内容等を踏まえて判断されたものに過ぎず，この判決を根拠に事業場外労働みなし制について，適用が厳しくなった旨の一般論は出てきません。むしろ，この判決が示した事実関係，特に後記のア～ウと，問題となる事例の事実関係の異同を検討し，この判決とは事案が異なることを指摘し，労基法38条の２を適用することが問題ないことを基礎付けるべきです。

また，この判決を根拠に，携帯電話やスマートフォン等の端末所持について慎重になる見解がありますが，この判決を正確に理解すれば，携帯電話等の端末を携行させることによって，直ちに事業場外労働みなし制の適用が否定されるわけではないことがわかります。携帯電話等の端末の携行は，「勤務の状況等を具体的に（使用者が）把握することが困難であったか」否かの「考慮要素」に過ぎず，運用によっては，適用が否定されないということです。

ア　スケジュール違反が契約違反を構成するか（上記(1)①）

第１に，この判決で実務上重要なのは，ツアーの旅行日程のように，労働者と使用者間以外の第三者との契約が，労働者を拘束し，労働者の行動によって，使用者の債務不履行が生じるか否かです。仮に，そのようなものであれば，通常のスケジュールに比して，厳格な遵守が求められ，労働者の行動の裁量に対する強度の制約になるためです。

この事件では，ツアーの日程が，労働者を拘束し，その違反が使用者の債務不履行を構成すると判断しました。

しかしながら，事業場外での業務スケジュールは，通常は単なる内部的なスケジュールに過ぎないことが多いのではないかと思われます。通常の営業の場合には，例えば，スケジュールで決まっていた顧客との面談等に遅れた場合，指揮命令に違反したとして業務懈怠として懲戒の対象になることはあるにせよ，その時間に行くことが（使用者と第三者との）契約内容になっているとはいえないと思います。実務では，このような場合には面談時間の変更等が一般的に行われているところです。

したがって，仮に当該労働者のスケジュールが決まっていたとしても，それによって，直ちに労基法38条の２の適用を否定する要素になるのではなく，そのスジュールの違反が，指示違反に過ぎないのか，会社と第三者との契約違反になるのかを検討する必要があります。

イ　携帯電話の使用方法（上記⑴②㈠）

第２に，判決は，②の㈠に関して，携帯電話についても裁量を否定する方向に働くと評価していますが，ここで重要なのは，本件における携帯電話の**使われ方**です。「携帯電話を所持して常時電源を入れておき」との判示から明らかなとおり，この事案では，常時スイッチが入っていて，会社側から連絡をとることが可能な状態でした。

したがって，この判決からすれば，携帯電話を持たせていれば，いかなる場合でも労基法38条の２の適用が否定されるのではなく，連絡の頻度が適切な範囲にとどまり，適切な時期にのみ携帯電話の電源を入れるのであれば，労基法38条の２の適用を否定する方向に働かないと評価できます。

緊急対応の際のみの使用であれば問題ありません。また，問題なのは使用者からの把握の可能性ですので，普段は電源を切っておき，何かあった際のみ従業員側から連絡をするに留まる場合も問題ありません。

＊　西谷敏『労働法（第２版）』309頁

「携帯電話の普及によって，労働時間の算定が困難になる場合は相当少なくなったと思われる」との記述がありますが，上記のとおり，携帯電話の利用の方法次第ですので，携帯電話の所持によって一律に労基法38条の２の適用を否定するという考え方であれば，妥当でないといえます。

なお，第２版は平成25年に出版されたところ，上記阪急トラベルサポート〔派遣添乗員・第２〕事件（最判平26.1.24労判1088号５頁）以後である令和２年に出版された第３版では上記の携帯電話に関する記述は削除されています。

＊＊　平成30年２月22日付厚生労働省『情報通信技術を利用した事業場外勤務の適

切な導入及び実施のためのガイドライン』６頁においても，テレワークの場合ですが，**携帯電話を所持させても即応義務を課していない場合には**，労基法38条の２を適用しても問題ないとされています。

ウ　報告内容の正確性の担保（上記⑴②㋒）

第３に，判決は，②㋒に関して，報告の内容について「ツアー参加者のアンケートを参照することや関係者に問合せをすることによってその正確性を確認することができる」ことを労基法38条の２の適用を否定する１つの根拠にしました。事業場外労働の業務活動の実態は，当日の業務報告により把握することになるので，その報告の正確性を確認する方法が必要になりますが，この手段がある程度簡易に実施できることを判断材料の要素とした点に，この判決のポイントがあります。

すなわち，この事例は，①顧客に対してアンケートを実施しており，同アンケートを通じても，添乗員の報告の正確性を検証することが可能であり，また，②訪問先がお土産屋や観光施設であり，旅行代理店はこれらの施設に対して通常，力関係上優位に立つことから，会社が同観光施設に確認することで，添乗員の報告内容の正確性を容易に検証可能でした。

②の点については，通常の営業活動のような場合に，会社が顧客に対して，労働者が会社の指示どおりに回ったかを確認することは実務上非常に難しいといえます。

実務上は，判例の事案では上記の事情があったからこそ「正確性を確認できた」旨を説明し，問題となる事例のもとでは，そのような確認は通常はできないことを１つの理由に，労基法38条の２を適用することに問題がない旨を主張するべきです。

営業職員に関しては，訪問記録が実務上問題になりますが，実際に訪問したか否か，訪問した場合にはその時間について確認することは通常は困難ですので，問題にならないと評価すべきです。

また，詳細な記録を残すと労基法38条の２の適用が否定されるとの実務指導がありますが，ここで主に問題になるのは「当該記録の正確性を事後的に合理的な範囲で検証できるか否か」ですから，記録の詳細さはそれほど重要ではありません。

＊　**ワークスアプリケーション事件（東京地判平26.8.20労判1111号84頁）**

顧客となる企業に営業活動を行うことが主な業務であった従業員（新入社員）が，休職期間満了によって退職後，労基法38条の２が適用されないとして割増賃金等の請求をした事案について，上記の阪急トラベルサポート事件の最高裁判決を基準として引用し，顧客訪問のために外出することはあったが，①その頻度は限られ（約６カ月間に24回），その中でも事業所に立ち寄らない直行は約６カ月間で５回，直帰は同３回のみであり，②外出の際の訪問先は必ず上司に報告がされ，原告は毎日上司らに業務の報告をしており，③原告が外出する際には必ず先輩社員が同行することになっていたから，管理者が先輩社員にも報告を求めれば，原告が実際に業務に従事した時間を把握することができたとして，「労働時間を算定し難い」（労基法38条の２）には該当しないとしました。

この事件では，③のように，先輩社員に聞けばわかるという状況であったことから，この点からも，労働時間を把握するのが困難ではないとしました。

＊＊　**ナック事件（東京地判平30.1.5労経速2345号３頁）**

建設コンサルティング部門の営業販売に従事していた者について，「労働時間を算定し難い」に該当するかが争点になった事案において，上記の阪急トラベルサポート事件の最高裁判決（最判平26.1.24労判1088号５頁）を規範として引用のうえ，携帯電話等については，「なお，携帯電話等の情報通信機器の活用や労働者からの詳細な自己申告の方法によれば労働時間の算定が可能であっても事業場外みなし制の適用のためには労働時間の算定が不可能であることまでは要さないから，その**方法の実施（正確性の確認を含む）に過重な経済的負担を要する，煩雑に過ぎる**といった合理的な理由があるときは「労働時間を算定し難いとき」に当たるが，そのような合理的な理由がないときは使用者が単に労働時間の算定を怠っているに過ぎないから，「労働時間を算定し難いとき」に当たらない」と基準を示しました。

そのうえで，本件では①個々の訪問を終えた後は，携帯電話の電子メールや電話で結果が報告されていたが，書面による出張報告書の内容は簡易で，訪問状況が網羅的かつ具体的に報告されていたわけではなく，特に原告に関しては，**出張報告書に顧客のスタンプがあっても本当に訪問の事実があったことを客観的に保**

証する効果はなかったこと，②出張報告書の内容は，添付された交通費等の清算に関する領収書に日時の記載があれば移動の事実やそれ以外に関連する日時は確認できるが，**それ以外の内容の客観的な確認は困難であり，被告から訪問先の顧客に毎回照会することも現実的ではない**こと等から，被告が原告の勤務の状況を具体的に把握することは，**かなり煩雑な事務を伴わなければ不可能な状態**であったとし，「労働時間を算定し難い」に該当するとしました。

また，上記の阪急トラベルサポート事件判決との関係については，①**スケジュールの遵守そのものが重要になる旅行日程の管理を業務内容とし**，②ツアー参加者のアンケートや関係者に対する問合せで具体的な**報告内容の正確性の確認が可能**であるとして，本件とは事案を異にするとしました。

なお，同事件の高裁（東京高判平30.6.21労経速2369号28頁）においても，上記の地裁判決を引用のうえ，有効と判断されています。

4　実務対応

以上から，この判決からすれば，

- 業務内容（スケジュールがある場合にそれに違反した場合に，会社と第三者との契約違反となるか）
- 携帯電話（スイッチオフが許容されるか）
- 業務日報（正確性の事後的な検証が可能か）

上記３つのメルクマールを意識して，問題となる業務の実態を検討し，否定される要素があれば是正することで，この判決を根拠にみなしの適用を否定されることを防ぐべきと考えます。

なお，あくまで実務感覚ですが，例えば，営業職に就いて３年目以降等は，一般的には「指示」が不要な場面が多いため，その場合には，携帯電話を持たせても，「緊急の連絡手段」と評価される可能性が高いと思われます。他方，営業職に就いてから間もない労働者に携帯電話を持たせた場合には，（経験・能力が十分でないことを前提に）「指示」をするために持たせていると評価される可能性は否定できないと思われます。

また，終業時刻後の内勤は，別途把握する必要があることから，この部分は自己申告制で把握し，固定残業代でまかなう方法が簡便です。

第３節　みなしの「効果」

第２節では，適用要件について説明をしましたが，本節では労基法38条の２の「効果」に関連する論点について説明をします。

１　みなしの「対象」

１日の労働のうちに，事業場外労働（以下「外勤」）と事業場内労働（以下「内勤」）がある場合に，どのように労働時間を算定するかという議論があります。内勤については，使用者が労働時間を把握することが可能であるからです。

特に，始業・終業時刻「外」の内勤について，みなしを適用できるかという点は問題となります。例えば，労働者が外勤の後，終業時刻である18時00分を超えてから事業場に戻り，内勤業務に従事した場合に，この内勤もみなしの対象になるかという問題です（図１のＡの部分）。

この議論は，労基法38条の２の効果としてみなされる労働時間が，①「**始業・終業時刻に拘束された**労働時間数」か，②それとも「裸の労働時間数」かという論点に関連するものです。前者の場合，始業・終業時刻の「外」に位置する内勤について，みなしを適用する余地はありません。これに対し，後者の場合，始業・終業時刻の「内」か「外」かを問わずみなしが適用されるため，図１のＡの時間もみなしの対象と解することが可能になります。

(1)　当職の考え方

この議論について，当職の考え方は次に述べるとおりです。

事業場外労働みなし制（労基法38条の２）が適用される労働者であっても，就業規則の始業・終業時刻の適用はあります（労基法15条・89条）。そのため，労基法38条の２に基づくみなしの効果は，原則として始業・終業時刻も一体としてみなすものと理解されます。

そのため，労基法38条の２第１項本文の所定労働時間みなしとは，**就業規則に規定された始業時刻，休憩時間，終業時刻から計算される所定労働時間**をみなすものと考えられます。すなわち，始業・終業時刻とは関係のない「裸の労働時間数」をみなすものではなく，あくまでも労基法15条・89条により明示・規定された「始業・終業時刻に拘束された所定労働時間数」をみなすものです。

＊　**労基法38条の２の文言**

労基法32条２項が，「８時間」と規定し，他方で同法38条の２が，「所定労働時間」と規定していることからも，労基法38条の２が単なる時間数ではなく，始業・終業時刻の拘束を受けた所定労働時間をみなすものであることが基礎付けられます。

したがって，始業・終業時刻**「外」**の内勤は，**みなしの対象ではなく**，使用者にはその部分の時間数を把握する義務があり，別途，所定時間外労働として割増賃金が発生することになります。

この点をめぐる問題をいかに解するかは，厚生労働省や東京労働局を含め様々な見解がありますが，ここではまず，当職の考え方を①～⑥のとおり整理し，明らかにしておきます。

① 労基法38条の２の効果は，**始業・終業時刻で拘束された時間**を基準にみなしを適用できるかを検討します。

② 始業・終業時刻「内」の**外勤は，みなしの対象**になります。

③ 始業・終業時刻「内」に一部内勤がある場合には，その時間を別途把握する必要がありますが，始業・終業時刻「内」に外勤が一部存在する場合には，**内勤も含めて一体としてみなしの対象**になります。

＊ 菅野和夫『労働法（第12版）』543頁
「労働時間の一部のみを事業場外で労働する場合は，労働時間の『みなし』は事業場外での労働の部分にのみ許されるが，事業場外労働が１日の**所定労働時間帯の一部を用いて**（ないしは一部に食い込んで）なされるかぎりは，このみなしの結果，**所定労働時間帯における事業場内労働を含めて**，１日の所定労働時間だけ（または事業場内労働時間と，事業場外労働に通常必要とされる時間との合計だけ）労働したことになる」とされ，上記②③と同様の考えをとっていると思われます。

④ 始業・終業時刻「外」に内勤がある場合には，その時間を別途把握して，時間外労働として処理します。

⑤ 始業・終業時刻「外」の外勤は，みなしの対象になり，原則として所定労働時間労働したものとみなされます（労基法38条の２第１項本文）。
実務上はこの所定労働時間みなしで処理して大きな問題はありませんが，理論上，労働者側が「当該業務を遂行するためには通常所定労働時間を超えて労働することが必要」であることを主張立証した場合は，通常必要時間がみなし時間数となる可能性が存在します（同条同項但書）。
つまり，①始業・終業時刻「内」の内勤と外勤に，②始業・終業時刻

「外」の外勤を足し，それが通常所定労働時間を上回って業務が必要な場合には，労基法38条の２第１項但書によって，通常労働時間みなしになると考えればよいといえます。

⑥　みなし労働時間制が適用される場合にも，あくまでも始業時刻から終業時刻まで労務提供をすることが前提です。

この点，内勤はみなしの対象にならないため，一部内勤の場合で，内勤の部分について遅刻や早退がある場合には，遅刻や早退の時間数が把握できている以上，その時間数を，みなしている時間数から控除することができると考えます。

＊　所定時間外労働の割増率について

企業によっては，給与規程等に「終業時刻を超えて労働した場合に割増賃金を支払う」などと規定している場合があります。この点，後記⑶の東京労働局の見解によれば，従業員が遅刻し，かつ終業時刻後に労働をした場合でも，みなされる労働時間に影響がないにもかかわらず，上記のように規定していると，終業時刻を超えた部分について，割増賃金を支払う義務が生じる余地があります。そこで，このような場合に備えて，所定時間外労働の割増率を1.0と規定しておくべきです。または，「**実労働時間**が８時間を超えた場合に割増賃金を支払う」と規定することでも，上記の問題を解消できます。

上記で述べた当職の見解を表で整理すると，以下のようになります。

	始業・終業時刻の内	始業・終業時刻の外
内　勤	別途把握。みなしの対象にならない（前記③）	別途把握。みなしの対象にならない（前記④）
外　勤	みなしの対象（前記②）	みなしの対象（ただし，原則所定みなしで処理）（前記⑤）

事業場外労働みなしの対象となるのは，あくまでも事業「外」の労働であって，事業場「内」労働（内勤）は，事業場外みなしの対象にはなりません。

所定労働時間内の内勤は，別途把握しており，みなしの対象とはなっておらず，他の事業場外の時間と併せて，全体がみなしとして処理されているに過ぎません。

そのため，一部内勤の場合で内勤部分について遅刻早退がある場合には，遅刻や早退の時間数が把握できている以上，その時間数をみなしている時間数から控除することができると考えます。

例えば，９時から18時で１時間休憩の会社において，９時から10時まで内勤の予定であったにもかかわらず，個人的な都合で10時までに出勤しなかった場合には，別途把握の対象になりますので，１時間の遅刻となり，みなしの時間は７時間（８時間－１時間）となります。

⑵　実務上の運用

以上の説をとる場合には，労基法38条の２に関しては，直帰を原則とするべきです。事業場に戻ってきて内勤を行った場合はその時間を別途把握する必要があり，所定労働時間外に行われた部分に関しては，別途時間外手当を支払う必要が生じるからです。

この場合の時間外労働手当について，固定残業代制で処理する場合は，第５章で論じた有効性の問題が生じます。このような場合には，とりわけ内勤の部分について，適正に労働時間の把握，精算をすることが肝要です。

＊　**ロア・アドバタイジング事件（東京地判平24.7.27労判1059号26頁）**

一部事業場外労働の場合のみなし方について，①事業場外労働が１日の所定労働時間の一部を用いて行われている場合には，**事業場内・外を併せて所定労働時間労働をしたものとみなされる**，②事業場内労働が所定労働時間外に行われている場合でも，当該事業場内労働が事業場外労働に**付随する業務を行った**とみることができるときは，事業場内・外を併せて所定労働時間労働したものとみなされる，③事業場内労働が事業場外労働に付随してそれと一体のものとして行われていない場合は，帰社後の内勤業務は，別途通常の労働時間として把握計算すべきであり，この場合の労働時間は，「みなし労働時間」と「内勤労働時間」を合算することにより算定されるとしました。

そのうえで，出張から帰社した後，50分程度行った事業場内労働について，「その時間数（50分程度）からみて」出張の残務処理程度のものであったとみるのが自然であり，事業場外労働に付随して行われたということができるとしました。

この判決は，一部事業内労働がある場合に，事業場外労働に付随する業務か否かで判断しているように評価できます。

この判決の考え方に依拠する場合には，業務の関連性，時間が要素となると思われ，外勤業務と関連性のない業務を内勤で行った場合や，内勤が外勤業務との関連性を消滅させる程度の時間（２・３時間等）に及んだ場合にはみなしの効果が及ばなくなるものと解されます。

(3) 東京労働局及び厚生労働省の考え方

上記で述べたみなしの対象及び遅刻・早退の場合の賃金控除の可否について，東京労働局及び厚生労働省に電話で問い合わせたところ，回答内容から，それぞれ以下の見解をとっている可能性が高いと思われます。

ただし，正式な回答を受領したわけではなく，かつ，東京労働局及び厚生労働省内でも見解が分かれていることも想定されますので，あくまでも当職の問い合わせた限りの結果であることを前提に，便宜的に以下の考え方をとっていると仮定して説明をします。

	みなしの対象	遅刻・早退の場合の控除の可否
東京労働局	労働時間数	不可
厚生労働省	始業・終業時刻の拘束を受けた労働時間数（当職と同見解）	不可
当職	**始業・終業時刻の拘束を受けた**労働時間数 (かつ，事業場「外」労働)	可

＊ 東京労働局への問い合わせ結果（労働基準部労働時間課O氏）

【質問①】 みなし労働時間制は，就業規則上の始業・終業時刻の範囲内であり，始業・終業時刻外の労働については，みなし労働時間制が適用されず，別途把握して賃金を支払うという扱いになるのではないか。

【回答①】 **みなし労働時間制の適用の範囲は始業・終業時刻の範囲に限られない。**

そのため，例えば，就業規則の始業時刻が午前９時である場合に，午前８時から労働した場合であっても午前８時からみなし労働時間制の適用があるということになる。みなし労働時間の適用を超える部分で，労働時間の把握ができる部分には，別途賃金の支払義務が生じる。

【質問②】 みなし労働時間制が適用される場合で，業務が早く切りあがる，遅刻をする等が明確となっている場合，みなし労働時間制の適用がある労働時間に影響はあるか。

【回答②】 みなし労働時間制の適用が認められる場合には，所定労働時間又は通常必要とされる労働時間について労働がみなされ，その効果について，条文上明確に記載されていることから，**遅刻・早退があったからといってみなされる時間に影響はない。**

＊＊ 厚生労働省への問い合わせ結果（労働基準局監督課Ｓ氏）

【質問】 上記①及び②と同じ。

【回答】 **みなし労働時間制の適用は，就業規則上の始業・終業時刻の範囲内ということになる。**そのため，みなし労働時間制の適用は，就業規則上の始業・終業時間帯であると考えられる。それを超える労働については，別途時間外労働の議論となる。**早く業務が終わった場合であってもみなし労働時間制が適用される結果，その部分の賃金が減額されることとはならない。**

2　事例検討（一部内勤がある場合）

(1)　所定労働時間外の内勤（論点１）

【事例７－１】

Ｙ社の所定労働時間は，午前９時から午後６時まで（休憩時間１時間）であり，営業社員には所定労働時間みなしを採用していた（以下，事例７－３まで同じ）。

営業社員甲は，ある日，午前８時30分に出社し，正午まで内勤をし，正午から午後１時まで休憩を取り，その後営業に出かけ，直帰した。

まず，午前８時30分から午前９時までの内勤の時間については，所定労働時間外ですので，みなしの適用はありません。内勤として，別途時間外労働として処理します（前記１・(1)④参照）。

次に，始業時刻（午前９時）から終業時刻（午後６時）までの労働時間についてみなし制の適用を検討します（前記１・⑴①参照）。原則として所定労働時間みなしが適用されますが，労働者側が通常必要時間が所定労働時間を超えることを立証した場合に限り通常みなしが適用される点は先述のとおりです（前記１・⑴⑤参照）。

⑵　早退した場合（論点２）

【事例７－２】

甲は，午前８時30分に会社に出社し，正午まで内勤し，午後１時から午後３時まで外出し，その後会社で内勤したが，午後５時30分に早退した。

なお，午後５時30分に帰ったことが明らかであることを前提とする。

まず，午前８時30分から正午までの内勤のうち午前８時30分から午前９時までは，事例７－１と同様に，みなしの対象ではなく，別途把握して時間外労働として処理します（前記１・⑴④参照）。

次に，午後５時30分から午後６時までの30分については，控除します（前記１・⑴⑥参照）。

したがって，事例の労働時間数は，30分＋８時間－30分で，８時間になります。

＊　**厚生労働省の見解による場合**

午後５時30分から午後６時までの30分は引けないことになり，30分＋８時間で，８時間30分になります。ただし，引けないのは，「労働時間が算定し難い」（みなしの適用がある）のが前提であるところ，本件のように帰ったことが明らかな場合には把握できていますので，別途の議論の余地もあると思われます。

⑶　戻ってきて内勤した場合（論点３）

【事例７－３】

甲は，午前９時に出社し，午前10時まで会議に出席した後に外出し，午後７時に帰社し，午後８時まで机で仕事をして帰宅した。

まず，午後７時から午後８時までの内勤については，所定労働時間外の内勤ですので，みなしの対象ではなく別途把握します（前記１・(1)④参照）。

このように午後７時から午後８時までの時間を把握している以上，問題となるのは，午後６時から午後７時までの時間です。この時間の処理については，**通常労働時間みなしが適用されるかを検討**することになります。

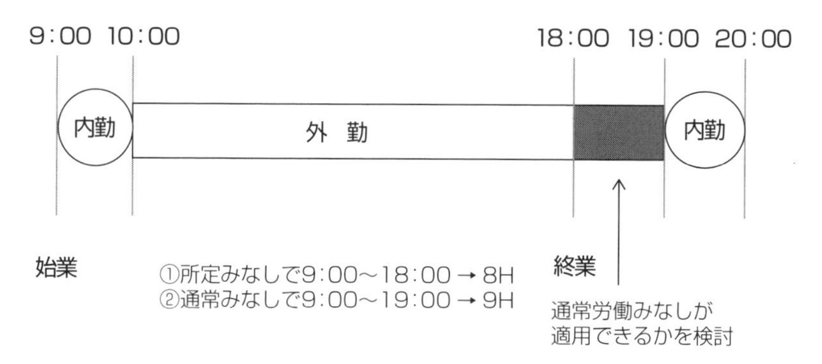

すなわち，仮に事例で所定労働時間みなしをとる場合には，８時間＋１時間（午後７時から午後８時までの内勤）となります。

他方，通常みなしを適用し，通常必要時間が９時間の場合には９時間＋１時間（午後７時から午後８時までの内勤）となります。

第４節　テレワークに関する事業場外労働みなし制の適用

１　テレワークとは？

テレワークとは，tele（離れて）＋ work（働く）から作られた言葉であり，情報通信技術を活用した「場所」や「時間」（自営型の場合はさらに「企業」）にとらわれない柔軟な働き方[16]をいいます。

テレワークは家庭生活と仕事を両立させ，多様な人材の能力発揮を可能とする手段として期待され，その普及促進のため，雇用型と自営型，それぞれのガイドラインが平成30年２月22日に改定されました（平成30年２月22日付厚生労働省『情報通信技術を利用した事業場外勤務の適切な導入及び実施のためのガイドライン』（以下この章で「本ガイドライン」））。

そして，形態としては，①労働者が従事する雇用型と，②個人事業主として発注者から委託を受ける自営型があります。

雇用型テレワークで特に問題となるのは労働時間管理の方法です。①通常の労働時間法制に基づく労働時間管理，②事業場外みなし制の利用，③裁量労働制の利用，の３つの選択肢が考えられ，いずれを選択するかがポイントになり，使用者は，他の社員と同様に本ガイドラインに倣って適切にテレワーカーの労働時間管理を行う義務を負います。中抜け時間，移動時間，休憩時間の取扱いも問題となるため，事前に社内の統一的なルールを作成するのが適切です。本ガイドラインはこれらの時間の取扱い方法を示唆しています。

最も実務に適応するのは②の事業場外みなしであり，後述します。

なお，いずれの時間管理方法による場合も，長時間労働による健康障害が使用者の目の届かないところで生じる事態を防ぐ工夫が必要であり，上長からの時間外・休日・深夜のメール送付の抑制や，深夜・休日のシステムへのアクセス制限等を講じることが実務上重要です。

一方，使用者の目が届かない以上，仕事をさぼりがちな者が出てくる可能性もあり，そのような場合に使用者がテレワークによる働き方を解除できる業務命令権を定めておくことが適切です。

16　例えば，①在宅勤務，②サテライトオフィス勤務，③モバイル勤務があります（本ガイドライン１頁）。

2　事業場外みなしの場合の留意点

第１節・３で述べたとおり，在宅勤務は，事業場外労働に該当します。この点，労基法38条の２のみなし労働時間制の適用関係では，電話連絡等により労働時間を十分に把握できるのではないかという疑念があります。しかしながら，電話で連絡がとれるとしても，現実に就労しているのか否かを判断するのは難しく，労働者からの業務報告についても，真実性の確認は難しいといえます。業務の遂行状況をパソコンのモニタリング等により監視するようなことは，自宅等の私生活を営む場所における就業であることを考えれば，絶対にありません。したがって，現時点では，労基法38条の２のみなし労働時間制の採用は許されると考えます。

実際，厚生労働省は，従来，在宅勤務について労基法38条の２のみなし労働時間制適用には否定的でしたが，「情報通信機器を活用した在宅勤務に関する労働基準法第38条の２の適用について」と題する通達を発し，次の①～②のいずれの要件をも満たす形態で行われる在宅勤務（労働者が自宅で情報通信機器を用いて行う勤務形態）について，原則としてみなし労働時間制が適用されるとの見解を示しており，方針を転換させています（平16.3.5基発0305001号，平20.7.28基発0728002号改正）。本ガイドラインでもその考え方は維持されています。

「テレワークにより，労働者が労働時間の全部又は一部について事業場外で業務に従事した場合において，使用者の具体的な指揮監督が及ばず，労働時間を算定することが困難なときは，労働基準法第38条の２で規定する事業場外のみなし労働時間制（以下「事業場外みなし労働時間制」という。）が適用される。

テレワークにおいては，使用者の具体的な指揮監督が及ばず，労働時間を算定することが困難であるというためには，以下の要件をいずれも満たす必要がある。

①　情報通信機器が，使用者の指示により常時通信可能な状態におくこととされていないこと

> 「情報通信機器が，使用者の指示により常時通信可能な状態におくこととされていないこと」とは，情報通信機器を通じた使用者の指示に即応する義務がない状態であることを指す。なお，この使用者の指示には黙示の指示を含む。
>
> また，「使用者の指示に即応する義務がない状態」とは，使用者が労働者に対して情報通信機器を用いて随時具体的指示を行うことが可能であり，かつ，使用者からの具体的な指示に備えて待機しつつ実作業を行なっている状態又は手待ち状態で待機している状態にないことを指す。例えば，**回線が接続されているだけで，労働者が自由に情報通信機器から離れることや通信可能な状態を切断することが認められている場合，会社支給の携帯電話等を所持していても，労働者の即応の義務が課されていないことが明らかである場合等**は，「使用者の指示に即応する義務がない」場合に当たる。
>
> したがって，サテライトオフィス勤務等で，常時回線が接続されており，その間労働者が自由に情報通信機器から離れたり通信可能な状態を切断したりすることが認められず，また使用者の指示に対し労働者が即応する義務が課されている場合には，「情報通信機器が，使用者の指示により常時通信可能な状態におくこと」とされていると考えられる。
>
> なお，この場合の「情報通信機器」とは，使用者が支給したものか，労働者個人が所有するものか等を問わず，労働者が使用者と通信するために使用するパソコンやスマートフォン・携帯電話端末等を指す。
>
> ②　随時使用者の具体的な指示に基づいて業務を行っていないこと
>
> 「具体的な指示」には，例えば，当該業務の目的，目標，期限等の**基本的事項**を指示することや，これら基本的事項について**所用の変更**を指示することは含まれない。」

①通信機器を通じた使用者の指示に**即応する義務**がなく，かつ②**随時**使用者の**具体的な**指示に基づいて業務を行っていない場合は，特に使用者が労働時間を算定できると認められる事情が無い限り，事業場外みなし制度の利用が可能です（本ガイドライン７頁）。

要件①については，単に回線が接続されているだけで，労働者が当該情報通信機器から離れることが自由である場合や，会社支給の携帯電話等を所持していても，労働者の即応義務が課されてないことが明らかな場合には，これに該当しないとされていますので，この点が実務上のポイントになります。

要件②については，当該業務の目的，目標，期限等の基本的事項を指示することや，これらの基本的事項について所要の変更の指示をすることは含まれないとされていますので，指示をする際には，個別具体的な指示ではなく，このような指示にとどめるべきです。

なお，仮に，事業場外労働としてみなし労働時間制を採用することが難しくても，専門業務型裁量労働のみなし労働時間制を採用できる可能性もあるといえます。ただし，裁量労働制を採用しても，午後10時から午前５時までの労働についての深夜業の規制は適用されますので，この時間帯の就労は禁止しておく必要があります。

また，法定休日労働についても，みなし労働時間制の適用にならないという見解がありますので，この点から法定休日労働も原則として禁止しておくべきです。

＊　事業場外みなしと時間単位休暇との関係

事業場外みなしを適用されている従業員については，ⅰ）子の看護休暇・介護休暇を時間単位で取得できるか，ⅱ）取得できるとして労働時間はどのように算定するかという問題があります。この点について東京労働局及び厚生労働省労働基準局監督課に架電したところ，いずれからもⅰ）取得できる，ⅱ）算定方法は労使の合意に委ねる，という旨の回答がありました。

前述第３節１⑶のみなし対象者が遅刻・早退の場合に賃金が控除できるかについては，東京労働局及び厚生労働省のいずれもが，控除は「できない」との解釈を示していました。これに対して，時間単位休暇の場合には，「労使の合意」によって決めるとし，裏を返せば合意によって控除をすることを認めています。遅刻・早退の場合と時間単位休暇の場合のいずれもが，時間の把握が可能であることが前提であるところ，このような処理に差異を設ける合理的な理由はなく，東京労働局及び厚生労働省の解釈は整合性に欠けると評価せざるを得ません。寧ろ，上記の時間単位休暇に係る東京労働局及び厚生労働省の回答は，前述第３節１⑴⑥で指摘した当職の見解に親和性を有するものと評価できます。

第8章 労働時間等に関する適用除外（労働基準法41条2号・3号）

第1節 労働時間等に関する適用除外の対象

1 労働時間等に関する適用除外の対象者

労基法41条は，労基法が定める労働時間等に関する一定の規定についての適用除外を定めています。適用が除外される労働者は，次のとおりです。

① 農業，畜産，養蚕，水産の事業に従事する者（同条1号）
② 監督若しくは管理の地位にある者，又は機密の事務を取り扱う者（同条2号）
③ 監視又は断続的労働に従事する者で，使用者が行政官庁の許可を受けたもの（同条3号）

本章では，これらの適用除外者のうち，②「監督若しくは管理の地位にある者」を第2節で，③の労働者を第3節で解説します。

2 労働時間・休憩・休日

労基法41条により適用が除外される規定は「この章（32条～41条の2），第6章（56条～64条）及び第6章の2（64条の2～68条）で定める労働時間，休憩及び休日に関する規定」です（次頁の表参照）。

32条（労働時間）
34条（休憩）
35条（休日）
40条（労働時間及び休憩の特例）
33条，36条（時間外労働，休日労働）
37条（時間外，休日及び深夜の割増賃金）のうち，時間外労働，休日労働の割増賃金に関する部分
38条（時間計算）
38条の２（事業場外労働みなし制）
38条の３（専門業務型裁量労働制）
38条の４（企画業務型裁量労働制）
60条（年少者の労働時間及び休日）
66条（妊産婦の労働時間及び休日）
67条（育児時間）

3　年次有給休暇

労基法41条が適用を除外する規定は「労働時間，休憩及び休日に関する規定」とされており，年次有給休暇の規定（労基法39条）については，適用が除外されません。

この点については，通達（昭22.11.26基発389号）においても，「法41条該当者にも法律第39条の適用がある」ことが確認されています。

4　深夜労働の割増賃金

労基法上，労働時間に関する規定と深夜業の規定（労基法37条４項）は区別して規定されています。そのため，労基法41条によって適用を除外されるのは，労働時間・休憩・休日に関する規定に限られ，適用除外者に対しても深夜業に関する規定は適用されます。したがって，適用除外者が深

夜時間帯に労働した場合には，深夜業の割増賃金を支払う必要があります（昭63.3.14基発150号）。

＊　**ことぶき事件（最判平21.12.18労判1000号５頁）**

美容院及び理容室の総店長であった従業員が，退職後に割増賃金等を請求したところ，高裁が当該従業員を労基法41条２号の「監督若しくは管理の地位にある者」に該当するとして，割増賃金請求（深夜割増賃金を含む）を全て退けたことから，これを不服とした元総店長が上告した事案です。

これに対して，最高裁は，「労基法41条２号の規定によって同法37条３項（当職注：現４項）の適用が除外されることはなく，管理監督者に該当する労働者は同項に基づく深夜割増賃金を請求することができるものと解するのが相当である」と判示しました。

第２節　「監督若しくは管理の地位にある者」（労基法41条２号）

1　管理職を誰にするかは使用者の判断

企業において構成員のうちいかなる者を（残業代を支給しない）管理職にするかは人事権の行使の一環であり，自由に行うことが可能です。

しかし，各企業において「管理職」として位置付けても，当該管理職が労基法41条２号の「監督若しくは管理の地位にある者」に該当するかは別問題です。

当該企業の取扱上「管理職」として残業代の支給の対象外であったとしても，実態に即して客観的に労基法41条２号の「監督若しくは管理の地位にある者」に該当しない場合には，労基法37条に従った割増賃金を支給する必要があります。次の図の「②」のゾーンに該当する労働者です。

この点，いかなる者が労基法41条２号の「監督若しくは管理の地位にある者」に該当するかについては，現時点でも明確な判断基準を示した最高裁判決はありません。

そこで，本節では労働行政実務の「誤解」に触れたうえで，労基法41条２号の立法経緯等からあるべき判断基準について説明します。

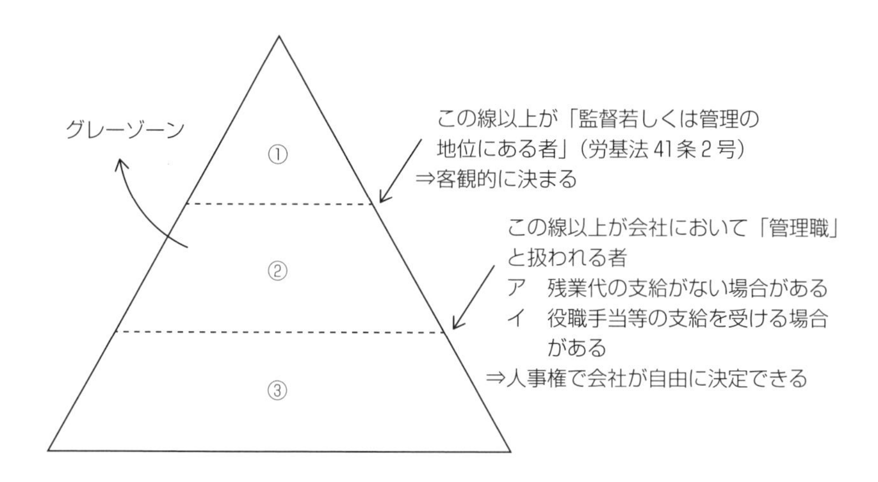

＊ **労働契約上の請求**

労基法41条２号に該当して労基法37条の割増賃金（深夜は除く）を支給しなくてもよい従業員についても，就業規則等の規定の仕方によっては割増賃金の請求が認められる余地がある点には留意すべきです。

例えば，全従業員に適用される賃金規程に割増率や割増賃金を支払うことを規定し，かつその適用対象として管理職扱いの者等を除外していない場合には，当該賃金規程に基づいて割増賃金を請求される可能性があります。

この点，労基法41条１号の事例ですが，養鶏業者について，同号の要件を満たすとする一方，会社の就業規則の規定を根拠に，時間外・休日手当等の請求を認容した裁判例があります（農事組合法人乙山農場ほか事件＝千葉地八日市場支判平27.2.27労判1118号43頁）。

実務においては，就業規則（賃金規程）に明確に割増賃金の支払対象から除外することを規定すべきです。

2　「監督若しくは管理の地位にある者」の解釈の４ポイント

ファストフード店の店長について，労基法41条２号該当性を否定した日本マクドナルド事件判決（東京地判平20.1.28労判953号10頁）以降，未だに

- 「中小企業では，社長以外については監督者性は認められない」
- 「会社規模が小さくなれば大企業と比較すると『監督若しくは管理の地位にある者』に該当しにくくなる。」

といった趣旨の発言をする労働基準監督官ないし裁判官（以下，「監督官等」）も存在し，労基法41条２号の「監督若しくは管理の地位にある者」について適切な解釈とは言い難い判断が示される例もしばしば認められます。

労基法41条２号の一般的解釈を示した最高裁判例はありませんが，下級審裁判例では，日本マクドナルド事件判決に影響を受けたとみられる判決も存在し，数の上では労基法41条２号の該当性を否定した例が圧倒的に多いのが現状です。このような状況においては，日本マクドナルド事件判決で示された判断基準の誤りを指摘し，正しい判断基準を示すことが重要であると考えられます。

そして，労基法41条２号の解釈について最高裁が一般的な基準を示していない以上，同条の解釈においては労基法の文言・立法経緯に立ち返ることが重要です。

労基法41条２号の解釈に関して，よくある「誤解」としては，以下のような事項があります。

①　「監督若しくは管理の地位にある者」を１人格（管理監督者）と考えており，監督権限と管理権限の双方が必要であること
②　管理権限は事業所単位ではなく，経営全体において必要なものであること

③ 勤務態様として，出退社が自由であること
④ 役職手当という固定給が支給されている上司より割増賃金をもらっている部下の収入が高い場合には，上司としての処遇が不適切であること

⑴ ポイント①（権限の解釈）について

ア 労基法41条２号の文言

そもそも労基法41条２号は「監督若しくは管理の地位にある者」と規定しています。この文言自体から明らかなとおり，「管理監督者」という１つの地位があるわけではなく，「監督」の地位と「管理」の地位は，明確に区別されています。

＊ 「監督」・「管理」とは

「監督」とは，労務指揮権及び業務命令権を指します。労務指揮権とは，日常の業務について，行うべき労働の内容・順序・時間配分等の指示を行う権限をいいます。業務命令権とは，労働力の提供そのもの以外にも，企業秩序の規律を含めた業務の遂行全般について，労働者に対する指示命令（健康診断受診命令等）をする権限をいいます。

他方，「管理」とは，企業組織における労働者の地位の変動や処遇に関する使用者の決定権限，つまり採用・配置・異動・昇進・昇格・降格・休職・解雇に関する権限をいいます（菅野和夫『労働法（第12版）』157頁参照）。

イ 立法経緯

労基法を起草する段階において，「監督者」と「管理者」の２つの地位が予定されていたことは，立法段階での以下の説明からも明らかです。

㈠ 「労働基準法案解説及び質疑応答」（厚生省労政局労働保護課）

労基法については，第92回帝国議会で審議がなされていますが，それに向けて，厚生省労政局労働保護課が作成した「労働基準法案解説及び質疑応答」では，次のとおり，「監督の地位にある者」と「管理の地位にある者」を明確に区別しています。

> 「第96問　監督又は管理の地位にある者とはどのような者を意味するか。
> 　答　監督の地位にある者とは労働者に対する関係に於て使用者のために労働状況を観察し労働条件の履行を確保する地位にある者，管理の地位にある者とは労働者の採用，解雇，昇格，転勤等人事管理の地位にあるものを云ふ」

(イ)　帝国議会審議における政府委員の発言

第92回帝国議会労働基準法案特別委員会での審議において，政府委員の吉武恵市氏は，次のとおり，「監督の地位」と「管理の地位」を区別して説明しています。

> 「所請監督とか管理とか，部課長のやうな地位にある人…は時間制限と云ふ訳にはいきませんから，例外を認めている」
> 「二の方（注：労基法41条２号）は監督の地位にあるとか，管理の地位にあるとか云ふ人，さう云ふ立場の者を指して居る訳であります」

ウ　行政通達

さらに，行政通達（昭63.3.14基発150号）も，以下のように「法が監督者のほかに，管理者も含めている」ことを指摘し，一定の条件のもと，部下を持たない（それゆえ監督権を行使しえない）いわゆるスタッフ管理職についても，労基法41条２号該当者に含めて取り扱うことを認めています。同通達は，「監督者」と「管理者」を区別したうえで，同条２号に該当する者の原則は監督者であることを基本とし，それに管理者も付け加わるとの理解に立っているといえます。

> 「(5)　スタッフ職の取扱い
> 　法制定当時には，あまり見られなかったいわゆるスタッフ職が，本社の企画，調査等の部門に多く配置されており，これらのスタッフの企業内に

おける処遇の程度によっては，管理監督者と同様に取り扱い，法の規制外においても，これらの者の地位からして特に労働者の保護に欠けるおそれがないと考えられ，かつ，**法が監督者のほかに，管理者も含めていることに着目して，**一定の範囲の者については，同法41条第２号該当者に含めて取り扱うことが妥当であると考えられること。」

＊ 通達の法的拘束力

「通達」には法的拘束力がなく，訴訟においては，法解釈の際にあくまでも「参考」にされるものに過ぎませんが，労基署（労働行政）との関係においては，解釈・運用の基準として作成されるものです。そのため，労基署の誤った指導に対して過去の通達を示して反論することは，効果的な手法であると思われます。

ただし，上記通達はスタッフ管理職も労基法41条２号に該当しうるとしていますが，下級審裁判例では，スタッフ管理職（ないしは一部管理業務を担っていたプレイング・マネージャー）についても，**ライン監督者と同様の判断基準を適用して（特段基準をスタッフ管理職の場合に変更しない）**，労基法41条２号該当性を否定している事例が多いと思われます。

エ 小 括

以上の労基法の文言，立法経緯，通達のいずれにおいても明確に監督と管理を分けていることに照らせば，労基法41条２号の「監督若しくは管理の地位にある者」には，「監督の地位にある者」と「管理の地位にある者」が含まれ，**いずれか**一方に該当する労働者は同条の「監督若しくは管理の地位にある者」に該当することになります。

つまり，「監督」の仕事と「管理」の仕事のうち，両方行う人でも，片方だけ行う人でも，労基法41条２号に該当するということです。

オ 平成20年通達の位置付け

日本マクドナルド事件判決後に出された通達「多店舗展開する小売業，飲食業等の店舗における管理監督者の範囲の適正化について」（平20.9.9基発0909001号）は，「監督若しくは管理の地位にある者」の「職務内容，責任と権限」について，以下のように述べています。

> 「(1)　採用
> 　店舗に所属するアルバイト・パート等の採用（人選のみを行う場合を含む。）に関する責任と権限が実質的にない場合には，管理監督者性を否定する重要な要素になる。
> (2)　解雇
> 　店舗に所属するアルバイト・パート等の解雇に関する事項が職務内容に含まれておらず，実質的にもこれに関与しない場合には，管理監督者性を否定する重要な要素となる。」

この通達からすれば，管理権限を肯定するためには，採用・解雇について権限を有していることが必要なようにも読めます。

しかし，この通達は，「店舗の店長等」を念頭に置いて出された通達に過ぎず，**およそいかなる職場においても，**「監督若しくは管理の地位にある者」の概念を画する要素として，採用・解雇権限が必要であることを述べたものではありません。本社勤務の課長職等については，一事業所のトップの者とは業務内容や役割が大きく異なっており「店舗の店長等」に関する通達の考慮要素がそのまま該当するものではないと考えられます。

また，通達（昭22.9.13基発17号，昭63.3.14基発150号）も，「監督若しくは管理の地位にある者」の解釈について採用・解雇権限に言及していません。このことからも，採用・解雇権限が労基法41条２号の該当性判断において必須なものではないといえます。

カ　部下の人数

監督権限の行使は，部下の存在が前提になります。

労基法41条２号の「監督若しくは管理の地位にある者」とは，元来は，**部下を持つライン管理職を想定**しています。ただし，「金融機関における管理監督者の範囲について」（昭52.2.28基発105号）では，部下のいないスタッフ職であっても，一定の場合には例外的に「監督若しくは管理の地位にある者」として取り扱って差し支えないものとされています。

なお，以前は部下を有していたものの，ローテーションの都合から現在たまたま部下を有していない場合に，この者をライン管理職として取り扱うことは差し支えないと思われます（一定の場合にはスタッフ職に該当することも考えられます）。

⑵ ポイント②（権限の範囲）について

労基法は，労働者・使用者の定義について，それぞれ下記のとおり定めています。

> 第９条　この法律で「労働者」とは，職業の種類を問わず，事業又は事務所（以下「事業」という。）に使用される者で，賃金を支払われる者をいう。
>
> 第10条　この法律で使用者とは，事業主又は事業の経営担当者その他その事業の労働者に関する事項について，事業主のために行為をするすべての者をいう。
>
> 第121条　この法律の違反行為をした者が，当該事業の労働者に関する事項について，事業主のために行為した代理人，使用人その他の従業者である場合においては，事業主に対しても各本条の罰金刑を科する。

労基法９条の規定から，同法10条の「事業」は「事業又は事務所」を指します。そのため，労基法10条の「使用者」とは，「その事業又は事務所の労働者に関する事項について，事業主のために行為をするすべての者」をいいます。36協定の締結（労基法36条），就業規則の作成・過半数代表者の意見聴取（同法89条・90条）等についても事業場単位の履行が求められます。労基法121条は，「当該事業の労働者に関する事項」について，事業主に対しても刑を科すと規定し，あくまでも「当該事業」での事項について，事業主が責任を負うことを基本としています。

このように労基法がその適用を事業所単位で捉えていることからすれば，

経営者との一体性についても，経営全体への参画までは求められず，労基法の適用単位となる事業場での一体性があれば足りると解されます。

それゆえ，**一事業場における**監督権限又は管理権限を有すれば，労基法41条２号の「監督若しくは管理の地位にある者」に該当すると考えるべきです。

＊ 日本マクドナルド事件判決の評価

日本マクドナルド事件判決では，店長（店舗の最高責任者）が，①**店舗の**中のアルバイトの賃金やシフトの決定，あるいは出来が悪い場合にはアルバイトを解雇することができることは認めつつも，②**全社的な**重要事項，重要施策の決定プロセスに関与していない，また，③店舗アルバイト社員の採用には関与するが，正社員のほうは本社の人事部ないし地域の統括部門が採用から人事ローテーションまで全て決めていて，店舗の店長には，人事権・考課権がなかったとし，②・③を根拠として，労基法41条２号該当性を否定しました。

上記のとおり，労基法の解釈や，店舗の店長が**正社員**の異動権限を持つことは通常想定し難いこと等からも，労基法41条２号の解釈の点で大いに疑問が残る判決です。なお，この判決後，通達（平20.9.9基発0909001号）では，経営方針決定プロセスへの関与までは問わないとされました。

＊＊ 菅野和夫『労働法（第12版）』492頁

「裁判例を見ると，管理監督者の定義に関する上記の行政解釈のうち，『経営者と一体の立場にある者』，『事業主の経営に関する決定に参画し』については，**これを企業全体の運営への関与を要すると誤解するきらいがあった**」と指摘し，労基法41条２号に関しては企業全体への関与を不要とする立場に立っているものとみられます。

＊＊＊ セントラルスポーツ事件（京都地判平24.4.17労判1058号69頁）

「原告は，**人事，人事考課，昇格，異動等**について，**最終決定権限がないことを理由に管理監督者でないと主張するが，原告の主張のように解すると，通常の会社組織においては，人事部長や役員以外の者は到底，管理監督者にはなり得ないことになる。**労働基準法が管理監督者を設けた趣旨は，管理監督者は，その職務の性質上，雇用主と一体となり，あるいはその意を体して，その権限の一部を行使するため，自らの労働時間を含めた労働条件の決定等について相当程度の裁量権が与えられ，労働時間規制になじまないものであることからすると，**必ずしも最終決定権限は必要ではないと解するのが相当である。**」と述べ，管理権限について，最終決定権までは要しないことを明確に判示しています。

上記判示のように大企業では最終決定権限まで要求すれば人事部長や役員等極めて狭い範囲の労働者のみが「監督若しくは管理の地位にある者」（労基法41条２号）と評価されることにつながりかねませんので，企業の実態を踏まえた妥当な判決です。

＊＊＊＊ **ロア・アドバタイジング事件（東京地判平24.7.27労判1059号26頁）**

同事件では，菅野和夫『労働法（第９版）』を引用して，**経営全体への関与は不要であり，重要な組織単位についての関与があれば足りる**と述べています。もっとも，この事案では，上記のような前提で，原告が従事していた「企画管理部」を重要な組織単位とし，原告が同部の№２であると認定しつつも，原告の企画管理部での勤務実態から，労基法41条２号該当性を否定しています。

なお，この判決は，「その勤務実態をみても，その所定労働時間（午前９時30分から午後６時30分）の多くは原告独自の手法を用いた営業活動に費やされており，管理的業務の方は主として早朝（始業時刻前）ないしは深夜勤務時間帯に限られていた」こと（マネージメントとプレイの割合）を，労基法41条２号該当性を否定する要素としています（後記３参照）。

(3) ポイント③（勤務態様）について

ア 出社・退社の自由は必要ではない

管理者・監督者の勤務態様等については，金融機関における管理・監督者の範囲に関する通達（昭52.2.28基発105号）の質疑応答集が参考になります。

〔問２〕 従来の行政解釈が変わらないとすれば，「出社退社について厳格な制限を受けない者」は金融機関では該当者がほとんどいないと思われるが，都市銀行の線引の範囲は広すぎないか。
〔答〕「出社・退社について厳格な制限を受けない者」という従来の行政解釈について，出社・退社が自由であるという様な，**往時の「重役出勤」的な考え方をとるならば，今日，経営トップにある者ほど早朝から夜おそくまで働くということが企業として要請されている中で，このような自由を有する者は放漫な経営体を除いてほとんどないと言えよう。**

今日の企業の実態に照らせば，「出社・退社について厳格な制限を受けない者」とは，自己の裁量において仕事を進め，出退勤についても自己管理できる権限を有する者であれば足りると解すべきです。結果として，朝遅く出社したり，夕方定刻より早く帰宅するようなことがあっても，遅刻，早退等の勤怠成績として評価され，就業規則上の制裁規定の適用がなく，昇給，昇格，ボーナス等の査定要素とされる等の不利益な取扱いを受けないような立場にあれば，「監督若しくは管理の地位にある者」として勤務態様に裁量があると解するのが適切です。

つまり，「監督若しくは管理の地位にある者」に該当するかは，労働の「量」（時間の長さ）と「賃金」の関係が切断されて処理されるか否か（遅れて出社しても，**賃金控除や懲戒等**をされないか）がメルクマールになります。

＊　セントラルスポーツ事件（京都地判平24.4.17労判1058号69頁）
　同事件では，「遅刻，早退，欠勤による賃金控除がない」点を，勤務態様の点で，労基法41条２号該当性を肯定する要素として採用しています。

イ　監督業務からの帰結

勤務態様に関しては，「監督若しくは管理の地位にある者」は，労働時間管理になじまない者というイメージもあります。

労基法41条２号の「監督若しくは管理の地位にある者」は，「監督者」を出発点にしており，管理者は，あとから付加した概念であると考えられます（前記⑴・ウ参照）。そして，監督者は，①労務指揮権の行使として労働時間管理を行うため，②部下に対する安全配慮義務（労契法５条）の履行のため，「部下より先に出勤し，部下より後に帰る」働き方が想定されます。

このように監督者は，自分の業務遂行の内容ではなく，部下の監督という「他人の業務」によっても労働時間が決定されることになるので，一般労働者と同様の労働時間管理にはなじまない者といえます。

＊ **電通事件（最判平12.3.24労判779号13頁）**

同事件は，使用者に代わって労働者に対し業務上の指揮監督を行う権限を有する者が，労基法41条２号の「監督若しくは管理の地位にある者」として，安全への配慮義務の第一次的な担い手であることを示唆しています。

「使用者は，その雇用する労働者に従事させる業務を定めてこれを管理するに際し，業務の遂行に伴う疲労や心理的負荷等が過度に蓄積して労働者の心身を損なうことがないよう注意する義務を負うと解するのが相当であり，**使用者に代わって労働者に対し業務上の指揮監督を行う権限を有する者は，使用者の右注意義務の内容に従って，その権限を行使すべきである**」とされています。

＊＊ **監督者に長時間労働の実態がある場合**

監督者に長時間労働があることは，「勤務態様」の裁量や「待遇」の相当性の判断ではマイナス要素として評価されることがあります。

例えば，コンビニエンスストアの店長の労基法41条２号該当性が問題になった九九プラス事件（東京地立川支判平23.5.31労判1030号５頁）では，ⅰパートアルバイトが確保できない場合には店長が自ら勤務していたこと，ⅱ経験の浅いパートアルバイトの場合には，店長が指導等をする必要があったことから，「店長の出勤日や出勤時刻等に関する裁量は，自由裁量というものではなかったといえ，現に，原告の労働時間は，相当長時間に及んでいる」と指摘して，勤務態様の点でマイナスに考慮しました。

また，低酸素脳症による完全麻痺になった飲食店の支配人が，損害賠償と割増賃金の支払を求め，割増賃金の請求の中で労基法41条２号該当性が１つの争点になった康正産業事件（鹿児島地判平22.2.16労判1004号77頁）では，「午前10時より前に出勤して午後11時以降も勤務し，また休日であるはずの日にも出勤していた」等と認定したうえで，「過労であることを自覚しながらなお長時間の労働に従事せざるを得なかったのであるから，**管理監督者に相応な勤務態様**であるとはおよそ認められない」としています。

ウ タイムカードは裁量を否定することにはならないこと

近時，健康管理のための労働時間把握を目的として，監督者に対してもタイムカードを採用している会社が多数ありますが，この事実のみによって労基法41条２号の該当性が否定されることにはなりません。タイムカードにより遅刻・早退等の場合に賃金控除等をしている場合に初めて労働時間と賃金がリンクすることになり，否定要素となると考えるべきです。

厚生労働省の「労働時間の適正な把握のために使用者が講ずべき措置に関するガイドライン」（平29.1.20策定）でも，労基法41条該当者はその適用除外とされているものの，「健康確保を図る必要があることから，使用者において適正な労働時間管理を行う責務がある」とされているところです。そのため，タイムカードにより時間管理がなされていることを理由に，出社退社等について厳格な制限を受けていると評価されるものではないと考えます。

さらに，労安衛法の改正により面接指導実施のため労働時間状況の把握が義務付けられ（労安衛法66条の８の３），改正労安衛則52条の７の３では，労働時間の状況の把握方法としてタイムカードによる記録等を原則としています。そのため，タイムカードで時間管理をしていても，この法令を遵守するために行っているに過ぎないと考えられタイムカードによる時間管理から出社退社等について厳格な制限を受けていると評価されるものではありません。

＊　管理職についてタイムカードの打刻等がなされていても，それは単に給与計算上の便宜に過ぎず，それをもって労基法41条２号に該当しないものとは判断できないとされた事案があります（徳州会事件＝大阪地判昭62.3.31労判497号65頁）。

⑷　ポイント④（待遇）について

ア　基本的な考え方

賃金等の待遇に関する基準については，そもそも労基法41条２号の法文に定めがありません。労基法の立法当初の行政通達（昭22.9.13基発17号）においても，待遇面は「監督若しくは管理の地位にある者」の判断基準として全く考慮されていませんでした。このような経緯からすれば，立法者の意思としては，賃金等の待遇面を基準とはしていなかったといえます。

また，労基法41条２号に該当するか否かは，割増賃金の不払に関する刑事罰の適用範囲に関わるものです。仮に待遇面を労基法41条２号の判断基準に用いるとすれば，法文にない要件に従って刑事罰を科すことになり罪刑法定主義に抵触する可能性があります。

以上の点から，労基法41条２号の該当性の判断基準に賃金等の待遇面を含めるべきではなく，仮に判断基準とする場合もこの要素を重視するのは妥当ではありません。

＊ 労基法案の審議において政府委員であった寺本廣作氏は，労基法制定直後の昭和23年７月10日に発行した著書において，「監督若しくは管理の地位にある者」について，**「外国にはその給与額をも一の参考として管理監督の地位を解釈する事例もあるが我が国の現状では採用し難い」**として，明確に賃金面を基準にすることを否定しています（『労働基準法解説』256頁，時事通信社）。

イ　年収額

あるべき法解釈としては，上記アで述べたとおりですが，労基署への対応であればまだしも，訴訟においては，近時の下級審の傾向からすれば，賃金面を主張しないのは厳しいと思われます。

訴訟実務では，労基法41条２号の「監督若しくは管理の地位にある者」として相応しい待遇を受けているかが度々問題となりますが，どの程度の待遇をもって相応しい待遇とするかは，業種や企業規模等の様々な要素から総合的に判断されています。そのため，この点に関する統一的な基準は存在していません。

もっとも，一応の目安として，年収が「1075万円」以上の場合には，待遇面に関しては「監督若しくは管理の地位にある者」に該当するとみて差支えがないケースが多いように思われます。

すなわち，有期労働契約の契約期間の上限が例外的に５年まで認められる「専門的知識等を有する者」のうち，技術者・エンジニアについては，年収が1075万円以上であることが条件の１つになっています（労基法14条１項１号，平15.10.22厚労告356号）。さらに，年収が1075万円を超え，かつ一定の業務の場合には，労契法18条１項の無期転換権行使の例外として，当該業務完了までの期間（ただし，期間が10年を超える場合は10年間）無期転換権が発生しないこととされています（専門的知識等を有する有期雇用労働者等に関する特別措置法２条３項１号・８条１項，同法施行規則１条）。

加えて，労働時間に関する労基法の定めが適用されない高度プロフェッショナル制度も，収入要件を1075万円以上としています（労基法41条の２第１項２号ロ並びに労基則34条の２第５項及び６項）。

このように労基法で例外的な取扱いが認められている高度専門職の一部について待遇に関する基準が年収1075万円以上とされていることは，労働時間に関する規定の適用除外が認められる労基法41条２号の「監督若しくは管理の地位にある者」の待遇を考えるうえでも一定の参考になり得るものと思われます。

もっとも，時間外・休日労働の割増賃金の支給対象とされていない管理職扱いの従業員で年収1075万円以上の者は，製造業等では少ないものと思われます。年収1075万円以上であることは，労基法41条２号に該当する者として積極的に扱ってよい事情になり得る反面，年収1075万円未満であることが労基法41条２号の該当性を否定する事情になることはないと解されます。判例及び裁判例においても，年収が1000万円未満の者について労基法41条２号の該当性を認めた例も存在します。

また，労基法41条２号の「監督若しくは管理の地位にある者」として相応しい待遇か否かの境界（待遇の下限）については，上述のとおり明確な基準は存在しませんが，一般論としては年収が700万円を超えているかが１つの目安になるものと思われます。

＊　年収700万円の意味

平成19年労基法改正案における日本型「ホワイトカラーエグゼンプション」が，議論された際，大企業を中心に組織されている日本経済団体連合会（経団連）は700万円が基準になると議論していました。このような経緯等から，当職としては700万円が１つの基準になると考えています。

労基法41条２号該当性はあくまでも当該企業の規模等によって決まるのであり，中小企業であれば，年収700万円以下でも，待遇面において労基法41条２号該当するうえで問題ないと評価される待遇である可能性があると考えています。実際，上記の議論の際，中小企業を中心とする商工会議所では，中小企業の係長のレベルをイメージして，「400万円」が基準になるとの意見もありました。

なお，店長の収入が，**賃金センサス**による平均賃金を上回っていたとしても，店長が賃金面で他の一般労働者に比べて優遇措置がとられていたとはいえないとして，労基法41条２号該当性を否定した事件として，穂波事件（岐阜地判平27.10.22労判1127号29頁）が存在します。

＊＊ 高度プロフェッショナル制度

平成30年の労基法改正により新たに新設された高度プロフェッショナル制度は，収入や業務の内容等に関する一定の要件を満たす労働者について，労使委員会の決議を経ること等によって，労働時間（労基法32条等），休憩（労基法34条），休日（労基法35条），深夜割増賃金（労基法37条４項）の規定を適用しないものとする制度です（労基法41条の２）。

そして，労基法41条の２第１項２号ロ並びに改正労基則34条の２第５項及び６項では収入要件が規定され，労働契約により使用者から支払われると見込まれる賃金の額を１年間当たりの賃金の額に換算した額が基準年間平均給与額の３倍の額を相当程度上回る水準として厚生労働省令で定める額以上とされ，この「基準年間平均給与額」は，厚生労働省において作成する毎月勤務統計における毎月決まって支給する給与の額の１月分から12月分までの各月分の合計額であり，「厚生労働省令で定める額」は1075万円とされています。

前述のとおり，「監督若しくは管理の地位にある者」であっても，深夜労働に対する割増賃金は適用されますが（第１節・４参照），上記のとおり，高度プロフェッショナル制においては，年収が1075万円を超えた場合には，深夜割増賃金すら適用を除外されます。

厚生労働省は，高度プロフェッショナル制度に関する決議の届出状況を公表しているところ，2020年６月末の時点で制度開始からの合計が16件に留まっており，導入は進んでいません。

ウ 時給換算した場合

労基法41条２号の「監督若しくは管理の地位にある者」として相応しい待遇が付与されているといえるかについては，時給に換算した場合の金額を検討することもあります。前述の「多店舗展開する小売業，飲食業等の店舗における管理監督者の範囲の適正化について」（平20.9.9基発0909001号）は，「特に，当該時間単価に換算した賃金額が最低賃金額に満たない場合は，管理監督者性を否定する極めて重要な要素となる」としています。

なお，裁判例等の中には，労基法41条２号の該当者として取り扱われている管理職と一般社員（部下）の時給をそれぞれ比較して，一般社員の時給の方が高いことを労基法41条２号の適用を否定する事情として用いている例もありますが，必ずしも適切な分析とはいえません。この点については，下記エを参照してください。

エ　固定給を支給するメリット

裁判例等の中には，労基法41条２号の該当者とされている管理職の賃金額と，通常の割増賃金が支給される一般社員（部下）の賃金額を比較して，両者の賃金額に逆転現象が生じていること（割増賃金を加えた一般社員の賃金額が，管理職の賃金額を上回っていること）を労基法41条２号の適用を否定する事情として指摘する例がしばしば認められます。

しかし，管理職については，割増賃金の支給がされないことを踏まえて役職手当や基本給など固定給（安定収入）として設計されているのが通常です。対して時間外・休日労働の割増賃金は，日々の時間外・休日労働の必要が生じた場合に使用者の指揮命令によって初めて生じるものであり，固定給のような安定収入ではありません。このことは，社内外の事情によって時間外・休日労働が急減したために，一般社員の収入が低下するという事態が現に生じている社会的実態からも明らかだと思われます。

労働者の生活は，一般的には家賃の支払や住宅ローンの返済等の固定支出を念頭に設計されます。生活のための固定支出を考えた場合，時間外・休日労働に関する割増賃金の受給よりも，役職手当等の固定給として受給する方が安定収入となり，より生活が安定するというメリットがあります。

このように固定給には時間外・休日労働時間数に左右されず収入が安定するメリットがあることを踏まえると，一時期の割増賃金を加えた一般社員の賃金額と管理職の賃金額を比較することは無意味であると考えられます。

3　プレイング・マネージャーをいかに考えるか

近時しばしば問題となるのは，管理・監督業務に加えて自らも業務遂行を行ういわゆる「プレイング・マネージャー」の労基法41条２号該当性をいかに考えるかという点です。

昭和の時代においては，１つの職場に部長がいて，その下に課長，係長，一般社員がおり，各々が部下を持ち監督を行っていました。

しかしながら，近時においては，メールやグループウェア等によって情報伝達に関するマネジメントの部分が減りました。そのことによって，労基法41条２号が本来的に予定していたマネジメント部分の割合が極端に少ない（あるいは「スタッフ管理職」のように存在しない）管理職が増加するようになりました。

このようなプレイング・マネージャーの労基法41条２号該当性を検討するうえで重要なのは，マネジメント部分（管理・監督業務）と，プレイ部分（部下と同様の現場業務）の割合です。

マネジメント部分の割合がプレイ部分の割合よりも相当に多い場合（マネジメントが中心の場合），労基法41条２号の該当性は肯定されやすいといえます。他方，自らがプレイヤーでありながら，手すきのわずかな時間にシフトを作ったり人事管理を行ったりする場合（プレイが中心の場合）には，同条の該当性が否定される可能性が高いと思われます。

＊　マネジメント専従の事案

日本ファースト証券事件（大阪地判平20.2.8労判959号168頁），姪浜タクシー事件（福岡地判平19.4.26労判948号41頁）は，労基法41条２号該当性が肯定された事件ですが，両者ともプレイの部分がなく，**専ら管理・監督業務**を行っていた事案です。

＊＊　プレイング・マネージャーの事案（ただしいずれも割合は不明）

例えば，ゲートウェイ21事件（東京地判平20.9.30労判977号74頁）では，原告の地位を「非役員では最高等級」と認定しながらも，原告が営業マンとして働き，営業成績No.１の社員として**東京支社長という肩書をもらい，銀座支店において組織上の最上位者として，支店におけるほかの営業マンたちの管理も行っていた事**例にもかかわらず，労基法41条２号への該当を否定しました。

また，ロア・アドバタイジング事件（東京地判平24.7.27労判1059号26頁）では，「その勤務実態をみても，**その所定労働時間（午前９時30分から午後６時30分）の多くは原告独自の手法を用いた営業活動に費やされており，管理的業務の方は主として早朝（始業時刻前）ないしは深夜勤務時間帯に限られていた」こと**を，否定する要素としてみています。さらに，コナミスポーツクラブ事件（東京地判平29.10.6労経速2335号３頁，東京高判平30.11.22労判1202号70頁）では，原告を含めた複数の支店長が，人員不足の状況を踏まえフロント業務やインストラクター業務等一般従業員と同様の業務にも**日常的に**携わらざるを得ない状態であった事実を，労基法41条２号を適用することを否定する事情に使っています。

他方，ことぶき事件（東京高判平20.11.11労判1000号10頁）は，総店長として代表取締役に次ぐナンバー２の地位にあった者について，「顧客に対する理美容業をも担当している」としてプレイング・マネージャーであることを前提にしながら，労基法41条２号に該当すると判断しています。

＊＊＊　**菅野和夫『労働法（第12版）』493頁**

日本マクドナルド事件判決に関して，「店長の権限と役割からは，店長の業務にのみ従事していたのであれば十分に管理監督者と認められえたが，**シフト・マネージャーの業務が加わったことによって，労働時間規制を適用除外するには不適切となったと思われる**」と述べ，営業業務に従事していたこと（プレイ部分の存在）が，労基法41条２号の判断に影響を及ぼした可能性について言及されています。

4　人数（割合論）

労基法41条２号の「監督若しくは管理の地位にある者」として扱っている管理職が事業場全体の労働者に占める割合についても確認することが望ましいといえます。労働基準監督官の中には，管理職の割合を１割程度に止めるよう指導をする例も見られます。

管理職の割合が多いことは，その分１人当たりの管理職が持つ部下の数が少ないことを意味します。部下の数が少ないことは，業務全体におけるマネジメント業務の割合が低いことをうかがわせる事情になる可能性がありますので，管理職の割合が高い場合には注意を払う必要があります。

5　まとめ

本節で述べたことをまとめると以下のとおりになります。

①　監督，管理権限
→どちらかがあればいい。とりわけ，本社の管理職に関しては，監督権だけでよい。

②　監督・管理権限
→事業所ベースであればよく，法人ベースで考える必要はない。

③　出退勤・勤務態様
→労働の量と賃金の関係が切断されているか。

④　待遇
→1075万円あれば問題ない。
→最低賃金の問題が生じていないか。
→管理職についての固定収入のメリット
＊プレイとマネージメント業務の比率や人数（割合論）は，①～②を検討するうえでの補充的な要素となる。

6　当職の近時の行政対応の実例

当該事案は，労働基準監督官から是正勧告時に民事訴訟の判決に基づいた労働局のパンフレットが示され，管理職（監督者）については重要な経営会議への出席がないなど権限が不十分であることを理由に労基法41条２

号に該当しないとされたものです。

この東京労働局作成のパンフレット『しっかりマスター労働基準法・管理監督者編』では，「個々のケースで管理監督者に当てはまるかどうかについては，これまでにいくつもの裁判例があります。ここで代表的な裁判例を紹介しますので，参考にしてください」という記述に続いて労基法41条２号の該当性が争点となった民事訴訟の裁判例（否定例９件，肯定例１件）が記載されています。この裁判例の否定例の中には，「会社の営業方針全般を決定する営業会議への出席を求められなかった」，「出退勤は記録によって管理されていた」等の事情が箇条書きにされており，労基法41条２号の解釈として疑問のあるものが挙げられています。

さらに，裁判例に続いて「労働基準法違反で罰金刑に処せられた刑事裁判例もあります」という注意書きが盛り込まれており，刑罰を背景とした行政指導であるにもかかわらず，刑事裁判例を例外に位置付け，民事裁判例を前提にするかのような記述がされています。

しかしながら，労基法41条２号の権限については，上述のとおり，監督権限または管理権限のいずれかで足り，経営全体への参画までは必要ではなく，また労働刑法に関わる是正勧告の事案と民事訴訟の事案の法解釈を混同している点で上記の労働基準監督官の是正勧告には誤りがありました。

そこで当職は，労基法41条２号の権限についての解釈論（上記**2**・(1)，**2**・(2)の記述を参照）を説明した意見書を作成し，会社を通じて労働基準監督官に提出しましたが，それでも労働基準監督官は納得せず，あくまで過去の割増賃金の遡及払が必要であると回答しました（当該回答時に，担当の労働基準監督官の上席からは，会社から改めて言い分を整理した是正報告書が提出されれば，これに応じた検討は考えるという回答もありました）。

そこで，会社と当職は，①今回の是正勧告は，割増賃金の遡及払の問題について，労働行政は介入を控えて労使の協議に委ねるべきとする過去の行政通達（昭52.2.28基発105号）と齟齬をきたすこと，②労基法41条２号に該当することを前提に支給した給与部分（役職手当など）は遡って返還請求を求めることになり，労使双方にとってメリットに乏しいこと（社会福祉法人恩賜財団母子愛育会事件＝東京地判平31.2.8労経速2387号17頁参照）から遡及払について再考を求める是正報告書を提出し，労働基準監督官の理解を得ました。

＊ 割増賃金の遡及払に関する過去の通達

パンフレット『しっかりマスター労働基準法・管理監督者編』には，関連する行政通達が複数引用されており，その中の１つ（昭52.2.28基発105号）には，「割増賃金の遡及支払」において次の記述があります。

「従来法第41条２号該当者として取り扱ってきたため，一定額の役付手当を支給する代りに割増賃金を支給しないこととしてきた経緯があり，この役付手当（基本給に吸収されている場合もある）の性格が問題となる。当初から法第41条第２号に該当しないとされていたならば，一般社員の場合と同様に，当然に割増賃金が支給される代りに役付手当又は役職者への昇格に伴う増額給与はおそらく支給されない又は役付手当の額が現行より低額なものとされたであろうと考えるのが妥当であり，従来のそれら役付手当等の中に超過労働に対する割増賃金的な性格が加味されていたと見るべきものとも考えられる。しかしながらその金額があらかじめ制度的に，あるいは労使の確認等によって明確にされていない。従ってその手当等の性格や過去に実績に対する法定の割増賃金と対比してその過不足を論じることは事実上不可能である。また，従来法第41条第２号該当者として取り扱ってきた者の労働時間については厳格な時間管理をしていないのが実態であるから，これらの役付者の過去の超過労働の実績を個人ごとに把握することもまた，事実上不可能である。以上により，過去の超過労働に対する割増賃金の遡及支払問題については，行政機関として関与することはできない性質のものであるから，労使の協議によりその取扱いを決める以外に方法はないものと考えられる。」

＊＊ 不当利得に関する問題

多くの企業では，労基法41条２号の「監督若しくは管理の地位にある者」として扱う管理職に対しては，時間外・休日労働に関する割増賃金が支払われないことについて代替的な賃金設計がされています。例えば，割増賃金が支給されない管理職を対象に支給される役職手当や基準内賃金の等級区別などがこれに該当します。この点，社内で管理職扱いの者が実際は労基法41条２号の「監督若しくは管理の地位にある者」に該当しなかった場合，同条に該当することを前提に支給されていた賃金（役職手当など）については，遡って受給資格を欠いていたことになります。そのため，当該賃金については，法律上の原因のない給付として，不当利得返還請求の対象となる可能性があります（社会福祉法人恩賜財団母子愛育会事件＝東京地判平31.2.8労経速2387号17頁）。したがって，割増賃金を支給する代わりに受給資格を欠く賃金の返還を要する場合，敢えて割増賃金という形で精算する実益が乏しいといえる事案もあります。

ちなみに，この不当利得の返還請求権の消滅時効は10年であり（改正民法166条１項２号），多額の役職手当の返還の事例も発生することになります。ただし，前述のように差額分である７から８年分については権利濫用（民法１条３項）と評価される可能性があると思われます。

第３節 「監視又は断続的労働に従事する者」（労基法41条３号）

１ 監視・断続的労働者

(1) 監視・断続的労働者の範囲

監視又は断続的労働に従事する労働者については，行政官庁（所轄労働基準監督署長）の許可を得ることで，労基法の労働時間等に関する規制の対象から除外されます（労基法41条３号）。

具体的な許可基準は通達において定められています。通達上，「監視に従事する者」とは，一定部署にあって監視するのを本来の業務とし，常態として身体又は精神的緊張の少ないものとされています。また「断続的労働に従事する者」とは，労働時間が断続的であるため，休憩時間は少ないが手待時間が多い者をいうとされています。そして，実労働時間の合計が

８時間を超えるような場合には，「断続的労働」として許可すべきではないとされています（昭22.9.13発基17号，昭23.4.5基発535号，昭63.3.14基発150号）。

このような業務に従事している労働者の例としては，守衛，小・中学校の校務員，役員専用の自動車運転手，マンション管理人，警備員（平5.2.24基発110号）等が挙げられます。

(2) 労基法41条３号の許可を取得した場合

ア 許可は効力要件

ここで重要なのは，第１に，許可が適用除外の効力要件であるということです。そのため，労働基準監督署長から許可を得ていない場合には，客観的には労基法41条３号の監視・断続的労働者に該当するとしても，適用除外は認められません。その場合には，労働時間が法定労働時間を超過すると，割増賃金の支払が必要になります（共立メンテナンス事件＝大阪地判平8.10.2労判706号45頁）。

イ 司法審査によって覆される可能性

第２に，労働基準監督署長の許可を受けたとしても，訴訟になった場合には労基法41条３号の該当性を改めて検討され，仮に裁判所が労基法41条３号の要件を満たさないと判断した場合には，割増賃金の支払の対象になるということです。

例えば，奈良県〔医師・割増賃金〕事件（奈良地判平21.4.22労判986号38頁，大阪高判平22.11.16労判1026号144頁）では，許可は得ていたものの，裁判所は，独自に労基法41条３号該当性を検討し，結局，労基法41条３号の要件を満たさないとして，被告に割増賃金の支払を命じました。

この事件では，判決は，「医療機関における休日及び夜間勤務の適正化について」と題する通達（平14.3.19基発0319007号）及び同通達に添付された許可基準に依拠して，同許可基準に合致することと，労基法41条３号の要件を具備していることをイコールと考え，同許可基準に本件を当てはめました。また，被告も，判決文上から見る限りは，同許可基準に基づき労基法41条３号該当性を検討するのは妥当でないこと等の主張をしていませんでした。むしろ被告は，許可が取り消されていないことを根拠に，本件の宿日直勤務が労基法41条３号に該当すると主張していました。

しかしながら，そもそも通達自体に法的拘束力がないことはもちろんですが，上記の許可基準は，昭和の時代等の通達（昭22.9.13発基17号，昭63.3.14基発150号，昭24.3.22基発352号，平11.3.31基発168号）の概要をまとめたものであり，例えば，「宿直は週１回，日直は月１回を限度とすること」という基準は，週休１日制の時代に規定された内容を，週休２日制が一般的となった現代においてもそのまま踏襲しているなど，現代社会の実態にそぐわず，参考にならないと考えます。したがって，そのような許可基準に基づいて労基法41条３号の要件を検討すること自体，妥当ではないと考えます。被告は，このような許可基準（及びその前提となる通達）に依拠せず，労基法41条３号の該当性を争うべき事案であったと思われます。

2　宿直手当に関する諸問題

看護師・医師等の医療関係者等について，労基法41条３号の上記の許可が取得できない場合にどのように宿直時間の賃金を支給するかという問題があります。

この点については，第４章・第３節・**2**・⑵と同様に，「通常の労働時間…の賃金」（労基法37条１項）をどの時間帯で見るか等が問題になります。

第９章
変形労働時間制・フレックス・裁量労働制と割増賃金

第１節　変形労働時間制（労基法32条の２，４，５）

１　変形労働時間制とは

変形労働時間制とは，単位となる一定の期間を平均して１週間の労働時間が法定労働時間を超えない範囲において，当該変形労働時間においては，１日及び１週間の法定労働時間の規制にかかわらず，これを超えて労働させることができる制度です。

２　１カ月単位の変形労働時間制について（労基法32条の２）

(1)　１カ月単位の変形労働時間制の趣旨

本条の趣旨は，労使協定又は就業規則等によって定めた１カ月以内の一定期間を平均した１週間当たりの所定労働時間が，法定労働時間（40時間）[17]を超えない場合には，特定の週の所定労働時間が40時間を，又は特定の日で８時間を超えていても，労基法32条違反とならない（したがって

17　ただし，特例措置対象事業場では週単位の上限が44時間となります（労基法40条，労基則25条の２第１項）。その場合は，以下の「40時間」とある部分を44時間と読み替えてください。

36協定の締結や割増賃金の支払をする必要も無い）という制度を認めることにあります。

この制度により，忙しい月始月末は労基法32条の限度よりも労働時間を増加させ，それ以外では減らす，といった柔軟な労働時間の設定が可能となります。

(2)　１カ月単位の変形労働時間制と時間外労働

１カ月単位の変形労働時間制を適用した場合の時間外労働となる時間について，下記の事例をもとに説明します。下記の事例は，平成22年版厚生労働省労働基準局編『労働基準法（上)』412頁の図に当職が修正を加えたものです。

この図のうち，グレーの時間が所定労働時間，白色の時間が所定労働時間を超えた時間です。１カ月単位の変形労働時間における時間外労働のカウントは，①１日単位→②１週間単位→③変形期間単位の順序で検討していきます。

ア　１日単位

１日の法定労働時間は８時間ですので，１日の所定労働時間が８時間を超えている日と，８時間以下である日に分けて考えます。すなわち

①　１日の所定労働時間が８時間を超えている日は，所定労働時間を超えた実労働が法定時間外労働

②　１日の所定労働時間が８時間を超えない日については，１日８時間の法定労働時間を超えた実労働が法定時間外労働

となります。

具体例でみると，事例の第２週のイは，所定労働時間が８時間の日ですので，上記②によって，第３週のニは，所定労働時間が10時間の日ですので，上記①によって，それぞれ時間外労働になります。そして，第２週のロ及びハ，第４週のホ及びヘは，１日単位でみる段階においては法定時間

【事例】

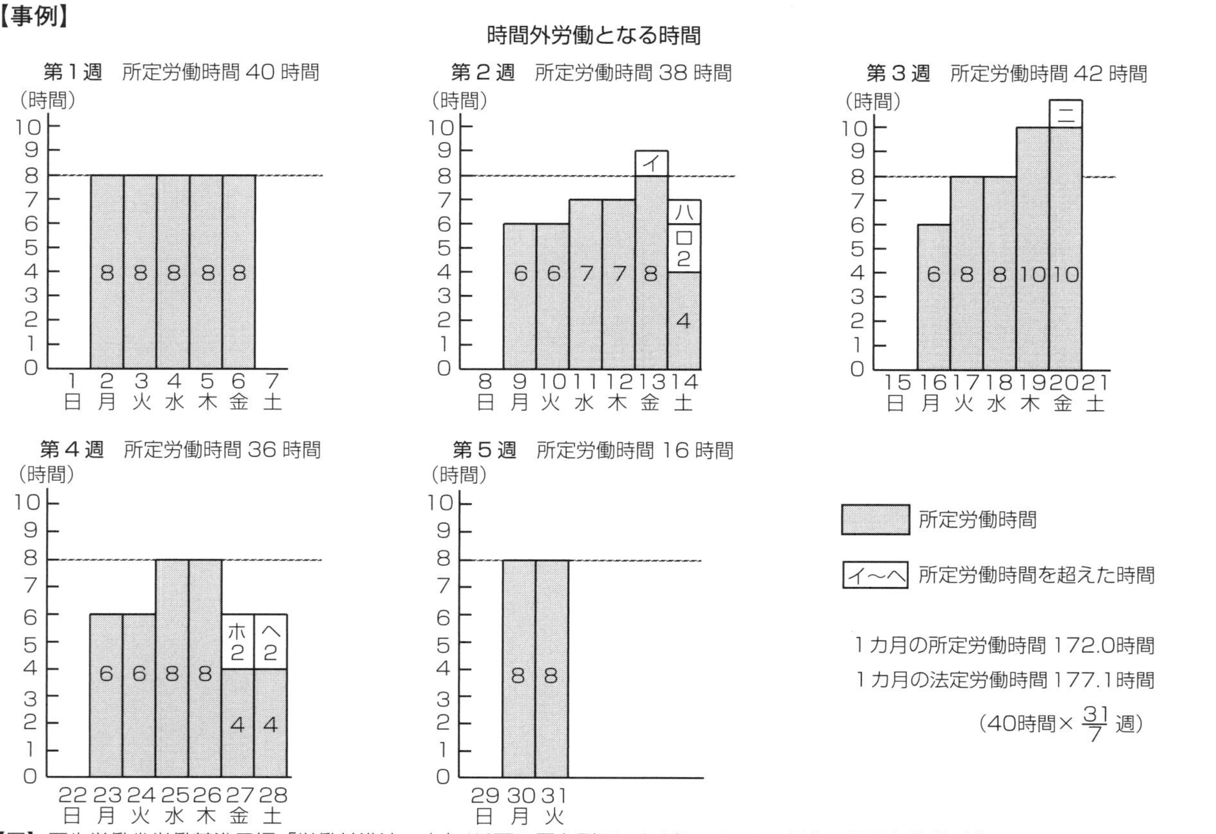

【図】厚生労働省労働基準局編「労働基準法　上」412頁の図を引用。ただし，31日の部分の標記を筆者が修正。

外労働としてはカウントされません。

イ　１週間単位

１週間単位でも，１週の法定労働時間は40時間ですので，１週の所定労働時間が40時間を超えている週と，40時間以下である週に分けて考えます。具体的には，

①　週所定労働時間が40時間を超えている週については，１週の実労働時間が週所定労働時間を超えている時間から，当該週においてすでに「ア　１日単位」の計算で時間外労働としてカウントされた時間を差し引いた時間[18]

②　週所定労働時間が40時間を超えない週については，40時間を超えて労働した時間の１週の合計時間数から，当該週においてすでに「ア　１日単位」で時間外労働としてカウントされた時間を差し引いた時間

が，１週間単位での時間外労働時間となります。

事例の第２週（１週間の所定労働時間38時間）を見てください。第２週は，週所定労働時間が40時間以下の週ですので，①40時間を超えて労働した時間の合計時間数から，すでに１日単位で時間外労働としてカウントした時間を差し引いた時間が時間外労働時間となります。第２週のイの１時間はすでに１日単位で時間外労働としてカウントしていますので，１週間単位の時間外労働を検討するときには，カウントしません。そして，９日から13日までのカウントすべき労働時間が６＋６＋７＋７＋８＝34時間ですので，14日の労働のうち６時間まで（つまりロまで）は週40時間を超えず，１週間単位の段階では時間外労働にはなりません。他方，ハの１時間（14日の６時間～７時間の労働）は，40時間を超えた時間になりますので，時間外労働になります。

また，第４週（１週間の所定労働時間36時間）のホ及びへは，40時間を

18　差し引くのは，すでに「ア　１日単位」でカウントして割増賃金を支払っているので，１週単位でもさらにカウントすると二重払いとなるためです。

超えた時間ではないので，１週間単位でみる段階においては，時間外労働としてカウントされません。

ウ　変形期間単位

１カ月単位の変形労働時間制では，当該期間の１週間当たりの平均労働時間が週法定労働時間の40時間を超えない必要があることは，すでに述べたとおりです。１週間当たり40時間ということは，１日当たりでいえば40÷７時間ということになりますから，１カ月が31日の場合は40÷７×31＝177.1時間が総枠時間となります。これを１カ月の所定労働時間の合計が超えないことが必要となります。そもそもこれを超えている場合には当該変形労働時間制は無効となるので注意してください。

以上からすると，１カ月が31日の場合には，この法定の総枠時間である177.1時間を超えて労働した時間から，二重カウント防止のため，前述した「ア　１日単位」及び「イ　１週間単位」の時間外労働時間を控除した残りの時間が変形期間単位での法定時間外労働となります。

とすると，前記事例の第４週のへの0.9時間が，変形期間単位の法定時間外労働となります。

エ　まとめ

以上に述べてきた１カ月単位の変形労働時間制の法定時間外労働の計算方法をまとめると以下の表のようになります。

	１カ月単位変形労働時間制の時間外労働の検討内容	割増賃金の要否
イ	・１日８時間を超え，かつ，１日の所定労働時間を超える	要
ロ	・１日８時間を超えない ・１週40時間を超えない ・１カ月の総労働時間の限度（177.1時間）を超えない	否

ハ	・1日8時間を超えない ・1週40時間を超え，かつ，1日の所定労働時間を超える	要
ニ	・1日8時間を超え，かつ，1日の所定労働時間を超える	要
ホ	・1日8時間を超えない ・1週40時間を超えない ・1カ月の総労働時間の限度（177.1時間）を超えない	否
ヘ	・1日8時間を超えない ・1週40時間を超えない ・ロ及びホによって1カ月合計176時間となっており，ヘによって178時間となり，1カ月の総労働時間の限度を0.9時間超える。かつ，1日の所定労働時間を超える。	0.9時間について要

〔出典〕厚生労働省労働基準局編『労働基準法（上）』411～413頁を参考に当事務所で作成。

3 1年単位の変形労働時間制について（労基法32条の4）

(1) 1年単位の変形労働時間制の趣旨

本条の趣旨は，デパートや私立学校等のように，1年以内の単位期間に繁忙期と閑散期がある場合について，その繁閑に応じて労働時間を弾力的に変化できるような制度を認めることにあります。

なお，1年単位の変形労働時間制では，特定期間に労働が集中することによる長時間労働のリスクが高いため，1カ月単位の変形労働時間制と異なり，特例措置対象事業場においても週単位の上限は40時間です（労基則25条の2第4項参照）。

(2) 時間外労働の算定方法

1年単位の変形労働時間制の法定時間外労働の算定方法については，以下の事例及び表のとおり，1カ月単位の変形労働時間制の場合と同様，①1日単位，②1週間単位，③変形期間単位と計算します（1カ月単位は不要です）。

【事例】

１年単位の変形労働時間制の時間外労働算定方法

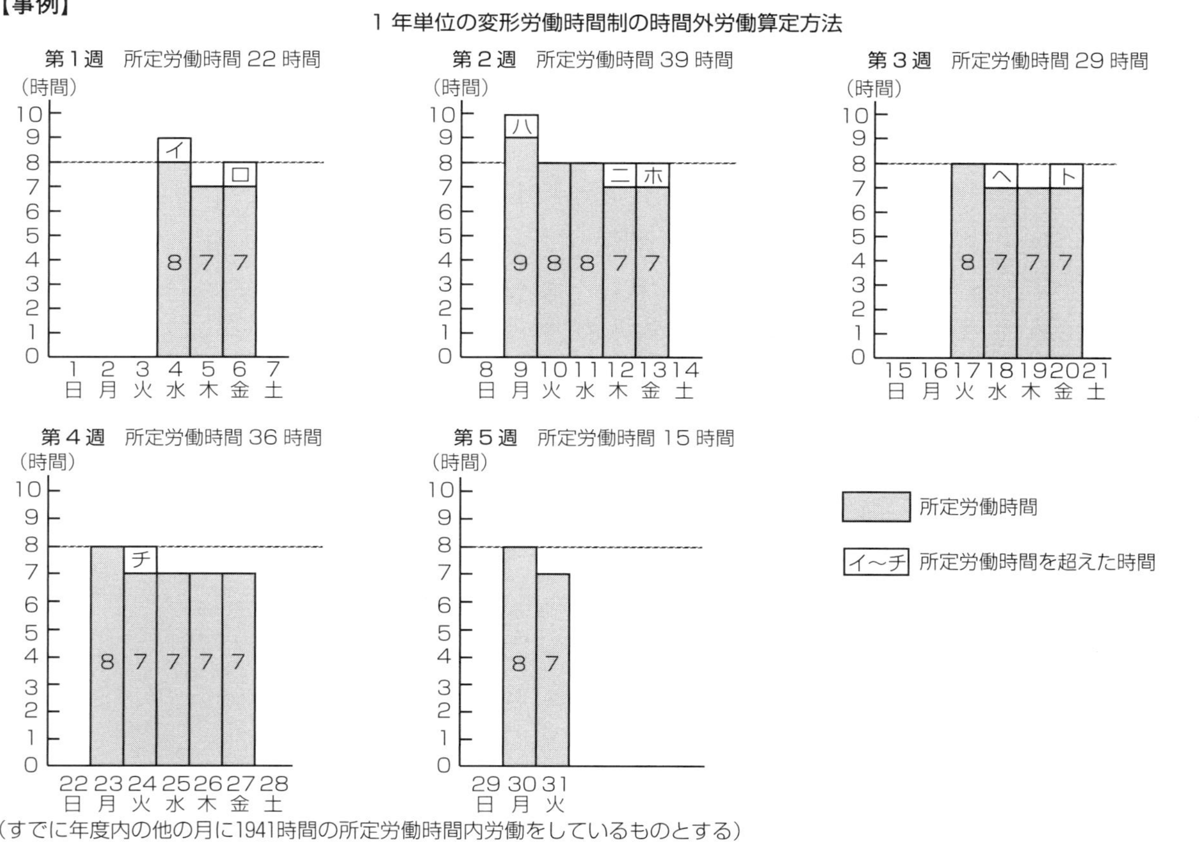

（すでに年度内の他の月に1941時間の所定労働時間内労働をしているものとする）

	１年単位変形労働時間制の時間外労働の検討内容	割増賃金の要否
イ	・１日８時間を超え，かつ，１日の所定労働時間を超える	要
ロ	・１日８時間を超えない ・１週40時間を超えない ・１年の総労働時間の限度（2085.7時間）を超えない	否
ハ	・１日８時間を超え，かつ，１日の所定労働時間を超える	要
ニ	・１日８時間を超えない ・１週40時間を超えない ・１年の総労働時間の限度（2085.7時間）を超えない	否
ホ	・１日８時間を超えない ・ニによってその週の労働時間が40時間に達しており，ホは週法定労働時間を超える。かつ，１日の所定労働時間を超える	要
ヘ	・１日８時間を超えない ・１週40時間を超えない ・１年の総労働時間の限度（2085.7時間）を超えない	否
ト	・１日８時間を超えない ・１週40時間を超えない ・ロ，ニ，ヘによって，年間労働時間が，2082＋３＝2085時間となっており，トによって2086時間と年間の限度時間である2085.7時間を0.3時間超える。かつ，１日の所定労働時間を超える	0.3時間について要
チ	・１日８時間を超えない ・１週40時間を超えない ・年間の限度時間を超え，かつ１日の所定労働時間を超える	要

なお，上記の「2085.7時間」は変形期間単位（上記例では１年間）の限度時間すなわち総枠時間を指しています。

この総枠時間の算定方法も，１カ月単位の変形労働時間制と同一であり，例えば１年＝365日を期間単位とするのであれば，40÷７×365≒2085.7時間となります。

また，１年単位の変形労働時間制における総労働時間の限度は下記の表のとおりです。

対象期間	限度時間
１　年（365日）	2085.7時間
６カ月（183日）	1045.7時間
４カ月（122日）	697.1時間
３カ月（ 92日）	525.7時間

4　１週間単位の変形労働時間制（労基法32条の５）について

(1)　１週間単位の変形労働時間制の趣旨

労基法32条の５は，労基法32条２項の１日の法定労働時間８時間にかかわらず，１週40時間の範囲内で，労働者を１日10時間まで労働させることができる制度を定めるものです。

小売業や旅館のような，日ごとの業務に著しい繁閑が生じることが多く，業務の繁閑が定形的に定まらない一部零細サービス業[19]においては，業務の繁閑を事前に予測し，これにあわせて就業規則等によってあらかじめ労働時間を特定することは困難です。そのため，労使協定の締結を要件として，毎日の所定労働時間を当該労使協定自体により特定することなく，１週間という単位期間ごとに，事前の通知のみでこれを決定していくというのが，この１週間単位の非定型的変形労働時間制です。

なお，１週間単位の変形労働時間制においても，特例措置事業場の週44時間については適用されません（労基則25条の２第４項）。

19　適用対象となる事業は，小売業，旅館，料理店及び飲食店であって，常時30人未満の労働者を使用する事業とされています（労基則12条の５第１項・２項）。

(2)　割増賃金の計算

①１日単位，②１週間単位と計算を行います。具体的な処理を以下事例に沿って解説します。

【事例９】

ある飲食店では１週間単位の変形労働時間制を採用している。６月１日～７日の週の各日の勤務時間について，前週末にあたる５月31日に通知された。同通知では，以下のとおり勤務時間が記載されていた（いずれも休憩は１時間）。

6/1	6/2	6/3	6/4	6/5	6/6	6/7
法定休日	７時～18時	９時～16時	休	７時～18時	９時～16時	８時～16時

そして，実際の勤務時間は以下のとおりだった（いずれも休憩は１時間）。

6/1	6/2	6/3	6/4	6/5	6/6	6/7
法定休日	７時～19時	９時～16時	休	７時～18時	９時～20時	８時～18時

１週間単位の変形労働時間制の時間外労働算定方法

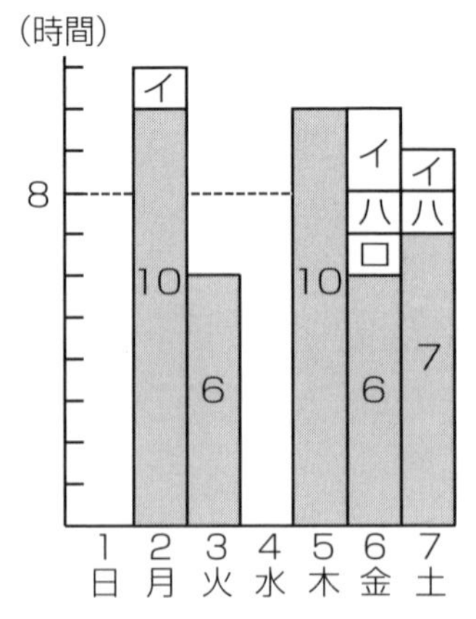

まず，もともと通知された勤務時間（所定労働時間）をみると２日と５日は10時間，３日と６日は６時間，７日は７時間ですから，合計すると39

時間となり週40時間の枠に収まっています。また，いずれの日も所定労働時間は10時間以下で設定されており，この通知は有効ということになります。

そのうえで，２日については１時間の残業をしています。もとの所定労働時間（10時間）が８時間を超えているので，残業には割増賃金の支払が必要になります（下表のイ）。

次に６日については，４時間の残業をしています。しかし，こちらは所定労働時間（６時間）が８時間より短く，残業のうち２時間分が１日８時間を超えるとして割増賃金支払対象となります（下表のイ）。

残り２時間については，通知された所定労働時間が週合計39時間ですので，うち１時間は週40時間以内の時間外労働となります（下表のロ）が，残り１時間は，週40時間を超えるとして割増賃金支払対象になります（下表のハ）。

最後に７日については，１時間の残業をしています。所定労働時間が８時間ですから，この残業は割増賃金支払対象となります（下表のイ）。

以上の支払の要否についてまとめると以下のとおりとなります。結局，１カ月単位の変形労働時間制の「１カ月」の計算がなくなったと考えれば足ります。

	１週間単位変形労働時間制の時間外労働の検討内容	割増賃金の要否
イ	・１日８時間を超え，かつ，１日の所定労働時間を超える	要
ロ	・１日８時間を超えない ・１週40時間を超えない	否
ハ	・１日８時間を超えない ・１週40時間を超え，かつ，１日の所定労働時間を超える	要

第２節　フレックスタイム制（労基法32条の３）

1　本条の趣旨

フレックスタイム制とは，清算期間内の総労働時間を定めておき，労働者がその範囲内で各日の始業・終業時刻を選択して働く制度です。通常であれば労基法32条により１週40時間・１日８時間を超える時間外労働については労基法36条（36協定）・37条（割増賃金）の規制を受けるところ，フレックスタイム制の下では「清算期間を通した週当たりの平均労働時間が40時間を超える分」についてのみ，上記規制が及ぶこととなります。

例えば，仮に清算期間を１カ月とすると，当該月に働ける労働時間数（以下「総枠時間」といいます）は

40時間÷７日×１カ月の暦日数

で計算されますから，７月であれば，仮に１日・１週単位では８時間や40時間を超えていたとしても，７月全体で40÷７×31≒177.1時間を超えていないのであれば時間外労働にはならず，上記規制も受けないということです。

ところで，フレックスタイム制は従来清算期間が１カ月以内に限られていたところ，平成30年の労基法改正により３カ月まで拡大しました[20]（以下，清算期間が１カ月を超えるフレックスタイム制を簡単に「３カ月フレック

20　平成30年労基法改正により導入された「清算期間が１カ月を超えるフレックスタイム制」については，『改正労働基準法の基本と実務』（中央経済社　2019年）の第４章に詳述していますから，参考にしてください。本書では概説に留めます。

ス」，対して従来の清算期間が１カ月以内のものを「１カ月フレックス」といいます）。これは，清算期間という総枠が広がることで，より労働時間の弾力化による労使双方のメリットが大きくなることを企図したものといえます。

ただし，期間が３カ月に拡大したことで，労働時間が一定の時期に集中した場合の健康リスクも，１カ月フレックスよりも大きくなりました。このリスクへの対応として，32条の３第２項は，清算期間中の１カ月ごとの枠でも週当たり50時間を超える分は時間外労働として扱い割増賃金を負担させることとしています。この点は後述します。

2　清算期間が１カ月を超えない場合の割増賃金計算

清算期間が１カ月を超えない場合，フレックスタイム制が適用されれば，法定時間外労働が成立するのは清算期間における法定労働時間の「総枠」を超えて働いた部分です。

清算期間を１カ月とした場合の法定労働時間の総枠は，次のように計算されます。

$$\text{清算期間における法定労働時間の総枠} = \text{週の法定労働時間} \times \frac{\text{清算期間における暦日数}}{7}$$

清算期間内の暦日数	法定労働時間が週40時間の場合（法定労働時間の総枠）
31日	177.1時間
30日	171.4時間
29日	165.7時間
28日	160.0時間

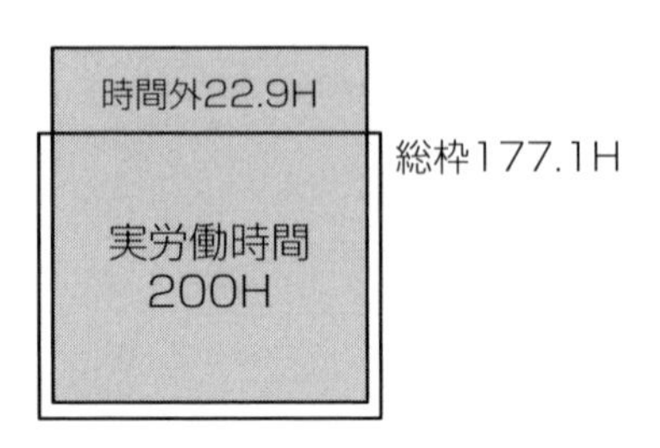

例えば，清算期間を１カ月と定めるフレックスタイム制において，暦日数31日の月に合計200時間働いた場合，総枠177.1時間を超える22.9時間が法定時間外労働となり，その分の割増賃金が発生します。逆に，１カ月当たりの総枠177.1時間に収まる限りは，労働時間が１週40時間，１日８時間を超えても法定労働時間にはなりません。

一方，フレックスタイム制のもとでも，35条（法定休日），37条４項（深夜割増）の適用はあるため，法定休日，深夜時間帯（午後10時～午前５時）に働いた場合にはそれぞれ法定休日労働，深夜労働の割増賃金が発生します[21]。

割増賃金計算について，よく似た１カ月単位の変形労働時間制と比較した表が以下になります。

１カ月単位の変形労働時間制	①１日の時間外労働時間数の算定 →所定労働時間が８時間以下であれば８時間を超えた時間，８時間を上回るときは所定労働時間を超えた時間を算定 ②１週の時間外労働時間数の算定（①を除く） →所定労働時間が40時間以下であれば40時間を超えた時間，40時間を上回るときは所定労働時間を超

21 ただし，労働者が休日に出勤しても，当該休日が法定休日でない場合（例えば，日曜休日が確保されている中での土曜出勤），法定休日労働の割増賃金（35％以上）は発生しません。当該休日労働は清算期間内の実労働時間としてカウント対象となり，結果として法定労働時間の総枠を超えれば時間外割増賃金（25％以上）が発生します。

	えた時間を算定 ③１カ月の時間外労働時間数の算定（①②を除く） →１カ月の実労働時間のうち，総枠時間（１カ月の暦日数×40÷７）を超えた時間を算定
フレックスタイム制（清算期間を１カ月とした場合）	○１カ月の実労働時間のうち，清算期間（１カ月）の暦日数×40÷７を超えた時間を算定

このように，変形労働時間制もフレックスタイム制も，１カ月当たりの清算においては同様の算定式を用いるため，（①②を除くという違いはありますが）基本的には同じです。他方，日・週単位の時間外労働時間数の算定は変形労働時間制においてのみ行われますので，この部分は相違点といえます。

3　清算期間が１カ月を超える場合

(1)　改正の趣旨と概要

改正法ではフレックスタイム制の清算期間の上限が１カ月から３カ月と置き換わり，１カ月を超える期間設定も可能となっています。

その趣旨は，フレックスタイム制により一層柔軟でメリハリをつけた働き方を可能にする点にあるとされています。厚労省平成26年就労条件総合調査によれば，フレックスタイム制の適用労働者は8.3％と少数にとどまっており，制度のさらなる普及のために使いやすい制度に改正したというものです。労働政策審議会・立法担当者発言では，子供が夏休みの８月は働く時間を短くして子供との時間を確保し，その分，前後の月に長めに働くといった事例が紹介されています。

「３カ月以内の期間」ですので，清算期間１カ月15日，２カ月，２カ月２週間といったフレックスタイム制も可能です。

なお，労基法40条，労基則25条の２第１項の特例が適用される場合には法定労働時間は１週44時間となりますが，清算期間が１カ月を超えるフレックスタイム制の場合には同特例は適用されません（労基則25条の２第４項）。

(2)　１カ月ごとの枠設定（１週平均50時間）

２項では，清算期間の総枠の他に，１カ月ごとについても「枠」を設け，その枠を超えた部分も法定時間外労働とすると定めています。

１カ月ごとの枠は，「当該各期間を平均し１週間当たりの労働時間が50時間を超えない」ものとして計算されます。具体的には，各月の暦日数×50時間÷７日となり，下記の表のとおりです。

清算期間内の暦日数	１カ月ごとの枠
31日	221.4時間
30日	214.2時間
29日	207.1時間
28日	200.0時間

清算期間の総枠だけでなく，この枠を超えた部分も法定時間外労働となり，割増賃金の支払が必要になります。

このように１カ月ごとの枠を定めた趣旨は，清算期間が１カ月を超えるフレックスタイム制を採ると，特定の月に長時間労働が集中する懸念があるため，そのような過重労働を防止するという点にあります[22]。清算期間の上限延長という規制緩和の代わりに，１カ月ごとの枠を超えた部分に割増賃金を支払わせるという間接強制システムを導入し，対象労働者の健康

22　なお，50時間という数字になった理由は，完全週休２日制において１日当たり２時間相当の時間外労働をした場合に10時間×５日＝50時間となることを想定したものと説明されています。

確保を意図したものであるといえます。

(3)　総枠超えと１カ月枠超えの重複をどう処理するか

ア　問題点

清算期間が１カ月を超えるフレックスタイム制では，法定時間外労働の時間数を計算するときに，清算期間の総枠のほか，32条の３第２項による１カ月ごとの枠（１週平均50時間）をも意識する必要があります。

この点に関し，法定時間外労働の計算において，清算期間の総枠を超える労働時間，１カ月枠を超える労働時間が重複した場合の処理をどう考えるか，という問題が出てきます（(4)ウ等を参照）。

イ　重複部分は除外する

変形労働時間制においては，１日単位→１週単位→変形期間の総枠と小さな単位から順に見ていき，小さな単位ですでに法定時間外労働として評価した部分は，後に来る単位では除外して考える計算方法がとられています。

清算期間が１カ月を超えるフレックスタイム制についても，これと同様の考え方が当てはまります[23]。具体的には，

・まず１カ月ごとの枠で法定時間外労働の発生の有無・時間数を見て，その後清算期間の総枠についても見る。

・後者では前者ですでに法定時間外労働と評価した部分は除外する

という計算方法になります。

23　平30.12.28基発1228第15号。

⑷　３カ月フレックスにおける計算方法

ア　事例その１（総枠のみ超過）

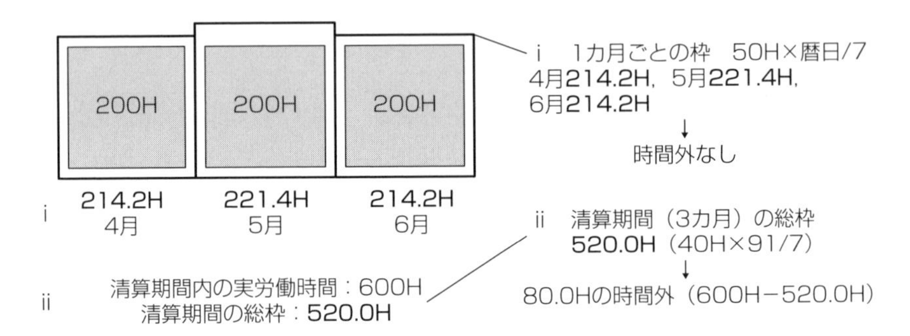

㈠　事　案

清算期間を３カ月とするフレックスタイム制において，

・４月に200時間（暦日30日）

・５月に200時間（暦日31日）

・６月に200時間（暦日30日）

の労働を行ったとします。清算期間内の暦日数は91日，実労働時間は600時間です。

㈡　１カ月ごとの枠

１カ月枠は，４月が214.2時間，５月が221.4時間，６月が214.2時間です。いずれの月の実労働時間もこの枠に収まっているため，この段階で法定時間外労働は発生しません。

㈢　清算期間の総枠

次に清算期間の総枠を見ると，４月～６月の総枠は520.0時間（40時間×91日÷７）です。清算期間内の労働時間は600時間ですから，この段階で80時間の法定時間外労働が発生します。

(エ) 結　論

本事例では，総枠超え80時間が生じていると計算されます。

なお，60時間以上の時間外労働に対する50％の割増率による割増賃金の扱いについては後述します。

イ　事例その２（１カ月枠のみ超過）

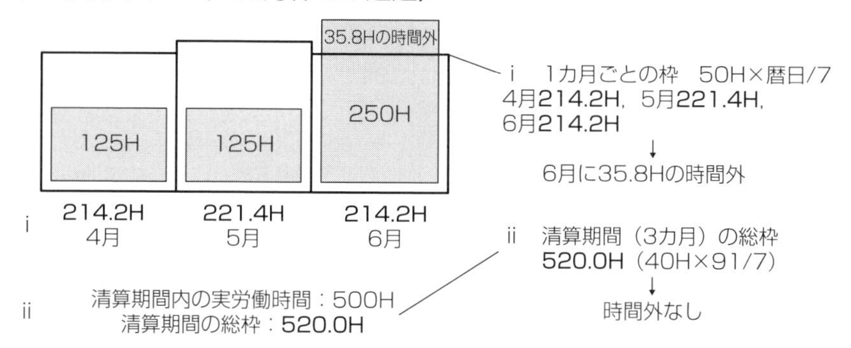

(ア) 事　案

清算期間を３カ月とするフレックスタイム制において，

・４月に125時間（暦日30日）

・５月に125時間（暦日31日）

・６月に250時間（暦日30日）

の労働を行ったとします。清算期間内の暦日数は91日，実労働時間は500時間です。

(イ) １カ月ごとの枠

４月と５月は１カ月枠に収まっていますが，６月は250時間と枠を超えていますから，この段階で35.8時間の法定時間外労働が発生します。

(ウ) 清算期間の総枠

次に清算期間の総枠を見ると，2019年４月～６月の総枠は520.0時間（40

時間×91日÷７）です。清算期間内の労働時間は500時間と総枠に収まっていますから，この段階で法定時間外労働は発生しません。

(エ) 結　論

本事例では，６月に１カ月枠超え35.8時間が生じていると計算されます。

ウ　事例その３（総枠超えから１カ月枠超過分を除外）

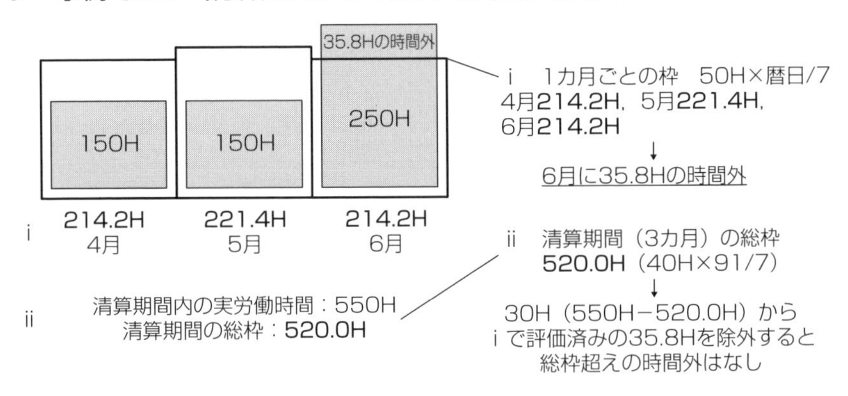

(ア) 事　案

清算期間を３カ月とするフレックスタイム制において，

・４月に150時間（暦日30日）
・５月に150時間（暦日31日）
・６月に250時間（暦日30日）

の労働を行ったとします。清算期間内の暦日数は91日，実労働時間は550時間です。

(イ) １カ月ごとの枠

１カ月枠は，４月が214.2時間，５月が221.4時間，６月が214.2時間です。４月と５月はこの枠に収まっていますが，６月は250時間と枠を超えていますから，この段階で35.8時間の法定時間外労働が発生します。ここまでは事例その２と同じです。

(ウ)　清算期間の総枠

事例その２と異なるのは，総枠の方も超過している点です。４月～６月の総枠は520.0時間（40時間×91日÷７）ですから，一見すると30.0時間の法定時間外労働が発生しているように見えます。

しかし，清算期間の総枠の計算においては，すでに１カ月ごとの枠で法定時間外労働と評価された部分は除外すべきと解されます（(3)イ参照）。そうすると結局，この段階で法定時間外労働の発生はない，ということになります（30.0時間－35.8時間＝－5.8時間でゼロを下回るため）。

(エ)　結　論

本事例では，６月に１カ月枠超え35.8時間が生じていると計算されます。

エ　事例その４（双方の枠超過が発生）

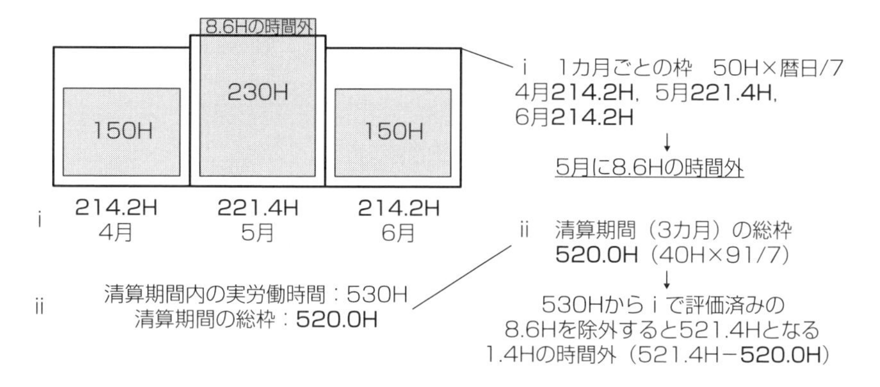

(ア)　事　案

清算期間を３カ月とするフレックスタイム制において，

・４月に150時間（暦日30日）

・５月に230時間（暦日31日）

・６月に150時間（暦日30日）

の労働を行ったとします。清算期間内の暦日数は91日，実労働時間は530時間です。

㈠　１カ月ごとの枠

５月のみ230時間と枠を超えていますから，この段階で8.6時間の法定時間外労働が発生します。

㈡　清算期間の総枠

次に清算期間の総枠を見ると，４月～６月の総枠は520.0時間（40時間×91÷７）です。清算期間内の実労働時間は530時間ですから，総枠との差は10時間ですが，１カ月枠で評価済みの部分を除く必要がありますので，この段階での法定時間外労働は1.4時間（10時間－8.6時間）になります。

㈢　結　論

本事例では，５月に１カ月枠超え8.6時間，総枠超えが1.4時間が生じていると計算されます。

⑸　月60時間超の特別割増率の適用の仕方

ア　１カ月超のフレックスタイム制における特別割増率

月60時間を超える法定時間外労働が行われた場合，60時間を超える部分には50％以上という特別の割増率が適用されます（労基法37条１項但書）。

これを，清算期間が１カ月を超えるフレックスタイム制において適用した場合，具体的にどのように計算するかが問題となります。

イ　具体的計算方法

解釈通達（平30.12.28基発1228第15号）第１の問３では，この問題について以下のとおりとしています。

ⅰ　１カ月ごとの枠の時間外労働時間数（週当たり50時間を超える分）を算出する（ただし最終期間を除く）。そのうち，60時間を超えた部分については割増率を50％とする。

ⅱ　最終期間の時間外労働時間数（週当たり50時間を超える分）と，清算期間の総枠における時間外労働（週当たり40時間を超える分）の時間数を算出する（１カ月の枠で法定時間外労働と評価した部分は除外する）。

その合計のうち，60時間を超えた部分については割増率を50％以上とする。

特に，通常であれば毎月60時間を超えていないかを見ればよい労基法37条１項但書の制限が，上記のとおりⅱでは清算期間全体を見て60時間の超過を見なければならないことに留意する必要があります。例えば，清算期間が３カ月であれば，ⅱは60時間×３カ月＝180時間を超えた分を算出するという考え方もありうるところですが，そうではなく清算期間でも60時間を超えた分の算出になるということです。

以下，具体例で計算を確認します。

ウ　事例その５

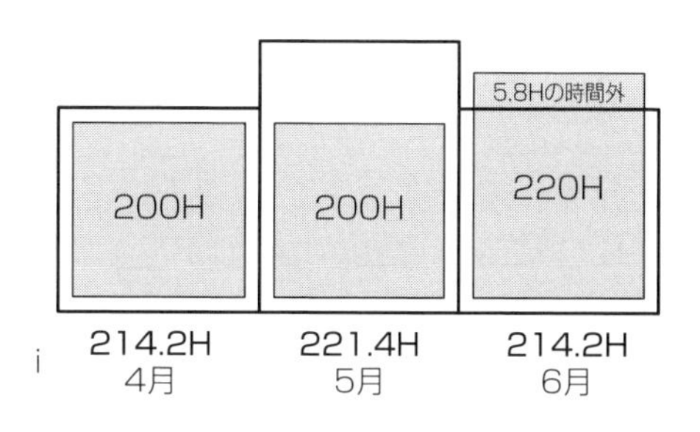

㈠　事　案

清算期間を３カ月とするフレックスタイム制において４月に200時間，５月に200時間，６月に220時間の労働を行ったとします。清算期間内の暦日数は91日，実労働時間は620時間です。

㈡　ｉについて

４月，５月は１カ月ごとの枠をどちらも超えていないので，どちらも０時間ということになります。

㈢　iiについて

まず，６月は１カ月枠超えが5.8時間発生しています。

次に，清算期間の総枠として週当たり40時間を超える部分について算出すると，全体の総労働時間が620時間，清算期間の総枠時間は520時間，除外すべき１カ月枠超えは5.8時間ですから，清算期間の総枠における時間外労働の時間数は620－520－5.8＝94.2時間となります。

したがって，これに最終期間である６月の枠超え時間を足すと，94.2時間＋5.8時間＝100時間となりますから，

・割増率50％：40時間

・割増率25％：60時間

という結論になります。

㈣　結　論

本事例では，６月に時間外労働が100時間（うち50％：40時間，25％：60時間）生じていると計算されます。

エ　事例その６

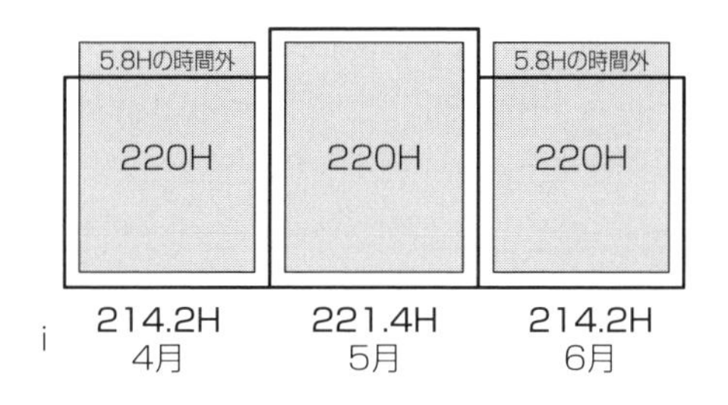

㈠　事　案

清算期間を３カ月とするフレックスタイム制において，４月～６月に各々220時間の労働を行ったとします。清算期間内の暦日数は91日，実労働時間は660時間です。

㈡　ｉについて

４月については１カ月枠超えが5.8時間発生しています。５月は発生していません。

㈢　ⅱについて

事例５同様，まず６月の１カ月枠超えは5.8時間です。

そして，清算期間の総枠における時間外労働の時間数は，660－520－5.8－5.8=128.4時間となります。したがって，これに６月の１カ月枠超え時間を足すと，128.4+5.8=134.2時間となります[24]から，

割増率50％：74.2時間

割増率25％：60時間

となります。

24　この時点で上限規制（労基法36条６項２号）に違反することとなります。

(エ)　結　論

本事例では，４月に時間外労働が5.8時間（25％），６月に134.2時間（うち50％：74.2時間，25％：60時間）生じていると計算されます。

オ　今後の実務対応

上記に見たとおり，清算期間が１カ月を超えるフレックスタイム制では，最終期間で清算される際にも60時間以上割増率50％の制約が及ぶため，結果的に非常に多い時間が50％の対象となってしまいます。

健康確保措置が十分でないという面だけでなく，このように支払う賃金が多くなってしまうことからも，現時点ではあまり同制度を採用すべきではないと当職は考えます。

(6)　清算期間が１カ月を超え３カ月未満のフレックス

ア　１カ月枠と総枠の計算方法

１カ月ごとの枠も清算期間の総枠も，計算方法は３カ月フレックスの場合と同様です。

１カ月ごとの枠は「50時間×暦日数÷７」で計算されます。１カ月ごとに区切っていって，最後に１カ月未満の期間が生じた場合は，その期間内の暦日数を当てはめればよいことになります（32条の３第２項かっこ書）。

清算期間の総枠は「40時間×暦日数÷７」で計算されます。

イ　清算期間２カ月の場合

2019年４月・５月を清算期間とする２カ月のフレックスタイム制をとったとします（清算期間内の暦日数は61日）。

１カ月ごとの枠は，2019年４月が214.2時間，５月が221.4時間です。この点はすでに見た内容と同じです。

清算期間の総枠は，40時間×61日÷７＝348.5時間です。

ウ　清算期間１カ月15日の場合

2019年４月１日～５月15日を清算期間とするフレックスタイム制をとったとします（清算期間内の暦日数は45日）。

１カ月ごとの枠は，2019年４月が214.2時間です。５月に１カ月未満の期間が生じていますが，これは50時間×15日÷７＝107.1時間と計算されます。

清算期間の総枠は，40時間×45日÷７＝257.1時間です。

4　完全週休２日制における総枠の計算

(1)　労使協定による総枠の拡張

> 労基法32条の３第３項　１週間の所定労働日数が５日の労働者について第１項の規定により労働させる場合における同項の規定の適用については，同項各号列記以外の部分（前項の規定により読み替えて適用する場合を含む。）中「第32条第１項の労働時間」とあるのは「第32条第１項の労働時間（当該事業場の労働者の過半数で組織する労働組合がある場合においてはその労働組合，労働者の過半数で組織する労働組合がない場合においては労働者の過半数を代表する者との書面による協定により，労働時間の限度について，当該清算期間における所定労働日数を同条第２項の労働時間に乗じて得た時間とする旨を定めたときは，当該清算期間における日数を７で除して得た数をもってその時間を除して得た時間）」と，「同項」とあるのは「同条第１項」とする。

ア　従来見られた不都合（曜日のめぐりによる総枠超過）

前述のとおり，フレックスタイム制における法定労働時間の総枠は「暦日」をベースにして計算されます。一方，清算期間内の実労働時間は当然のことながら「所定労働日数」が多いほど増えていきます。このため，暦日と休日日数とのバランスが悪い月（具体的には，１カ月に休日が８日の月）だと，１日平均８時間の労働であっても法定労働時間の総枠を超えてしまうという不都合が発生することがあります。

例えば，土日休みという完全週休２日制のもとで清算期間１カ月のフレックスタイム制をとっていて，かつ６月１日が月曜日であった場合を考えると，この月は土日が計８日しか無いので，「暦日30日，所定労働日数22日」となります。そうすると，１日平均８時間としても，８×22＝176時間となるので，総枠時間である171.4時間を超えてしまいます。

１日平均８時間の労働しかしていないのに法定時間外労働が発生するのはいかにも不合理であり，こうした問題が存在することは，現行法のもとでも認識されていました。そこで，行政解釈（平9.3.31基発228号）による対処が施されていましたが，処理が非常に複雑であるうえ，それでもなお問題が解消されない場面が残っていました。

本項は，従来から存在するこうした不都合を労使協定の締結によって解決できるようにしたものです。

イ　要　件

32条の３第３項により総枠時間を変えるための要件は，

① フレックスタイム制が適用される１週間の所定労働日数が５日の労働者であること

② 労使協定により，労働時間の限度について，清算期間における所定労働日数に８時間を乗じて得た時間とする旨定めること

です。

要件①は，本条項の趣旨が完全週休２日制のもとでの不都合を解消する点にあることから，１週間の所定労働日数が５日であることを求めるものです。

要件②は，労使協定の締結を手続として求めるものです。締結の相手方はいわゆる36協定などと同様であり，事業場の過半数労働組合，それがない場合は労働者の過半数代表者です。

ウ　効　果

32条の３第３項によって，清算期間における法定労働時間の総枠時間が，所定労働日数に８時間を乗じて得た時間数となります。

条文上は「当該清算期間における日数を７で除して得た数をもってその時間を除して得た時間」という分かりにくい文言ですが，これは立法技術上そう定めざるを得ないためです。意味としては，法定労働時間の総枠が所定労働日数に８時間を乗じて得た時間数になる，と理解して差し支えありません。

【労使協定で定めた場合の総枠】

所定労働日数	法定労働時間の総枠
23日	184時間
22日	176時間
21日	168時間

エ　事例検討その１（清算期間１カ月）

例えば，完全週休２日制の事業場で清算期間１カ月のフレックスタイム制をとっていたところ，その月の暦日数が31日，所定労働日数が23日だったとします。この場合，法定労働時間の総枠は177.1時間（40時間×31/７）と計算されるため，１日平均８時間労働であっても清算期間内の実労働時間は184時間（23日×８時間）となり，6.9時間の法定時間外労働が発生してしまいます。

しかし，労使協定によって，総枠が184時間（所定労働日数×８時間）に広がり，法定時間外労働が発生しなくなる，というのが今回の改正内容です。この場合，仮にその月の実労働時間が200時間であれば16時間（200時間－184時間）が法定時間外労働になります。

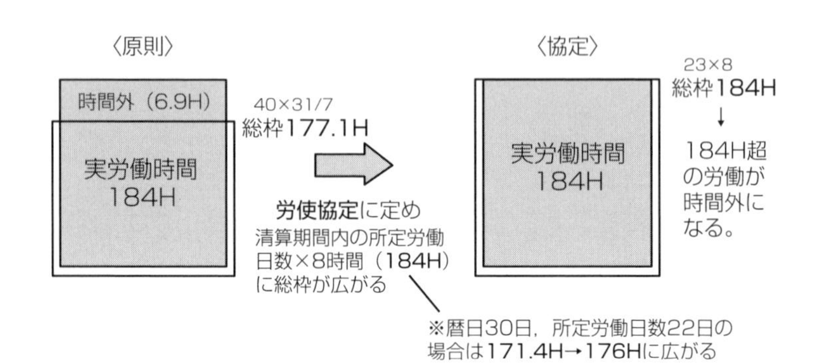

オ　事例検討その２（清算期間15日）

労使協定による総枠の拡張は，清算期間１カ月の場合に限られるわけではありません。現行法でも，フレックスタイム制の清算期間は１カ月以内とされており，例えば清算期間15日のフレックスタイム制などもとりえます。

この場合，法定労働時間の総枠は85.7時間（40時間×15÷７）ですが，完全週休２日制のもとで清算期間内の所定労働日数が11日の月では，１日平均８時間労働であっても法定時間外労働が出てしまいます。そこで，労使協定を締結することで総枠を88時間（11日×８時間）に広げることが可能になるのです。この点の仕組みは清算期間１カ月の場合と同様です。

カ　事例検討その３（完全週休２日制における３カ月フレックス）

32条の３第３項の労使協定を締結することで影響を受けるのは，清算期間の総枠の時間数です。１カ月を超える場合については総枠と別に１カ月ごとの枠も問題になりますが，これについては同条項の労使協定を締結しても変わりません。

例えば，2019年７月～９月の暦日数は92日（31＋31＋30）であり，これをもとに総枠を計算すると525.7時間（40時間×92日÷７）になります。他方，土日のみが休日という場合，2019年７月～９月の所定労働日数は66

日（21＋23＋22）であり，１日平均８時間労働であっても清算期間内の労働時間は528時間（66日×８時間）となり，法定時間外労働が発生してしまいます。

そこで，32条の３第３項の労使協定を締結すれば，総枠が528時間（所定労働日数×８時間）に広がり，法定時間外労働は発生しない，ということです。

⑵　総枠が縮小する場合もあるか

この改正は，法定労働時間の総枠を「所定労働日数×８時間」にするというものです。これにより，従来の計算方法に比して総枠が広がる効果が得られることはすでに見たとおりです。

一方，総枠が「所定労働日数×８時間」になることで，従来の計算方法よりも総枠が縮む場面も想定されます。例えば，次表のような場合が考えられますが，これ以外にも，祝日や会社指定休日が重なれば，暦日31日（177.1時間）で所定労働日数20日（160時間），19日（152時間）といった場面が出てきます。

【清算期間１カ月で総枠が縮む場合】

暦日数 （現行法の総枠）	所定労働日数 （日数に８を乗じた数）
31日（177.1時間）	22日（176時間） 21日（168時間）
30日（171.4時間）	21日（168時間） 20日（160時間）
29日（165.7時間）	20日（160時間）

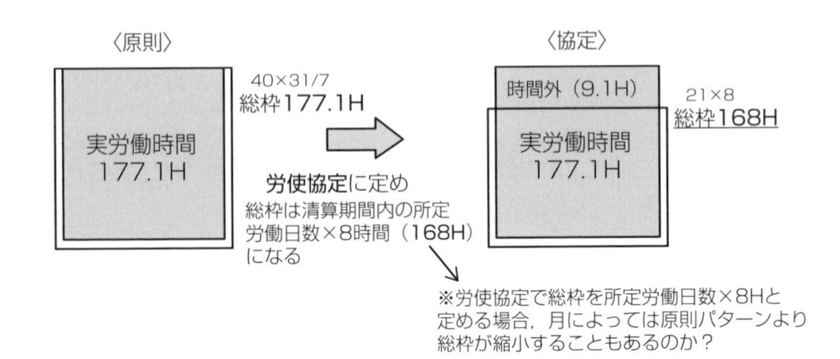

以上は，32条の３第３項の労使協定を締結することで総枠が「縮小」することもあるのか，という問題です。

従来から同条項と同じ処理を提示していた菅野和夫『労働法（第10版）』（弘文堂，2012年）375頁は，「その代わり，31日の月で週休日を除いた日数が21日または22日しかない月では，法定労働時間の枠は，168時間または176時間と少なくなる」とし，縮小もありうる旨の見解を示していました[25]。しかし，元々法定時間外労働になるとされていたものをそうならないようにすることが目的である今回の改正が，その逆，つまり従来なら法定時間外労働でなかったものがそうなってしまうという現象まで意図したものであるかは疑問が残ります。

平成30年８月時点で厚労省に問い合わせたところ，「そのような事態が起こることは認識しているが，その場合の処理をどうするかは今後の検討による」旨の回答が得られています。

当職としては，「所定労働日数×８時間とすると従来の計算方法による場合よりも総枠時間数が減少する月については，従来の計算方法によって総枠時間を算定するものとする」という旨の規定を置けば，従来どおりの計算方法による時間数を総枠時間数とすることができると考えます。なぜ

25　ただし，同著第11補正版（2017年）515頁では削除されています。

なら，本条は，総枠時間が縮小する場面については特段の規制を加えていないことからも明らかなように，総枠時間を拡大して完全週休２日制における総枠時間の矛盾を解決することを目的に改定されたものと解されるからです[26]。

なお，所定労働時間数は所定労働日数×８時間で計算されるわけですから，例えば原則の総枠時間が177.1時間，所定労働日数が21日の場合には，177.1時間－168時間＝9.1時間は法内残業として別途賃金を支払う必要があることに留意してください。前述の総枠時間数の選択は，割増賃金を支払わなければならない時間外労働時間数の算出の議論です。

5　清算期間途中の採用者・退職者

> 第32条の３の２
> 　使用者が，清算期間が１箇月を超えるものであるときの当該清算期間中の前条第１項の規定により労働させた期間が当該清算期間より短い労働者について，当該労働させた期間を平均し１週間当たり40時間を超えて労働させた場合においては，その超えた時間（第33条又は第36条第１項の規定により延長し，又は休日に労働させた時間を除く。）の労働については，第37条の規定の例により割増賃金を支払わなければならない。

(1)　趣　旨

清算期間が１カ月を超えるフレックスタイム制において，期間途中で退職する労働者，途中で入社する労働者の割増賃金計算について定めた条文です。いわゆる途中乗車・途中下車の場面を想定したものといえます。

26　この点を厚労省に確認したところ，「月により計算方法を変えることは可能であるが，出来る限り労働時間が短くなるようにして欲しい。もっとも，月により計算方法を変えることについて，法違反であるとして勧告をすることはない。ただし，助言等の行政指導はありうる。」という旨の回答が得られました。

従来から，１年単位の変形労働時間制に関して同様の規定がありましたが（32条の４の２），清算期間の上限延長に伴いフレックスタイム制にも規定を設けたものです。

⑵　途中退職・入社時の総枠計算

32条の３の２によれば，１カ月超のフレックスタイム制で清算期間途中に退職・入社する労働者が現れた場合，清算期間の総枠は「40時間×在籍期間中の暦日数÷７」となります。

例えば，清算期間を2019年４月～６月の３カ月とするフレックスタイム制において，５月20日に退職する労働者が現れたとします（４月１日～５月20日の暦日数は50日）。

この場合，清算期間の総枠は285.7時間（40時間×50日÷７）と計算され，４月１日～５月20日における実労働時間がこの285.7時間を超えると，その部分が総枠超えの法定時間外労働と評価されます。

⑶　途中退職・入社時の１カ月枠超えはどう計算するのか

32条の３の２は，清算期間の総枠に関して規定する条文です。１カ月ごとの枠に関しては，32条の３第２項かっこ書の「最後に１箇月未満の期間が生じたときは，当該期間」の文言が適用され，５月１日～20日における実労働が１カ月ごとの枠を超えるかのチェックは**3**・⑹・ウと同様の処理になると考えられます。

第３節　裁量労働制（労基法38条の３，４）

１　専門業務型裁量労働制（労基法38条の３）

労基法38条の３は，厚生労働省令で特定された業務について，そのうちのどの業務を行うのか，その業務処理には通常どの程度の時間が必要となるかを労使協定で定めて届出すれば，実際の労働時間にかかわらず，その協定で定めた時間だけ労働したものとみなせることとしています。これにより，通常の方法により労働時間の算定を行う必要はなくなります。

２　企画業務型裁量労働制（労基法38条の４）

現在では，労働者が自らの知識，技術や創造的な能力を活かし，仕事の進め方や時間配分に関し主体性を持って働きたいという意識が高まっているため，こうした状況に対応した新たな働き方のルールを設定する必要がありました。

本条は，事業運営上の重要な決定が行われる企業の本社等の中枢部門において企画，立案，調査及び分析を行う労働者であって，業務の遂行手段や時間配分を自らの裁量で決定し使用者から具体的な指示を受けない者を対象として，主体性を持った新しい働き方のルールとして，みなし労働制を設けたものです。

3　割増賃金の計算

(1)　所定労働日について

裁量労働制の適用により，労働時間は「みなし労働時間数」にみなされることになります。例えば，「みなし労働時間数」が９時間の場合，１日に何時間働こうが９時間働いたことになります。

このため，法定時間外労働の割増賃金の計算についても，労働時間数はすべて「みなし労働時間数」によって計算されます。

例えば，月曜日から金曜日まで毎日裁量労働制の適用を受けて働き，所定労働時間は８時間，みなし労働時間数は９時間，時給は1000円[27]だったとすると，毎日９－８＝１時間ずつ法定時間外労働が発生していたことになります。

また，この際の支払額については，給与規程等からして「裁量労働者に支払われる基準内賃金は時間外労働を含めたみなし時間全体の労働に対するものである」と解釈されるのであれば，すでに時間外労働（100％+25％＝125％）のうち100％分は基準内賃金として支払済みであるため，残り25％のみ支払えばよい（1000円×５時間×25％＝1250円）ということになります[28]。

(2)　所定休日について

例えば所定休日が土曜日であるとして，月曜日から金曜日まで毎日裁量労働制（みなし労働時間数９時間）の適用を受けて働き，さらに土曜日に

27　この基礎賃金計算時の「所定労働時間」につき，通説は，裁量労働制の場合はみなし時間数と考えるべきとしています（山本吉人・菅野和夫・渡辺章・安枝英訷『新労働時間法のすべて』114頁，東京大学労働法研究会『注釈労働時間法』583～584頁）が，契約内容としてもそのように解釈されるよう規程等にあらかじめその旨定めるべきです。

28　反対に，所定労働時間に対する基準内賃金と解される場合は，当然125％の支払が必要です。

５時間働いたという場合には，土曜日の実労働時間数である５時間すべてが週40時間を超える（すでに月～金で８時間×５日＝40時間を超えている）として時間外労働になります[29]。

そして，基準内賃金は所定労働日の労働に支払われるものですから，所定休日労働についてはすでに支払済みといえる部分はないことになります。したがって，125％を支払う（1000円×５時間×125％＝6250円）ことになります。

⑶　法定休日について

法定休日労働[30]に関しても，法定休日労働の労働時間数については，原則どおり実労働時間で割増賃金の計算を行うことになります。

そして，法定休日労働については，所定休日労働同様，基準内賃金としてすでに支払済みといえる部分がないため，135％の支払が必要となります。

⑷　深夜割増賃金について

深夜割増賃金については，あくまで22時から翌朝５時までの実労働時間数に対して支払われるものです。したがって，例えば12時から12時間働いたという場合，たとえみなし労働時間数が９時間であったとしても，「12時～22時の勤務（休憩１時間）とみなされ深夜割増賃金は発生しない」という結論にはならず，「12時～25時（休憩１時間）で働いているから深夜割増賃金は３時間分支払う」ということになります。

29　行政実務では，１週単位で労働時間をみなすことは認められておらず，１日単位で労働時間をみなす場合についてもみなし対象は所定労働日だけとする説が存在しています。このため，本書では念のため，所定休日労働時間数を実労働時間数で計算しています。

30　法定休日労働には労働時間数という概念が本来ない（あくまで割増賃金の支払のために時間数を把握しているに過ぎない）ため，そもそもみなしの対象にならないと考えられます。また，東京大学労働法研究会『注釈労働基準法〈下巻〉』も，「休日におけるみなし時間を定めることは休日労働も業務遂行に通常必要とされることを定めることを意味し，裁量労働者にも休日規制を及ぼしている法の趣旨と相容れない。」としています。これらに鑑み，本書では法定休日労働時間数も実労働時間数で計算しています。

第10章 付加金（労働基準法114条）

1　付加金とは

使用者が，解雇予告手当（労基法20条），休業手当（同法26条），**時間外・休日・深夜労働の割増賃金（同法37条）**，年休中の賃金（同法39条6項）を支払わなかった場合には，裁判所は，労働者の請求により，未払金のほかに，これと「同一額の」付加金の支払を命じることができます（同法114条）。

例えば，300万円の割増賃金の未払があった場合，裁判所から別途，最大300万円の付加金の支払を命じられる可能性があるということです。

裁判実務上，付加金の支払が命じられる割合がどの程度あるかについて，『労働判例』1013号（平成23年1月1日・15日号）から1133号（平成28年6月15日号）に掲載された割増賃金請求事件（そのうち付加金の基礎となる割増賃金の請求自体が認容された事件）をもとに統計をとったところ，次頁の表のとおり，約6割の事件で未払額と同一額の付加金の支払が命じられています。

＊　**労基法37条違反の付加金の額として125%の支払を命じることの是非**

労基法114条の「同一額の付加金」との文言から，付加金は，労基法37条1項の違反の限度（違反している金額の限度）で，支払を命じることができるというのが条文の読み方としては正確です。

現在の裁判実務では，割増賃金不払における付加金の額として，100%部分を含んだ125%を定めるのが一般的のようです。

しかしながら，第4章・第1節で述べた25%説によれば，100%部分は労基法

37条違反ではなく，同法24条違反の問題なので，付加金支払の対象とはなりません（労基法114条は24条違反を規定していません）。したがって，条文の文言からは，25%部分のみの付加金がつくのが理論的な帰結になります。

現在の裁判実務が前記の議論（25%説か125%説か）にまで踏み込んだうえでこのような取扱いをしているかは疑問であり，125%の付加金支払を求める原告側の訴状をそのまま追認している印象すらあります。

（計77件）

	件数（割合）
付加金が100%認められた事案	47.5件（61.2%）
付加金が一部認められた事案	17.0件（22.0%）
付加金がゼロとされた事案	12.5件（16.2%）

（注）①除斥期間により付加金ゼロとされた事案は，統計に入れていない。②一事件の中で２名の原告により判断が分かれた事案は，0.5としてカウントとしている。③篠原絵里裁判官は，未払額から端数のみを控除して付加金の額を定めており，これは100%事案としてカウントしている。

2　弁済すれば付加金は生じない

付加金の支払義務は，労働者の請求により**裁判所が支払を命じることによって**初めて発生します。換言すれば，労基法違反（及び労働者の請求）によって，当然に発生するものではないということです。

しかるところ，すでに未払額が支払われ，使用者の義務違反の状況が消滅すれば，労働者は付加金の支払を**申し立てること**はできません（細谷服装事件＝最判昭35.3.11判タ103号27頁）。

さらに，労働者が付加金の請求をした後に，使用者が未払金の支払を完了した場合であっても，同様に，義務違反の状況が消滅していることになるため，裁判所はもはや付加金の支払を**命じること**はできません（新井工務店事件＝最判昭51.7.9判タ337号197頁）。

この点，このような**付加金の対象となる未払金の**支払がいつまで可能であるか，すなわち，労基法違反の状況がいつまでに消滅すれば付加金の支払を命じられないかについては，「**事実審の口頭弁論終結時まで**」と時期を具体的に特定する最高裁判例があります。

＊　**甲野堂薬局事件（最判平26.3.6労判1119号５頁）**

「労働基準法114条の付加金の支払義務は…使用者に同法37条の違反があっても，裁判所がその支払を命ずるまで（**訴訟手続上は事実審の口頭弁論終結時まで**）に使用者が未払割増賃金の支払を完了しその義務違反の状況が消滅したときには，もはや，裁判所は付加金の支払を命ずることができなくなると解すべきである」として，上記の最高裁判決を踏襲するものですが，「事実審の口頭弁論終結時まで」という形で時期を具体化しました。

このような最高裁判例を前提にすると，付加金の支払を命じられるのを避けるためには，「事実審の口頭弁論終結時」までに未払割増賃金の支払をすれば足りることになります。したがって，一審判決で付加金の支払が命じられた場合でも，事実審である控訴審の口頭弁論終結前に弁済をすることで，控訴審は一審判決の付加金支払命令を取り消すことになります。

ここで留意すべきなのは，控訴審では，第１回口頭弁論期日で結審する場合が非常に多いということです（１回結審の場合には，上記の判例からすれば，結審後に弁済しても付加金の支払を命じられます）。

そのため，１回結審が見込まれる場合には，事案によっては，控訴審の第１回期日前に弁済をすることも，検討に値するものと考えます。ただし，１回結審のリスクのみを考えて弁済をすることは，控訴することの意味（不当な判決について再度司法判断を求める）自体がなくなります。そのため，場合によっては，控訴審の第１回期日前に，裁判所に電話をして和解勧告の可能性等に関する裁判官の意向を聞いたうえで，弁済するかを検討すべきと考えます。

控訴審で割増賃金の支払義務自体がないと判断されれば，付加金も当然ですが取り消されることになりますので，裁判官の心証開示の内容，回収

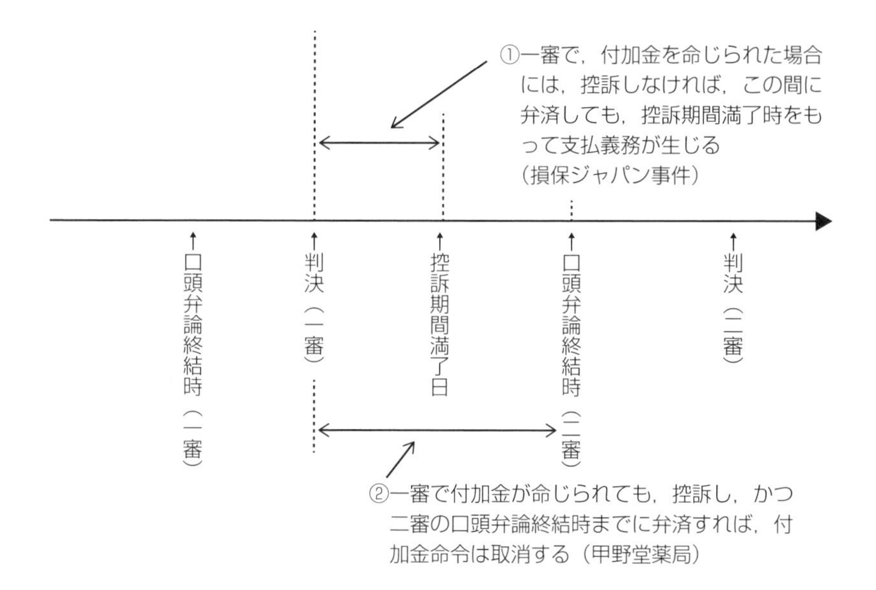

の手間等も勘案して，弁済するかを決定すべきです。

＊　三和交通〔歩合給等・付加金〕事件（札幌高判平24.2.16労判1123号121頁）

付加金の支払を命じた一審判決（平成23年７月25日）後であっても，一審被告が平成23年11月４日に，すでに時間外・割増賃金の支払を完了した場合には，高裁は付加金の支払を命じることができないと判示しました。

＊＊　控訴審の審理

平成15年から平成19年の間，東京高等裁判所部総括判事であった門口正人元裁判官は，著書で次のように述べています。「口頭弁論期日を１回だけ開いて結審することが原則であるということはありません。たしかに，**１回で結審する事件は，およそ６割とも言われています**。控訴審のあり方からすると，１回で結審することは，異とするに当たらないとも言えます。」（門口正人『民事裁判の要領』252頁）

ただし，割増賃金と付加金の支払を命じる一審判決について**使用者が控訴せずに**，一審判決の確定までの間に割増賃金の支払を行っても，付加金の裁判は一審の口頭弁論終結時を基準に行われるので，一審の付加金支払命令は控訴期間満了とともに確定し，その場合には付加金支払義務を免れないことには留意が必要です（損保ジャパン日本興亜〔付加金支払請求異議〕事件＝東京地判平28.10.14労判1157号59頁）。すなわち，一審で付加金が命じられた場合には，控訴して，事実審の口頭弁論終結時までに弁済をして，控訴審で取消の判決を得ない限り付加金の支払義務は消えないことになります。

3　労働者が受領を拒否した場合

上記のような最高裁判例を前提にすると，付加金請求のために，労働者が労基法114条に定める各未払金の受領を拒絶する事態が想定されます。

その場合，使用者としては，労働者の受領拒絶を理由に未払金を供託（民法494条）するという対応が考えられます。供託をした場合，弁済と同様に債務が消滅する効果が発生することになり，支払義務違反の状態が消滅するため，付加金の支払を命じられることはなくなります。

この点に関して，使用者が供託した金額が，**最終的に判決で確定される時間外手当等の総額に満たない場合**，すなわち債務の一部の弁済提供及び供託であっても有効といえるかという点が問題となり得ます。

この点については，供託は有効な「弁済の提供」が要件であると解釈されているところ，性質上可分な金銭債務の場合に一部の支払が弁済の提供として有効かという問題があり，判例上は原則として債務の全額が必要であると解釈されています。

しかるところ，交通事故による損害賠償請求訴訟の控訴審継続中に，加害者が一審判決によって支払を命じられた賠償額全額を被害者に提供し，受領を拒まれたため供託した事案において，最高裁は弁済提供し供託した金額が損害賠償全額に満たないことが控訴審における審理の結果，判明したときであっても，弁済提供及び供託はその範囲で有効であると判示しました（最判平6.7.18判タ858号299頁）。

同判決は，①弁済提供ないし供託された金額が，債務者が相当と考えた金額ではなく，一審判決によって一定の客観性が担保されていること，②判決の確定まで一審判決に従った弁済提供ないし供託を認めないと債務者に（遅延損害金との関係等から）酷であることを根拠にしています。割増賃金債権の場合にも，①一審判決によって，一定の客観性が担保されているといえ，②また，判決確定前にこのような弁済を認めないと債務者（使用者）に酷であるという利益状況は同じであるといえ，同最高裁の整理によっても，割増賃金の場合でも一審判決認容額の供託は認められるべきであると考えます（同最高裁判決調査官解説475頁参照）。

この点，使用者が，一審判決後に，**一審判決で支払を命じられた**時間外手当及び遅延損害金の合計額を，労働者の受領拒否を理由に供託した事案において，使用者の行った一審認容額の弁済供託は，その限度で有効であり，その限度において義務違反の状況は消滅したと判示した裁判例があります。

＊　岡谷事件（東京地判平27.9.18労働判例ジャーナル45号２頁）

「使用者が労働者に対して，**第一審判決によって支払を命じられた時間外手当等の全額**を任意に弁済のため提供した場合には，その提供額が時間外手当の全額に満たないことが控訴審における審理判断の結果判明したときであっても，原則としてその弁済の提供はその範囲において有効なものであり，労働者においてその受領を拒絶したことを理由にされた弁済の供託もまた有効なものと解するのが相当である」

4　付加金の除斥期間は３年

(1)　除斥期間の意味

上記のように時間外労働・深夜早朝労働・法定休日労働の割増賃金については，訴訟提起時に未払金と同額の付加金（労基法114条）を請求できます。

この期間は，消滅時効ではなく，除斥期間ですので消滅時効の完成猶予又は更新（改正民法147乃至161条）をしても進行は止まらず，実際に期間内に提訴等をする必要があります。

(2)　付加金の除斥期間の延長

ア　請求期間の延長

付加金の除斥期間は，**従来２年でしたが**，労基法改正において付加金の請求期間について，賃金請求権の消滅時効期間に合わせて請求を行うことができる期間の見直しを行い，令和２年４月１日以降に，割増賃金等の支払がなされなかったなどの違反があった場合には５年に延長され，当分の間はその期間は３年となりました（改正労基法114条，同法附則143条２項，労働基準法の一部を改正する法律（令和２年法律第13号）附則２条１項）。

【付加金請求の対象となるもの】

・解雇予告手当（労基法20条１項）
・休業手当（労基法26条）
・割増賃金（労基法37条）
・年次有給休暇中の賃金（労基法39条９項）

イ　延長の対象

上記の改正労基法114条及び同法附則143条２項の規定は，改正法の施行日以後に改正労基法114条の「違反があった時」に該当（当該支払期日に支払がなかった）した場合の付加金についてのみ適用されます（Ｑ＆Ａ３－３）。

5　労働審判と付加金

労働審判手続においては，労働審判が確定したときの法律上の効果が，裁判上の和解と同一の効力を有するにとどまることから（労働審判法21条４項），労働審判においては，付加金の支払を命じることはできないと解釈されています。

もっとも，労働審判に対し異議の申立てがなされて訴訟に移行した場合は，労働審判手続の申立書が訴状とみなされるため（同法22条３項），上記４で述べた除斥期間との関係から，実務上，労働審判手続申立書の申立ての趣旨に付加金の請求を記載する例が多く見られます。

＊　ザ・ウィンザー・ホテルズインターナショナル事件（札幌地判平23.5.20労判1031号81頁）

「労働審判委員会は裁判所ではないから，労基法114条の付加金の支払を労働審判において命ずることはできないが，労働審判申立書は訴訟移行した場合には訴状とみなされる書面であって，労働審判申立書に付加金の支払を求める旨を記載することは何ら禁じられていない。原告の労働審判申立書にはその旨の記載がされていないから，付加金の請求は訴状に代わる準備書面によって行われたと解するほかない」

第11章 遅延損害金

1　賃金に対する遅延損害金

(1)　遅延損害金の原則的な利率

使用者が賃金の支払を遅滞した場合，債務不履行による損害賠償として，遅延損害金が発生します。すなわち，労働者が使用者に賃金（割増賃金を含む）を請求する場合，遅延損害金を併せて請求することができます。

これまでは，使用者が「会社」や「商人」の場合，遅延損害金の法定利率は，商事法定利率の年６％とされていました（商法503条・514条，会社法５条）。

一方，使用者が協同組合，公益法人，宗教法人等の営利を目的としない事業者の場合（商法上の商人に該当しない場合）には，商事法定利率が適用されず，民事法定利率（年５％，民法404条）とされていました。

＊　**東北ツアーズ協同組合事件（東京地判平11.2.23労判763号46頁）**

旅行業ないし組合員に対する顧客のあっせん等を業とする，中小企業等協同組合法に基づいて設立された協同組合について，金銭的利益を目的としない協同組合であり，商法上の商人には該当しないとして，退職金に対する遅延損害金につき，商事法定利率の適用を否定しました。

しかし，令和２年４月１日施行の改正民法により，割増賃金の遅延損害金の法定利率は以下のようになりました。

①　**法定利率は年３％**（民法404条２項）

②　３年ごとに法定利率が自動的に見直される変動制を導入（民法404条）

③　**商事法定利率（旧商法514条）を廃止**

④　遅延損害金の算定にあたっては債務者が遅滞の責任を負った最初の時点における法定利率を用いる（民法404条１項・419条１項）。

⑤　退職者による遅延損害金は年14.6%（後述，変更なし）

改正民法は，令和２年４月１日から適用されますので，各期間における遅延損害金の法定利率を整理すると，次のとおりになります。

・令和２年３月１日までの法定利率＝年５％
・令和２年４月１日から令和５年３月31日までの法定利率＝年３％
・令和５年４月１日以降の法定利率＝未確定（変動の可能性あり）

（法定利率）
第404条　利息を生ずべき債権について別段の意思表示がないときは，その利率は，その利息が生じた最初の時点における法定利率による。
2　法定利率は，年３パーセントとする。
3　前項の規定にかかわらず，法定利率は，法務省令で定めるところにより，３年を１期とし，１期ごとに，次項の規定により変動するものとする。
4　各期における法定利率は，この項の規定により法定利率に変動があった期のうち直近のもの（以下この項において「直近変動期」という。）における基準割合と当期における基準割合との差に相当する割合（その割合に１パーセント未満の端数があるときは，これを切り捨てる。）を直近変動期における法定利率に加算し，又は減算した割合とする。
5　前項に規定する「基準割合」とは，法務省令で定めるところにより，各期の初日の属する年の６年前の年の１月から前々年の12月までの各月における短期貸付けの平均利率（当該各月において銀行が新たに行った貸付け（貸付期間が１年未満のものに限る。）に係る利率の平均をいう。）の合計を60で除して計算した割合（その割合に0.1パーセント未満の端数があるときは，これを切り捨てる。）として法務大臣が告示するものをいう。

（金銭債務の特則）

> 第419条　金銭の給付を目的とする債務の不履行については，その損害賠償の額は，債務者が遅滞の責任を負った最初の時点における法定利率によって定める。ただし，約定利率が法定利率を超えるときは，約定利率による。

(2) 賃確法6条1項

賃金の支払の確保等に関する法律（以下「賃確法」）は，**退職した労働者**が退職後に賃金（退職手当を除く）を請求する場合の退職日の翌日から支払をする日までの遅延損害金の利率を，年14.6％と定めています（賃確法6条1項，同法施行令1条）。これは，上記(1)で述べた原則的な利率の例外規定と位置付けられます。

割増賃金も同法が適用される賃金なので，労働者が退職後に割増賃金を請求する場合は，年14.6％の遅延損害金を請求することができます。

なお，賃確法6条1項は，「賃金（退職手当を除く）」としていますので，退職金請求の場合には，年14.6％は適用されず，原則どおり，民法404条に従った利率になります。

> **賃確法6条1項**
> 事業主は，その事業を退職した労働者に係る賃金（退職手当を除く。以下この条において同じ。）の全部又は一部をその退職の日（退職の日後に支払期日が到来する賃金にあつては，当該支払期日。以下この条において同じ。）までに支払わなかつた場合には，当該労働者に対し，当該退職の日の翌日からその支払をする日までの期間について，その日数に応じ，当該退職の日の経過後まだ支払われていない賃金の額に年14.6パーセントを超えない範囲内で政令で定める率を乗じて得た金額を遅延利息として支払わなければならない。

(3) 賃確法6条1項の適用除外（同条2項）

上記(2)の年14.6％の遅延損害金は，賃金支払の遅滞が，一定のやむを得ない事由によるものである場合には適用されません（賃確法６条２項）。賃確法６条１項が適用されない場合は，原則どおり年３％が遅延損害金の利率になります。

適用除外事由は，同法施行規則６条１号～５号に定められており，同４号では，「支払が遅滞している賃金の全部又は一部の存否に係る事項に関し，**合理的な理由により**，裁判所又は労働委員会で争っているとき」を適用除外事由と定めています。

この点，裁判例の多くは，この適用除外について判断せず，労働者側の請求した遅延損害金の利率をそのまま認容しているように思われます。この問題については，後記3で詳述します。

賃確法６条２項

前項の規定は，賃金の支払の遅滞が**天災地変その他のやむを得ない事由で厚生労働省令で定めるもの**によるものである場合には，その事由の存する期間について適用しない。

同法施行規則６条

法第６条第２項の厚生労働省令で定める事由は，次に掲げるとおりとする。

一　天災地変

二　事業主が破産手続開始の決定を受け，又は賃金の支払の確保等に関する法律施行令（以下「令」という。）第２条第１項各号に掲げる事由のいずれかに該当することとなつたこと。

三　法令の制約により賃金の支払に充てるべき資金の確保が困難であること。

四　支払が遅滞している賃金の全部又は**一部**の存否に係る事項に関し，**合理的な理由**により，裁判所又は労働委員会で争つていること。

五　その他前各号に掲げる事由に準ずる事由

2　付加金に対する遅延損害金

付加金についても，使用者がその支払を怠った場合には遅延損害金が発生します。

付加金の遅延損害金は，民事法定利率によると解されていますので（江東ダイハツ自動車事件＝最判昭50.7.17労判234号17頁，前掲新井工務店事件），民法404条に従って支払う必要があります。

また，遅延損害金が発生するのは，付加金の支払を命じる判決が確定した日の翌日からです。

3　賃確法６条に関する諸問題

⑴　裁判例の傾向

前記１・⑶で説明したように，「支払が遅滞している賃金の**全部又は一部の存否**に係る事項に関し，**合理的な理由により**，裁判所又は労働委員会で争っているとき」は，遅延損害金の利率を年14.6％とする賃確法６条１項は適用されません（同条２項，同法施行規則６条４号）。

この点につき，渡辺弘裁判官（元東京地裁労働専門部総括判事）は次のように述べ，年14.6％の遅延損害金の適用場面が極めて限られていることを指摘しています。

渡辺弘『労働関係訴訟』186頁

「もっとも，賃金の支払確保等に関する法律所定の年率による遅延損害金については，その遅延している賃金の全部または一部の存否に関し，裁判所又は労働委員会で争っている場合には適用されない（同法６条２項，同法施行規則６条４号）。**そのため，裁判上で争いが生じている時間外手当について，賃金の支払の確保等に関する法律所定の年率14.6%の遅延損害金を適用できる事例がほとんどないことになろう**」

しかし，裁判例の多くは，上記の適用除外の判断はせず，労働者側が年14.6％で請求していれば年14.6％，年６％で請求していれば年６％でそのまま認容しています（退職後の請求であっても，遅延損害金の請求が年６％になっているものも相当数見られます）。

この点に関する法解釈を示した近時の裁判例としては，以下のものがあり，適用除外を厳格に見るものと，緩やかに見るものに分かれています。

○　適用除外を厳格に見るもの

ア　医療法人大寿会〔割増賃金〕事件（大阪地判平22.7.15労判1023号70頁）

「同法６条２項において同条１項の遅延利息の適用の例外とされているのは，賃金の支払の遅滞が『天災地変その他のやむを得ない事由で厚生労働省令で定めるものである場合』であるところ，かかる規定の文言及び同法が賃金の支払の確保措置を通じて労働者の生活の安定に資することを目的としていること（同法１条参照）に照らすならば，同法施行規則６条にいう『合理的な理由により，裁判所（中略）で争っていること』とは，単に事業主が裁判所において退職労働者の賃金請求を争っているというのでは足りず，**事業主の賃金支払拒絶が天災地変と同視し得るような**合理的かつやむを得ない事由に基づくものと認められた場合に限ると解するべきである」として，本件ではそのような事情はないとし，年14.6%を適用しました。

イ　レガシィほか１社事件（東京地判平25.9.26労判1086号12頁）

税理士の補助業務を行うスタッフの業務が，専門業務型裁量労働制（労基法38条の３）の対象となる「税理士の業務」に該当するか否かが争われた事案です。

「賃確法６条２項は，賃金の支払の確保措置を通じて労働者の生活の安定を図るという趣旨に基づき，賃金の支払遅滞が『天災地変その他のやむを得ない事由で厚生労働省令で定めるものによるものである場合』に同条１項の適用を除外しようとするものであり，その規定の趣旨及び文言に照らせば，同条２項，同規則６条４号は，事業主の賃金支払拒絶が天変地異と同視しうるような合理的かつやむを得ない事由に基づくものと認められる場合に限り，同法６条１項の適用を除外したものと解するのが相当である。」として，年14.6%の遅延損害金を認容しました。

しかし，この判断は控訴審において覆されています（下記オ参照）。

○　適用除外を柔軟に見るもの

ウ　十象舎事件（東京地判平23.9.9労判1038号53頁）

「そもそも賃確法６条１項の趣旨は，退職労働者に対して支払うべき賃金（退職手当を除く。）を支払わない事業主に対して，高率の遅延利息の支払義務を課すことにより，民事的な側面から賃金の確保を促進し，かつ，事前に賃金未払が生ずることを防止しようとする点にあるが，ただ，それは，あくまで金銭を目的とする債務の不履行に係る損害賠償について規定した民法419条１項本文の利率（民法404条又は商法514条に規定する年５分又は年６分である。）に関する特則を定めたものにとどまる。

以上によると（略）賃確法６条２項，同法施行規則６条は，遅延利息の利率に関する例外的規定である同法６条１項の適用を外し，実質的に原則的利率（民法404条又は商法514条）へ戻すための要件を定めたものであると解することができ，そうだとすると賃確法施行規則６条所定の各除外事由の内容を限定的に解しなければならない理由はなく，むしろ上記原則的利率との間に大きな隔たりがあること及び賃確法施行規則６条５号が除外事由の一つとして『その他前各号に掲げる事由に準ずる事由』を定め，その適用範囲を拡げていることにかんがみると，同条所定の除外事由については，これを柔軟かつ緩やかに解するのが同法６条２項及び同法施行規則６条の趣旨に適うものというべきである。

このように考えるならば，賃確法６条２項，同法施行規則６条４号にいう『合理的な理由』には，裁判所又は労働委員会において，事業主が，確実かつ合理的な根拠資料が存する場合だけでなく，**必ずしも合理的な理由がないとはいえない理由に基づき賃金の全部又は一部の存否を争っている場合も含まれている**ものと解するのが相当である。」として，本件の割増賃金に対する遅延損害金の利率は，商事法定利率（年６％）によるべきであると判示しました。

エ　オリエンタルモーター〔割増賃金〕事件（長野地松本支判平25.5.24労判1086号57頁）

退職者が，雇用主であった会社に対し，在職中の法内残業賃金，時間外勤務手当，深夜勤務手当及びパワーハラスメントによる損害賠償等を求めた事案で，ICカードの使用履歴による労働時間の認定の可否が争われた事案です。

裁判所は，「賃確法施行規則６条４号にいう合理的な理由について，これを余りに限定的に解すると賃確法６条２項が適用される場面が極めて限定される可能性がある上，賃確法施行規則６条５号が除外事由のひとつとして，『その他前各号に掲げる事由に準ずる事由』を定めてその適用範囲を拡大していること（を）考慮すると，同条４号にいう合理的な理由は余り限定されるべきでないといえ，合理的な理由には，**合理的な理由がないとはいえない場合も含まれるもの**と解するのが妥当である」として，本件の割増賃金に対する遅延損害金の利率は，商事法定利率（年６％）によるべきであると判示しました。

オ　レガシィほか１社事件（東京高判平26.2.27労判1086号５頁）

上記イの事件の控訴審です。

裁判所は，「本件では，被控訴人の時間外労働の割増賃金支払の前提問題として，専門業務型裁量労働制が被控訴人に適用されるか否かが争点の一つとなっていて，その対象業務の解釈が争われているところ，この点に関する当事者双方の主張内容や事実関係に照らせば，控訴人らが被控訴人の割増賃金の支払義務を争うことには合理的な理由がないとはいえないというべきである。したがって，被控訴人の未払割増賃金に対する遅延損害金については，商事法定利率によるべきこととなる。」として，原審の判断を覆し，商事法定利率（年６％）によるべきであると判示しました。

カ　Ｐ社事件（大分地判平29.3.30労経速2317号17頁）

労基法41条２号の適用の有無が主要な争点となった訴訟において，①原告の管理監督者該当性が主要な争点として扱われていること，②労基署が被告に対して平成26年９月17日付で是正勧告を行ったものの，同年10月10日に被告から管理監督者に該当する旨の報告書が提出されて以降，本件判決まで特段手続がとられていないことから，合理的な理由がないとは言えないと判断しました。

⑵　訴訟実務におけるポイント

例えば，500万円の賃金未払が認められる事案においては，遅延損害金の額は，年14.6％であれば１年間で73万円，２年間では146万円にもなります。他方で，年６％であれば１年間で30万円，２年間でも60万円です。

とりわけ，退職した従業員が集団で割増賃金を請求している事案においては，上記のように適用される利率によって相当の金額の差になることから，裁判官から和解の説得材料として，遅延損害金の点を持ち出されることがままあります。

このように，賃確法６条１項の適用の有無で，支払うべき金額が大幅に変わり得ることから，退職者による割増賃金請求の事案においては，**年**

14.6%の適用自体を必ず争うべきです。和解交渉の場でも同様です。その場合には，前掲の渡辺弘『労働関係訴訟』186頁の記述や，前記(1)・ウ～カの判決等を根拠にすべきです。

また，ここで重要なのは，合理的な理由で争っているのは「一部」でもよいということです（賃確法施行規則6条4号)。例えば，500万円の請求で，400万円については合理的な理由がなく，100万円部分について合理的な理由があるような場合でも，問題ありません。

加えて，①法的に見て会社の対応が労基法の要件を満たすかが問題なのではなく，②当該事案において，争うことに合理性があるかということです。例えば，労基法41条2号の該当性等の高度な法的評価を伴うようなケースにおいて，結果として該当性を否定されるような場合でも，争うことに合理性が十分あると評価される場合があると思います。

これに対して，単に残業に対して割増賃金を支払わず，就業規則等の根拠もなく，「所定内賃金に割増賃金を含む取扱いをしてきた」などと主張するような事案では，争うことに合理性がないと評価され，年14.6%を適用されることもやむを得ないと思われます。

(3) 利率の合理性（利率が定められた時代背景と現代）

そもそも，賃確法が，退職者の賃金債権に対する遅延損害金を年14.6%に定めた趣旨は，退職労働者に対して支払うべき賃金（退職手当を除く）を支払わない事業主に対して，高率の遅延利息の支払義務を課すことにより，民事的な側面から賃金の支払の確保を促進し，かつ，事前に賃金未払が生ずることを防止しようとする点にあり（前掲十象舎事件），もって，労働者の生活の安定を図ることにあると考えられています（前掲レガシィほか1社事件一審判決)。

ここで，賃確法が制定されたのは，**昭和51年5月27日**であり，当時の金利は，普通預金は年2.5%，通常郵便貯金は年3.840%，定額郵便貯金3年以上の場合は年7%でした。このような状況下で，賃確法は年14.6%という遅延損害金を設定することで，賃金の支払を確保し，未払賃金の発生を防止しようとしたものと考えられます。

他方で，金利が軒並み低下している近時の市場の状況に鑑みれば，年14.6％という遅延損害金は極めて高率であり，上記の立法趣旨は，当時としては正当であるとしても，手段の相当性の点で不当に使用者に厳しいものに至っているといわざるを得ません。

実際，近時の民法の法定利息の改正に関しては，「その後約120年もの間，見直しがされていないため，昨今の超低金利の情勢の下では法定利率が市中金利を大きく上まわる状態が続いていた。」等と指摘され（『一問一答・民法（債権関係）改正』（商事法務，2018年）79頁），上記のような法定利息の改正を実施しているところ，この考え方は賃確法の場合にも妥当します。

以上のように，年14.6％が設定された時代と現代では，年14.6％が使用者に与える意味が劇的に変化していることを指摘し，この点からも適用は否定されるべきであることを主張することも，検討に値するものと思われます。

付言すると，このような遅延損害金は，現在では過重な制裁としての性質を有するに至っており，付加金の支払が命じられた場合には，使用者は**付加金と遅延損害金の二重の制裁を受けるに等しい**ものといえます。前記⑴・ウ～カの裁判例は，このような状況にも鑑み，賃確法施行規則６条４号の「合理的理由」を柔軟に解釈しているものとも考えられます。

《編著者紹介》

石嵜　信憲（いしざき　のぶのり）

明治大学法学部卒業。1975年司法試験合格，1978年弁護士登録。

以後，労働事件を経営者側代理人として手がける。

2002～2004年司法制度改革推進本部労働検討会委員。

2002～2010年日弁連労働法制委員会副委員長。

現在，経営法曹会議常任幹事。

〈主な著書〉

『就業規則の法律実務〈第5版〉』（中央経済社）
『ハラスメント防止の基本と実務』（中央経済社）
『同一労働同一賃金の基本と実務』（中央経済社）
『懲戒処分の基本と実務』（中央経済社）
『改正労働基準法の基本と実務』（中央経済社）
『過重労働防止の基本と実務』（中央経済社）
『労働契約解消の法律実務〈第3版〉』（中央経済社）
『労働者派遣法の基本と実務』（中央経済社）
『労働条件変更の基本と実務』（中央経済社）
『配転・出向・降格の法律実務〈第2版〉』（中央経済社）
『非正規社員の法律実務〈第3版〉』（中央経済社）
『労働行政対応の法律実務』（中央経済社）
『懲戒権行使の法律実務〈第2版〉』（中央経済社）
『健康管理の法律実務〈第3版〉』（中央経済社）
『賃金規制・決定の法律実務』（中央経済社）
『個別労働紛争解決の法律実務』（中央経済社）
『労働時間規制の法律実務』（中央経済社）
『管理職活用の法律実務』（中央経済社）
『実務の現場からみた労働行政』（中央経済社）
『メーカーのための業務委託活用の法務ガイド〈第2版〉』（中央経済社）
『（新訂版）人事労務の法律と実務』（厚有出版）
『労働法制からみた日本の雇用社会』（日本総研ビジコン）　他

連絡先　石嵜・山中総合法律事務所
〒104-0028　東京都中央区八重洲2丁目8番7号　福岡ビル6階
電話　03(3272)2821㈹　FAX　03(3272)2991

《著者紹介》

横山　直樹（よこやま　なおき）
2006年慶應義塾大学法学部政治学科卒業，2008年慶應義塾大学法科大学院修了。新司法試験合格。2009年司法修習終了（62期），弁護士登録（第一東京弁護士会所属）。渥美・坂井法律事務所・外国法共同事業を経て，2013年石嵜・山中総合法律事務所入所。

佐々木晴彦（ささき　はるひこ）
2011年上智大学法学部国際関係法学科卒業，2013年中央大学法科大学院修了。司法試験合格。2014年司法修習終了（67期），弁護士登録（第一東京弁護士会所属）。2016年石嵜・山中総合法律事務所入所。

豊岡　啓人（とよおか　ひろと）
2014年東京大学法学部卒業，2016年東京大学法科大学院修了。司法試験合格。2017年司法修習終了（70期），弁護士登録（第一東京弁護士会所属）。2018年石嵜・山中総合法律事務所入所。

割増賃金の基本と実務（第2版）

2017年6月15日　第1版第1刷発行
2018年8月10日　第1版第5刷発行
2020年12月1日　第2版第1刷発行
2021年3月25日　第2版第2刷発行

編著者　石　嵜　信　憲
発行者　山　本　継
発行所　㈱　中央経済社
発売元　㈱中央経済グループパブリッシング

〒101-0051　東京都千代田区神田神保町1-31-2
電話　03（3293）3371（編集代表）
03（3293）3381（営業代表）
https://www.chuokeizai.co.jp
印刷／文唱堂印刷㈱
製本／誠製本㈱

ISBN978-4-502-36441-9　C3032